Loving Graceland
Jordi Prat
2018 - ©Editorial Nueva Luz 21, C.A.
2018 - ©Editorial Nueva Luz 21, C.A Primera Edición: 2018 –
Formato Impreso Derechos Reservados Editorial Nueva Luz 21,
C.A.
RIF.: J-407556932
Diseño Portada: Alberto Uzcategui
Diagramación y Montaje: Alberto Uzcategui En colaboración
con Fundación Arte y Escritura Editorial Nueva Luz 21 C.A.
editorialnuevaluz@gmail.com
Hecho el depósito de ley
Caracas-Venezuela
ISBN.:978-980-7827-31-7

Loving Graceland

Jordi Prat

BREVE NOTA PREVIA

Los personajes que aparecen en esta historia algunos son reales y otros imaginarios. Lo mismo sucede con los lugares. Siguiendo el curso del río probablemente descifrareis el entramado aunque a veces la línea que separa ambos mundos se erige más delgada y escurridiza de lo que puede parecer tras una primera impresión.

(Un sueño de historia)

Contenido

CANCIÓN DE ENTRADA

The Mississippi Delta was shining
Like a National guitar
I am following the river
Down the highway
Through the cradle of the civil war

I'm going to Graceland Graceland
In Memphis Tennessee
I'm going to Graceland...

...For reasons I cannot explain
There's some part of me wants to see Graceland.

- Paul Simon "Graceland" (1986)-

CAPÍTULO I

Ya hace tiempo que quería escribir esta historia pero no encontraba nunca el momento adecuado, ni el lugar oportuno, ni mucho menos las condiciones ambientales idóneas, seguramente también por el respeto y en algunos casos veneración que siento por personajes que aparecen. A pesar de todo, me lanzo.

Se trata de una historia que otros ya han escrito antes donde pocos elegidos tuvieron la suerte de vivirla en primera persona así mismo como la desgracia de la incredulidad posterior con la que hubieron de batallar el resto de su existencia.

A grandes rasgos, lo único que varía es el "¿Cuándo?" y el escenario pero los fundamentos básicos son siempre los mismos con un denominador común en todos los casos. Una pauta que se repite una y otra vez y a la que ni físicos ni literatos han podido dar una explicación definitiva capaz de convencer a los más soñadores. Sueños que se esfuman escalando el aire como el humo lívido de un cigarrillo, las chispas de un fuego invernal o deslizándose corriente abajo como las aguas turbulentas de un río cargado de misticismo y de verdades perdidas para siempre. Porqué, desengañémonos, ni el Danubio es azul ni el Mississippi es dorado, más bien tienen ambos una tonalidad muy parecida en buena parte de sus respectivos y largos cauces cercana al ala de una mosca de avanzada edad. Con los pies firmes en la tierra, favoreciendo el espíritu científico y buscando con el afán de un nadador cualquiera de sus orillas, resultaría útil tratar de establecer líneas comunes y poder definir el contexto para situarnos en el tiempo y en el emplazamiento concreto que nuestra historia reclama.

¿Conocéis el llamado Mid-South de los Estados Unidos? Es una porción del país que abarca territorios de Tennessee, Mississippi, Kentucky, Arkansas y Missouri. Si alguna vez tienes la oportunidad de visitarlo, lo más probable es que quedes Cautivado. Tradición, espiritualidad, clasicismo e influencias de todo tipo van agarrados de la mano elaborando un cóctel de difícil comprensión a primer golpe de vista pero a medida que uno profundiza se revelan sus secretos. Lo complejo se erige sencillo y lo imposible terrenal.

Centrados esencialmente en el aspecto artístico y en clave romántica, ¿Qué pueden tener en común viejas leyendas asociadas al cauce y trayecto del Mississippi con la cuna del rock 'n' roll? Inicialmente para los profanos no mucho pero después de un segundo análisis más profundo, los puntos de intersección son más intensos de lo que podríamos imaginar.

En este sentido, el escritor Samuel Clemens, más conocido como Mark Twain contribuyó a la consolidación de los cimientos de un estilo y modificó el enfoque de la literatura norteamericana proporcionándole una nueva panorámica cargada de ironía crítica y originalidad a la vez que se revelaba como una especie de visionario capaz de transformar en realidad los sueños más osados. De su pluma y creatividad surgieron personajes que actualmente ya forman parte del imaginario popular, ¿Pero fueron solo fruto de contemplar las aguas arenosas de tan ilustre río y quedar hechizado o por aquellos caprichos de la física en los que el espacio y tiempo se confunden, hubo algún elemento más?

Twain había nacido en Missouri el 30 de noviembre de 1835 con la llegada del Cometa Halley y murió coincidiendo con la siguiente visita del asteroide, 75 años después, el 21 de abril de 1910.

Curiosamente 100 años más tarde de su nacimiento venía al mundo uno de los personajes de nuestra historia y también 44 años después de su natalicio, la localidad alemana de Ulm registraba en sus libros un bebé con el nombre de Albert Einstein, futuro padre de la física moderna.

Si tratamos de dibujar en nuestra mente los rostros de Twain y de Einstein veremos que presentan cierto parecido al igual que su particular grafología, sin olvidar los tres cuartos de siglo que vivieron los dos en un contexto astral marcado también por algunas similitudes. Curiosidades y coincidencias.

Todo este amago de tráveling introductorio desde los rincones de la física hasta los textos de Mark Twain nos sirve de preámbulo para nuestro relato, buscando tal vez una explicación coherente allí donde no la hay. Tan solo hechos.

A finales de 1889, Twain publicó la novela, *Un yanqui en la corte del Rey Arturo* en la que su protagonista, Hank Morgan, un ciudadano norteamericano del siglo XIX retrocedía en el tiempo hasta la Inglaterra de la Edad Media, concretamente a la corte del Rey Arturo, el mítico Camelot y sus legendarios caballeros. La posibilidad de cambiar el pasado conociendo el futuro fascinó tanto al escritor como al físico alemán que formuló su Teoría de la Relatividad a principios del siglo XX. Quizá físico o escritor vivieron también su particular aventura en la que Hank Morgan no era más que un reflejo de sus propias experiencias en un tiempo pasado, algún lugar remoto y la connivencia de otros "Reyes" sin un reino concreto.

Jesse Colter compartió ciudad de nacimiento con su ídolo, Tupelo, una localidad al norte del estado de Mississippi entre Memphis (Tennessee) y Birmingham (Alabama) pero lo hizo cinco años más tarde, concretamente en 1940. Sin proponérselo, simplemente por proximidad geográfica también inició los estudios básicos en la misma escuela, la East Tupelo Consolidated y siguiendo inconscientemente la estela, ya en plena adolescencia se puso a trabajar en el sector del transporte. La diferencia aquí radica en que Colter prolongó su dedicación y permanencia en el sector, mucho más que su ilustre conciudadano. Una profesión que lo mantenía en movimiento y casi siempre alejado de su hogar.

Sin parecerse físicamente, mostraba una cierta semejanza también en el aspecto de la complexión física y sobretodo en el estilo y la tendencia que marcó a finales de la década de los cincuenta, con una manera de vestir un punto transgresora en contra de los parámetros clásicos que marcaban la pauta. Colter era rubio con un pelo muy liso y estirado y querer imitar su forma de peinarse le exigía tiempo, esfuerzo y una buena dosis de fijador, ingredientes que muchas veces no podía conciliar satisfactoriamente. A pesar de todo, era su referente y trataba de mantenerse informado de todo aquello que lo afectaba, ya fuera en el ámbito personal o por supuesto en el aspecto estrictamente profesional.

Conduciendo su camión y transportando mercancías por todo el país, su vida transcurría placidamente, sin excesivas complicaciones, quizás con el añadido de la poca posibilidad de sembrar raíces familiares, una alternativa que Jesse Colter tampoco contemplaba muy seriamente.

Todo cambió aquel fatídico 16 de agosto de 1977. Cuando escuchó la noticia por la radio se encontraba cerca de Little Rock (Arkansas) y el trayecto hasta Memphis lo recorrió en un estado de absoluta desolación, casi catatónico, deslizándose por el asfalto y engullendo millas con la inercia de la conducción. Después de descargar el género, se acercó al domicilio del ídolo en l'antigua Highway 51 South y se mezcló con centenares de fans que permanecían juntos rodeando los muros de la mansión, esperando noticias con la remota esperanza de que todo fuera un maldito rumor de la prensa o un nuevo tropiezo en su maltrecha salud de los que ya había salido adelante anteriormente. Desgraciadamente la muerte del cantante era cierta y nada volvería a ser igual en el día a día de Colter. De hecho, desde aquella fecha su existencia pareció entrar en caída libre como si fuera un avión herido de muerte.

La vida no tenía sentido y los días se sucedían uno detrás de otro sin prácticamente ninguna diferencia, todos presididos por una tristeza que le acunaba cruelmente el alma como el lamento de un blues con guiños al gospel más espiritual. Deambuló de trabajo en trabajo y buscó refugio en el alcohol y las mujeres que a ratos le aliviaban la pena pero el norte de su brújula personal estaba fijado únicamente en sobrevivir. Los pocos amigos que le quedaban y la familia más cercana trataron de hacerle comprender que nada era tan relevante en la vida pero Colter no lo podía controlar y en esta tesitura se sumergió casi durante cinco años.

La luz al final del túnel de aquella larga autopista de oscuridad se encendió cuando se hizo pública la noticia de que el hogar de su ídolo abriría las puertas como museo a principios de junio de aquel mismo 1982. Fue como si un rayo de sol de verano hubiera iluminado la parte de su corazón fundida un lustro antes, recuperando las ganas de salir adelante, impaciente hasta la llegada de poder visitarlo, y permanecer cerca de él y a la vez tan lejos aunque sólo fuera durante unos breves instantes.

En aquellos cinco años de ostracismo, la sociedad, el país y el contexto habían evolucionado a marchas forzadas, tal vez coincidiendo con la llegada de una década que volvería a dejar huella aunque con unos matices totalmente diferentes.

Los destinos de la nación los regía con mano de hierro desde hacía un año un exactor, Ronald Reagan, que había superado un intento de asesinato un par de meses después de su toma de posesión.

Deportivamente, los *"St Louis Cardinals"* ganaban las Series Mundiales de baseball a los *"Milwauke Brewers"*, con Darrell Porter como mejor jugador, mientras que en cuestiones cinematográficas aquel fue el año de *"Gandhi"*, del director Richard Attenborough, con Ben Kingsley como protagonista. En cuanto a la tecnología, mucha gente paseaba por las calles con un *"walkman"* que desde su comercialización en 1979 se

había extendido como la pólvora, si bien sería a finales del '82 cuando el negocio de la música experimentaría un punto de inflexión revolucionario al poner en circulación la multinacional *"Sony"* las primeras unidades de reproductor de disco compacto. Todavía con el vinilo como soporte protagonista, los británicos Roxy Music editaban *"Avalon"* con aires de leyenda artúrica en su mítica portada, Michael Jackson publicaba *"Thriller"* que con el transcurrir de los años se convertiría en el "long play" más vendido de la historia de la música popular; mientras que un cada vez más consagrado Bruce Springsteen, que seis años atrás había saltado los muros de la finca del ídolo con el firme propósito de conocerlo personalmente, optaba por una versión más intimista, acústica y austera de su sonido con el álbum,
"Nebraska".

Jesse Colter no estaba demasiado al corriente de todos aquellos sucesos que en diferentes ámbitos marcaban el pulso y el compás del ejercicio en curso. En su mente tan solo tenía grabada una fecha, el 7 de junio, día en que finalmente podría peregrinar hasta la residencia de su ídolo, dónde ahora también reposaba eternamente justo después de un mes de su muerte y a raíz de un intento de profanación de su tumba en el cementerio de Forest Hill. La familia decidió trasladar sus restos junto con los de la madre hasta el llamado Jardín de la Meditación.

Pensando que no sería el único se presentó un día antes para testar que ambiente se respiraba. Las tiendas, comercios, negocios, capillas y demás complejos derivados de la figura y memoria del cantante se irían construyendo y ampliando con el paso de los años. En aquel entonces, únicamente la propiedad se erigía como reclamo de convocatoria. Autoridades y fans habían organizado una especie de lista ordenada de acceso, así que una vez inscrito con el número 152 buscó la manera de distraer la tensa jornada de espera.

Después de silenciar el ruido de sus tripas con cualquier cosa, se sentó a la sombra de uno de los árboles limítrofes de la finca, recostado exteriormente en el muro de piedra rosa de Alabama que la rodeaba lleno de grafittis y mensajes de todo tipo. No tenía nada mejor en perspectiva que observar las musarañas y soñar con el mañana.

Aquellos terrenos, originalmente propiedad del empresario de la comunidad Stephen C. Toof, fueron heredados por su hija Grace, de aquí el nombre, que años más tarde los legó a su sobrina Ruth Moore que se casaría con el Dr. Thomas. Ellos serían los responsables de la construcción de la mansión en 1939 en un intento de recuperar el antiguo estilo colonial clásico de las edificaciones del sur más tradicional del país. Precisamente con este matrimonio, los padres del ídolo sellarían el traspaso, cerrando la operación de compra venta en marzo de 1957 por la astronómica suma de 102.000 dólares.

Actualmente las cosas eran muy distintas. A pesar de distar unas nueve millas del centro de la ciudad, tampoco era un barrio de las afueras como había sido treinta años atrás. A menos de cuatro de la ribera del Mississippi, había perdido gradualmente su condición de suburbio marginal por una progresiva evolución a zona residencial, acentuado todo por la presencia del ilustre vecino.

Con el verano prácticamente llamando a la puerta, la noche no fue excesivamente fría, y la compañía de otros seguidores con el mismo anhelo contenido contribuyó a aligerar el nerviosismo latente. Finalmente a media mañana y con un cierto retraso por la ceremonia de inauguración presidida por la viuda y la tía del cantante, la casa – museo abrió sus puertas y rodeados por los medios de comunicación, los primeros afortunados después de abonar los preceptivos cinco dólares, comenzaron a cruzar con el corazón compungido la mítica puerta de acero con el diseño de un pentagrama con unas pocas notas musicales que fueron instaladas en abril de 1957, justo un mes después de trasladarse.

Millones son los seguidores que con los años han renovado fe y devoción por su personalidad y música, pero lo que seguramente los distingue de forma exclusiva es que cada uno de ellos se siente tocado por su barita particular. Como si el cantante los hubiera escogido de forma selectiva y premeditada por todos los confines de la tierra, estableciendo un vínculo personal muy difícil de definir si no se experimenta el lazo interno que lo caracteriza.

Casi tres horas después de la apertura, le llegó el turno a Jesse Colter. Las piernas le temblaban, las manos le sudaban y tenía la boca más seca que un estropajo de aluminio pero no era momento para desfallecer. La emoción se mezclaba con la extraña sensación de estar invadiendo la intimidad de alguien que lamentablemente ya no podía escoger a sus invitados. Sorprendente, contradictorio y con pequeñas chispas de culpabilidad, pero al fin y al cabo él era uno de los elegidos. Sobrepasadas las columnas de entrada y una vez puso los pies en el interior todo cambió radicalmente. La percepción que dominó todo su cuerpo era similar al hecho de regresar a casa después de una larga y solitaria travesía por el desierto. Todo parecía dispuesto como si no hubiera transcurrido el tiempo, con la absoluta certeza de que en cualquier momento el "propietario" podía aparecer sentado en una de las habitaciones y obsequiarlos con su encantadora sonrisa, un buen apretón de manos o alguna de sus constantes bromas. Una tras otra visitó las estancias abiertas al público, con la excepción del segundo piso que mantenía la misma privacidad que gozaba en vida del cantante. La visita final al Jardín de la Meditación estuvo cargada de una emoción suplementaria. Un rincón concebido inicialmente como espacio de aislamiento y reflexión, se había transformado por las circunstancias en lugar de reposo final, respeto y veneración.

Los ojos de Jesse Colter se anegaron de lágrimas y solo le acudieron a la mente palabras de agradecimiento. El sueño se había hecho realidad y el círculo cerrado definitivamente.

Al salir del complejo no sabía a ciencia cierta hacia dónde dirigirse y casi por inercia se subió a uno de los autobuses que se acercaban al centro neurálgico de la ciudad. Bajó a poca distancia de Union Avenue, cerca del Hotel Peabody y después de saborear un par de cervezas para humedecer el gaznate continuó errante por la metrópoli, todavía asombrado por el caudal de emociones y sacudidas de todo tipo que lo habían embargado. Siguiendo el trazado del río se paró justo delante de Mud Island. Una península en medio del Mississippi que también abriría en poco tiempo sus puertas como centro de entretenimiento, con restaurantes, zonas verdes e incluso un auditorio. Años después acogería en exposición permanente el Memphis Belle, mítico bombardero
B-17 de la Segunda Guerra Mundial, ampliando el atractivo turístico del emplazamiento con otro símbolo más vinculado a la historia.

El atardecer anaranjado empezaba a retrasarse, señal inequívoca de la inminente irrupción del verano. Tal vez por este motivo, Colter tampoco percibió el transcurrir de las horas. El no haber dormido demasiado la noche anterior y el rato que llevaba errando sin rumbo fijo empezaban a pasarle factura, así que decidió hacer una parada técnica para poder asimilar la gran cantidad de sensaciones experimentadas. Hipnotizado por el variable movimiento de las aguas del río dibujando formas y colores constantemente, se dirigió a Beale Street Landing, punto de partida de los típicos barcos de vapor con rueda posterior giratoria que hacen las delicias de visitantes y curiosos y forman parte del perfil identificativo del sur en toda su esencia. Continuando por Riverside Drive, se detuvo en uno de los muchos miradores que invitan a sentarse al caminante, sobre todo en las tardes de verano calurosas, cuando el sol calienta pero ya no quema y la humedad es todavía tolerable. Justo en la zona central de una pequeña alfombra de césped, buscó nuevamente en poco menos de un día la sombra de un gran sauce, se sentó y recostó en su poderoso tronco fijando la mirada en el horizonte del Mississippi.

Aparentemente plácido, contrastaba con la oscuridad de una tempestad cargada de todo tipo de electricidad que amenazadoramente parecía acercarse desde la lejanía a ritmo considerable. Una bandada de estorninos dibujó en el cielo formas caprichosas sin sentido como si de alguna manera trataran de exorcizar el peligro que sobre ellos se cernía. A pocos metros, cómodamente aposentado en un banco, ajeno a todo, un anciano se entretenía dando de comer a las ardillas que lo rodeaban como si fueran palomas, aunque sus agudos y simpáticos aullidos nada tenían en común con los pájaros, sobre todo teniendo en cuenta que muchas se erguían sobre sus patas traseras emulando artistas de un circo adiestrado, o tal vez contrastando la costumbre de convivir con cierta cotidianidad con la presencia de seres humanos. A primera vista, lo situó rondando los setenta, a pesar de la indumentaria que lo podía condicionar emitiendo conclusiones prematuras. Llevaba un sombrero de cowboy negro e iba ataviado con el típico peto tejano erosionado por el paso del tiempo y las anécdotas. Cuando con sus profundos ojos azules notó que Colter lo estaba mirando, sonrió y lo saludó gentilmente con el clásico gesto de llevarse el pulgar y el índice hasta el ala delantera del sombrero, acompañado de una ligera inclinación de cabeza que tanto se utilizó en épocas pretéritas y ahora casi se había transformado en una reliquia de las normas básicas de cortesía. En su boca parecía sujetar una especie de cigarro puro que movía de un lado a otro con una habilidad sin sentido.

El conjunto de ingredientes externos sin lugar a dudas invitaron a Jesse Colter a dar una cabezada y pocos minutos después, yacía profundamente dormido saldando cuentas con el dios griego Morfeo y el agotamiento.

A parte de encontralo todo mojado y contemplar como la tormenta se alejaba en dirección contraria, lo primero que le sorprendió al despertar fue el silencio. Ni rastro del hombre y las ardillas, y lo que quizá resultaba más alarmante, tampoco era perceptible la presencia de ningún pájaro. La temperatura había bajado considerablemente, lo notó en seguida con los pertinentes escalofríos incontrolables. Tal vez por este motivo, los animales optaron por refugiarse en sus nidos o madrigueras.

Tampoco en el río que bajaba con las aguas más lodosas se distinguía ninguna embarcación faenando o de recreo. Seguramente, la fuerza de la lluvia había actuado como efecto disuasorio para todo el mundo. Con absoluta certeza, el hecho de estar todavía medio dormido le produjo la sensación de que todo el entorno en general era diferente; incluso la posición del sol parecía más alta y difusa sin ninguna explicación lógica, a menos que hubiera dormido más horas que una simple cabezada.

El sonido producido por sus intestinos le obligó a aparcar las elucubraciones físicas y meteorológicas, y priorizar llevarse a la boca algún bocado consistente, a parte de una buena taza de café caliente. Siendo camionero y buen conocedor de cualquier tipo de vehículos quedó maravillado al cruzar el Riverwalk y divisar tranquilamente aparcados un Hudson Hornet y un Cadillac Deville en perfecto estado, totalmente ajenos al paso del tiempo. El sur estaba repleto de tarados, fanáticos de los viejos modelos capaces de vender a Dios y a su madre a cambio de un ejemplar de aquellas características.

Encarando Beale Street y justo en frente del Orpheum Theatre, viejo edificio de la década de los veinte que lucía como nunca, divisó la luz de lo que seguramente era una cafetería. Le llamó la atención el nombre de la misma,
Shane's, junto con el neón de diseño retro que actuaba como reclamo del negocio con el sugerente eslogan de "Meals & Coffes".

Justo antes de cruzar la calle y personarse en su interior, le pasó por delante de sus narices un fantástico NashHealey del '51 de color gris perla. A lo mejor muy cerca de allí se celebraba algún tipo de concentración de coches antiguos.

Al penetrar en el local, la sorpresa ya fue mayúscula. Aquello parecía el túnel del tiempo. Si el propietario tenía intención de recrear el ambiente de los cincuenta lo había diseñado de primera. Cada detalle estaba cuidadosamente reproducido, desde la barra y los taburetes, pasando por las mesas y asientos, hasta centrarse en los botes del tradicional *ketchup* o las botellas de refrescos. Los cuadros y fotografías que llenaban las paredes recreaban actores antiguos, básicamente de westerns, que convivían en perfecta armonía con viejos retratos de auténticos personajes del salvaje oeste; Billy the Kid, Jesse James, Sitting Bull o el General George Armstrong Custer por citar tan solo a algunos de los que identificó tras un primer vistazo. Lo que le puso la mosca detrás de la oreja fue que tanto los dos clientes que estaban acomodados en la barra como el que parecía ser el encargado permanecían embobados mirando una prehistórica televisión en blanco y negro, ubicada en uno de los rincones superiores. Una vez sentado, el hombre del mostrador se acercó a Colter secando un vaso con un trapo, un cigarrillo sin filtro humeando en la boca y media sonrisa forzada en la cara. Incluso el peinado de aquel individuo era afín al negocio. Corte de pelo a navaja en la parte posterior de la nuca y más largo y con la raya bien marcada y fijado en la zona superior.

-¿En qué puedo ayudarlo, jefe? - Le preguntó sin desviar la mirada del televisor.
- Me gustaría comer alguna cosa- Respondió
- Usted dirá…
- Huevos, tocineta, salchichas y café, ¿Podría ser?- Preguntó con duda.
- Deme unos minutos, soy su hombre - Contestó amablemente todavía con un ápice de ironía. Un rato después con el hambre saciada, las cosas parecían ya de otro color. El propietario se le acercó de nuevo un poco más comunicativo que antes.
- ¿No es de Memphis, verdad? Debe venir de lejos- Dijo.
- Si considera que Tupelo está lejos.
- Pues no le había visto nunca por aquí.
- ¿Usted es Shane?
- ¡Nooooo! Me llamo Mike. Le cambié el nombre a la cafetería hace unos años. ¿Le gusta el cine de verdad?

- No me considero un entendido pero sí me gustan las buenas historias.
- Pues a mí, me encantan los westerns, ya lo habrá deducido. Son simples, directos y fáciles de entender, la eterna lucha entre el bien y el mal, ¿No cree?
- Nunca me lo había planteado de esta manera.
- *Shane* es el título de la novela de un escritor no demasiado popular, Jack Schaefer. La publicaron hace pocos años, la leí y me entusiasmó y desde que me enteré que filmaban la película decidí avanzarme.

- Buena estrategia, seguramente.
- Creo que la dirige George Stevens y el protagonista será Alan Ladd aunque sonó inicialmente el nombre de Montgomery Clift ¡Ah! Y unos fantásticos exteriores situados en Jackson Hole, Wyoming. ¿Se lo puede imaginar?
- Montañas y más montañas supongo, pero espere, ¡Creo que ya la he visto!
- Imposible, la rodaron hace un par de años y el estreno está previsto para el próximo abril. Perdone pero- De repente, el llamado Mike / Shane dejó a Colter prácticamente con la palabra en la boca volviendo a fijar su atención en el pequeño y "obsoleto" aparato de televisión del local. Se acercó con un par de zancadas y con la ayuda de una vara de madera subió el volumen como si jugara al billar.

En el receptor, y en lo que a priori parecían las míticas escaleras del Capitolio, un nuevo Presidente de la nación estaba preparado para el tradicional juramento de su cargo.
- ¿Ike Eisenhower?
- ¡Sí señor! Que sea él el encargado de poner un poco de orden en todo este desbarajuste sobre todo exterior
- No entiendo nada.
- Mire jefe, no sé dé qué planeta sale usted pero ¿Dónde cree que está todo el mundo? Pues en casa viendo la ceremonia de la toma de posesión. A estas horas no encontrará a nadie por las calles.

Mientras escuchaba boquiabierto y un hormigueo incontrolable recorría todo su espinazo pasando del frío al calor en pocos segundos, Jesse Colter fijó su atención en un calendario de pared que el tabernero tenía a sus espaldas. Aparecía el mes de enero y el martes 20 rodeado por una anilla de color rojo.

Aquello no podía estar sucediendo. Mirando a través de la ventana pero sin divisar nada en concreto se pellizcó los brazos para verificar que toda la escena no fuera más que una pesadilla, pero notó perfectamente sus dedos en la piel y además las gotas de sudor le bajaban por las sienes. Los sueños no sudan pensó mientras se sentaba resignado en uno de los bancos de cuero encarnado.

Un nuevo cliente entró y pasó por su lado en aquel preciso instante y después de cambiar impresiones con el propietario que gesticulaba ostensiblemente señalándole con la cabeza, se le acercó con una cordial sonrisa dibujada en la boca. Calzaba un sombrero tejano marrón oscuro y una camisa a cuadros de tonos azulados con muchas horas de vuelo y demasiados lavados, que en cualquier caso combinaba perfectamente con el color de sus ojos con cierto aire porcino. Se le dirigió usando el típico acento cerrado del sur arrastrando las palabras.

- ¿Se encuentra bien? Mike me ha dicho que parecía desorientado ¿Le apetece una taza de café? A veces el café de Mike hace milagros, créame.
- ¿De verdad que hoy estamos a 20 de enero de 1953?
- Tan cierto como la tormenta que acaba de caer sobre Memphis que casi me abolla el coche con unas bolas de hielo que caían del cielo del tamaño de pelotas de baseball. Parecía como si San Pedro estuviera enfadado con alguien.

Jesse Colter había leído en cierta ocasión en una revista sensacionalista, de aquellas a las que casi nadie le otorga credibilidad, el testimonio de un pobre desgraciado de un pueblecito de Iowa que conduciendo una noche penetró en una espesa y densa niebla y apareció cerca de la capital de Perú diez años más tarde de lo que le correspondía. Siempre había creído que todo este tipo de historias no eran más que leyendas urbanas para vender papel a los incautos, con reclamos del calibre de milagros extraordinarios o bucles en el tiempo. Por otra parte, ¿Qué interés o provecho podía obtener un hombre sencillo al revelar un relato inverosímil de estas características? Absolutamente ninguno, como él mismo comprobaría, aunque una pequeña luz de curiosidad empezó a encenderse en las profundidades recónditas de su cerebro.

El hombre de la camisa a cuadros volvió a insistir en el estado de Colter, poniendo de manifiesto la hospitalidad del sur, ampliamente mitificada sobre todo por la literatura, pero en ciertos aspectos, inalterable al transcurrir del tiempo.
- Tengo el coche aparcado aquí detrás, si quiere le acerco a su casa o donde le parezca.
- No sé qué decirle. Sinceramente no me produce una ilusión especial volver a casa y "encontrarme" conmigo y después de todo no entender nada, y créame, nada de esto tiene que ver con historias de redención personal ni retóricas parecidas. No tengo ni idea de lo que haría, aunque pensándolo bien, en casa tampoco me queda mucho por hacer.
- Tómeselo con calma, amigo.
- ¿Ha tenido alguna vez la sensación de estar en otro mundo?
- La ciudad de Memphis la produce y con mayor intensidad a los nuevos visitantes.
- No es mi caso, aunque no sé si estoy viviendo una terrible pesadilla o por el contrario el sueño de mi vida.
El hombre del sombrero tejano explotó a reír ruidosamente y le golpeó afectuosamente la espalda.
- Mucha gente experimenta esta sensación de dualidad después de visitar algunos de los tugurios con más solera de Beale Street.

Salieron juntos de la cafetería, doblaron la esquina y unos pasos después se pararon delante de un Pontiac Streamliner Torpedo de 1941 de color burdeos un poco destartalado, ligeramente olvidado de la mano de Dios y también de la de su propietario.

Una vez acomodados en el interior del automóvil, el hombre del sombrero tejano procedió a presentarse educadamente.

- Mi madre, antes de abandonarme, ¡Santa mujer! Siempre me decía que nunca me montara en el carro de un desconocido, así que tampoco quiero serlo yo para usted. Mi nombre es Frank Floyd pero todos los que me conocen me llaman "Harmónica Frank". ¿Con quién tengo el placer de compartir esta conversación?
- Yo me llamo Jesse Colter.
- Muy bien Jesse. Mike me ha comentado que eras de Tupelo pero me parece que no se te ha perdido nada por aquellas tierras. ¿Qué te parece si vienes conmigo hasta Clarksdale? Allí tengo una pequeña cabaña dónde por lo menos podremos refugiarnos de la lluvia.

- Le aseguro que en este momento no tengo nada mejor que hacer.

El motor del Pontiac tosió un par de veces antes de arrancar definitivamente. Ya puestos en marcha, Frank Floyd giró el sintonizador del receptor de radio. La voz del locutor de turno presentaba una composición original de Cliff Carlisle y Mel Foree titulada "Devil's train". La versión que programaban, a título de homenaje, era la lectura que hizo en 1949 el gran Hank Williams que la pasada noche de fin de año, tan solo un mes antes, había sido encontrado muerto en el interior de su Cadillac descapotable de color azul celeste.

The Devil's train is long and black It
rides on rails of fear

- Una verdadera lástima, ¿No crees? Los grandes tendrían que ser inmortales. Ya me dirás que beneficio pueden obtener el cielo o el infierno de contar con Hank Williams antes de tiempo.
- Estoy de acuerdo. No me tomes por imbécil pero por tu nombre deduzco que eres músico o bien te gusta mucho la música.
- Harmónica Frank volvió a soltar su característica y estrepitosa carcajada contagiosa mientras asentía afirmativamente con la cabeza y el sombrero, como si ambas fueran una extensión conjunta de su anatomía.

CAPÍTULO II

Highway 61.

Memphis no ha sido nunca una ciudad con mucha circulación como pueden ser Chicago, New York o Los Ángeles, a las que ineludiblemente todo el mundo asocia con la presencia de un tráfico rodado casi caótico. De calles amplias y generosas avenidas, no sería en ningún caso paradigma de las industrias automovilísticas, y en plena década de los cincuenta, con la resaca de la Segunda Guerra Mundial todavía presente y el conflicto de Corea llegando a su fin, sus habitantes eran mayoritariamente gente humilde y trabajadora procedente del campo que buscaban una oportunidad y un futuro mejor.

En pocos minutos dejaron atrás el epicentro de la ciudad y se adentraron en la 61 dirección sur, siguiendo el curso del río al que de vez en cuando podían distinguir en el horizonte en forma de línea azul o plateada, según la incidencia de la luz del sol y el efecto de su reflejo.

El trayecto lo aprovechó el conductor para explicar un poco su vida, que perfectamente podría haber inspirado una novela del amigo Mark Twain en caso de haberlo conocido o coincidido en el tiempo, debido a que alternaba verdades y mentiras con aportaciones de una imaginación prodigiosa con absoluta naturalidad, como si fuera el hermano mayor de Huckleberry Finn. Colter escuchaba, pero a menudo perdía el hilo de la narración al distraerse cavilando una y otra vez el resultado de la ecuación espacio / tiempo que lo estaba sacudiendo.

Harmónica Frank había nacido en octubre de 1908 en una pequeña localidad del condado de Pontotoc llamada Toccopola, al nordeste de Mississippi. Sus padres se separaron sin proporcionarle un nombre definitivo así que se lo puso él mismo aparcando definitivamente el Shank con el que lo llamaban. Lo criaron sus abuelos paternos en Arkansas, y al morir la abuela, se hizo cargo el abuelo Bud que era violinista y se lo llevó con él a recorrer la carretera. De hecho, la acabó conociendo tan bien que en ella murió de un ataque cardíaco mientras viajaba con su nieto en la parte posterior de un camión. El conductor, cuando se percató de la situación los abandonó a los dos, niño y cadáver, obsequiándole con un excelente recuerdo y con la firme convicción de aprender a espabilarse en cualquier situación. También de forma autodidacta se instruyó y perfeccionó en la técnica de tocar la armónica y la guitarra para empezar a actuar durante la década de los veinte en toda clase de espectáculos ambulantes y de calle.

Básicamente lo hizo en *travelling carnivals*, *medicine shows* o los llamados *minstrels*. Los primeros se caracterizaban por incluir algún tipo de desfile festivo, los segundos por la venta de elixires de propiedades milagrosas y dudosa procedencia, y los últimos por la presencia de músicos y actores blancos que con la cara tiznada de negro y con cierta ironía cantaban, bailaban y se movían como afro americanos en escenarios de diferente categoría.

Siempre sin establecerse demasiado tiempo en un lugar concreto, toda esta universidad de la vida lo graduó con matrícula de honor en la facultad de los "bala perdidas", capaz de superar a cualquiera que se atreviera a presumir de aventurero haciendo ostentación de fantasías como la afirmación de que era primo del asesino y atracador de bancos Pretty Boy Floyd.

Más allá de garantizarse una subsistencia más precaria que decente, con el paso de los años, musicalmente se convirtió en un perfecto conocedor de todo tipo de folk en un amplio espectro que iba del hillbilly más convencional hasta dominar las raíces del blues tradicional y ancestral junto a compañeros de escena y correrías como el *bluesman* Furry Lewis.

Tal como Jesse Colter podría comprobar en primera persona, era capaz de tocar la guitarra y la armónica simultáneamente sin la ayuda de ningún collarín. Introduciéndose el instrumento en la boca y sujetándolo como si fuera un puro habano, lo hacía sonar sincopadamente incluso con la participación de las fosas nasales resoplando como un animal en celo.

Transcurrida una hora larga de trayecto llegaron al "acogedor" hogar del músico situado en las afueras de la villa de Clarksdale y alejada prácticamente de todo. La cabaña, rodeada de bosques, podría haber sido perfectamente punto de encuentro de otros hijos de la localidad que con el tiempo se convertirían en ilustres como Sam Cooke o John Lee Hooker, pero nada más alejado de la realidad. La base del entorno era la soledad y continuando con referencias literarias, si el escritor surafricano J.R.R Tolkien hubiera visitado el lugar, con total seguridad hubiera encontrado inspiración para la creación y descripción del personaje de Tom Bombadil y su caserón. No en vano, el primer volumen de su famosa trilogía, *La comunidad del anillo*, vería la luz por primera vez aproximadamente un año después en 1954, siendo Harmónica Frank y salvando distancias y fronteras, una especie de Tom Bombadil del blues para aquellos que quisieran establecer un hipotético paralelismo.

Una vez instalados, Frank encendió la chimenea y poco después puso a calentar un cazo con sopa o puré que al menos hasta el día siguiente les calmaría el apetito. Después de cenar y saborear un par de vasos de whisky de una botella carente de etiqueta y seguramente sin filtrar, el propietario de la mansión agarró la guitarra, se introdujo una armónica en la boca y empezó a tocar. Su estilo, marcado por una voz nasal perfecta para el country y también el blues, era áspero, directo y con gran cantidad de inflexiones en su fraseo, cargado de humor y dobles sentidos, y un tempo del ritmo nada habitual para la época en la que estaban. Cuando soplaba parecía mucho más viejo de lo que realmente era, adoptando aspecto y facciones de un boxeador desdentado en el ocaso de su carrera profesional con más derrotas que victorias, pero siempre con una pequeña historia que contar en forma de canción, bajo la mirada de sus profundos ojos azules a veces también poco expresivos.

Concretamente la que atacaba en aquel preciso instante respondía al título de "I'm a howlin tomcat". Una composición con elevado contenido sexual alabando el comportamiento y las sensaciones de un mujeriego vocacional, que a bien seguro no contaría con el visto bueno de los estamentos más estrictos de la industria discográfica, pero que con toda certeza gozaría de pleno reconocimiento y complicidad en los ámbitos más populares en los que aquel individuo se desenvolvía normalmente.

Unas cuantas canciones más bajo la luz de las velas y un par más de dosis de whisky de alambique pusieron el punto final a la velada. Harmónica Frank le preparó un buen catre cerca del fuego mientras él se retiraba a su habitación, la única de la propiedad.

Con las manos cruzadas sujetándose la nuca y contemplando el techo, Jesse Colter empezaba a asimilar su nueva situación. Fuera, los ruidos de la noche hacía rato que se habían convertido en los amos de los alrededores. Las ranas croaban alternando sus compases con el cantar de los grillos.

Una sinfonía clásica y reiterativa muy característica de Mississippi, tan solo entrecortada por la sirena de un tren en la lejanía, tal vez el expreso de medianoche que a un buen puñado de compositores de blues había inspirado y consolado, gente como Leadbelly, Big Bill Broonzy, Sonny Terry & Brownie McGhee o Big Joe Turner, que veían una chispa de esperanza y libertad en medio de la oscuridad. Para Colter era más bien un sonido que invitaba a la reflexión. La distancia entre Clarksdale y Tupelo no era excesiva, poco más de cien millas aproximadamente, no demasiado lejos de casa y a la vez extraordinariamente distante.

Sus pobres conocimientos relacionados con la física no le permitirían entender nada si se acercaba y distinguía familiares, o a sí mismo, en lo que los entendidos definen como otra dimensión o un plano diferente. Por tanto, mejor dejar las cosas tal como estaban y esforzarse en no reflexionar más sobre el asunto.

La oportunidad que el destino le brindaba caprichosamente tendría que aprovecharla al máximo pero con mucha cautela. A lo largo de los últimos años y quizás para compensar su ausencia, había leído todo tipo de publicaciones y bibliografía vinculadas a la vida del cantante, hasta convertirse casi en un erudito sin ser demasiado consciente. Su memoria no es que fuera precisamente de elefante pero con el tiempo había establecido en su cabeza una cronología de los hechos bastante ordenada que ahora, si es que todo aquello estaba realmente sucediendo, tendría ocasión de ponerla en práctica. Si no para modificar el curso de los acontecimientos, como mínimo para ejercer de testimonio activo y directo. Un privilegio por el que más de uno pagaría auténticas fortunas o vendería su alma al diablo, allí mismo en Clarksdale, tal como rezaba la leyenda del mítico Robert Johnson y su repentino virtuosismo tocando la guitarra.

CAPÍTULO III

A la mañana siguiente se despertó con la luz del sol entrando directamente por la ventana golpeándole la cara. Molesto pero a la vez reconfortante en pleno invierno. Frank tocaba la armónica suavemente en el exterior, sentado en una vieja silla destartalada y medio apoyada en la pared del porche, a un paso de desmoronarse como un castillo de naipes y obsequiarlo con un sonoro y épico batacazo. Le recibió con una de sus espontáneas sonrisas y le invitó a desayunar pan reseco y café caliente que le sentó de maravilla.

- A ti también te gusta la música, ¿Eh chaval?
- Unos cantantes más que otros pero en general la que se hace por aquí sí. Creo que la mayoría la llevan en su interior.
- Pues vete preparando porqué hoy te presentaré un personaje que sin ser músico, de música sabe un montón. No te dejes llevar por la primera impresión cuando lo veas con su aspecto tan serio. Sabe lo que hace y lo que quiere, te lo aseguro.

Poco después deshacían de nuevo el trayecto hacia Memphis montados en el Pontiac. Como no podía ser de otro modo, para variar, Frank Floyd no paró de hablar y explicar anécdotas, algunas verdaderas y otras no tanto, pero todas dignas de ser recopiladas y perpetuadas. De fondo, el sintonizador de radio ofrecía los éxitos del momento como el "Hound dog" de Big Mama Thornton, el "Lawdy Miss Clawdy" de Lloyd Price, el "Have mercy baby" de The Dominoes o el "Daddy daddy" de Ruth Brown. Alternados con temas de otras temporadas como "Sam's drag" de
Lafayette Thomas, "Hard luck blues" de Roy Brown o "I've got loaded" de Pippermint Harris.

En conjunto, un caldo de cultivo centrado en el blues y el rhythm & blues que en cuestión de un par de años y en forma de nuevo estilo acabaría sacudiendo todos los estamentos musicales y también una parte de la sociedad más conservadora anclada en el pasado.

Al entrar en Memphis se detuvieron para poner gasolina. Colter se bajó a estirar las piernas y se quedó embobado delante de un Chevrolet Plymouth Sedan de 1940 de color azul oscuro en un estado impecable. Lo devolvió a la realidad un silbido de Frank, guiñándole un ojo y señalando con la cabeza para que fijara la mirada en un gran cartel publicitario al fondo de los surtidores, justo encima de la caseta de los encargados. En él, se anunciaba para aquel mismo día la *premièr* nacional del estreno de la película *Niagara* con Joseph Cotten, Jean Peters y Marilyn Monroe como protagonistas, bajo la dirección de Henry Hathaway.

- Con una chavala como esta yo también llegaría a las cataratas, ¿No crees? ¡Y las cruzaría de un salto! - Comentó mientras soltaba una vez más su peculiar carcajada.

El escaso tráfico que de nuevo acunaba la metrópoli propició que Union Avenue se erigiera aparentemente en una calle mucho más ancha de lo que en realidad era. Al final de la larga avenida, concretamente en el 706 se ubicaba el Memphis Recording Service como si fuera una especie de abadía musical solitaria en la cima de una montaña donde los buenos feligreses se acercaban a comulgar musicalmente. La medida y aspecto externo distaba mucho de parecerse a cualquier edificio religioso, todo lo contrario dada la sencillez y austeridad que lo definía.

Aparcaron justo detrás, entraron y en pocos instantes los recibió en el descansillo de las instalaciones con una sonrisa de bienvenida la que ejercía de secretaria y administrativa, la señorita Marion Keisker. Rubia y rondando los cuarenta, se mostró encantada de saludar de nuevo a Harmónica Frank con quien se mostró afable y solícita para saber cómo le iban las cosas en el aspecto profesional. Implícitamente tenía la virtud de la amabilidad y hacer sentir bien a cualquiera que se le acercara más teniendo en cuenta el nerviosismo y los sueños de éxito que dominaban el espíritu de la mayoría de visitantes.

Una vez le hubo presentado a su acompañante, preguntó por el titular del negocio y *alma mater* de la empresa, Sam Phillips, que podía presumir de ser el primero en montar un estudio de aquellas características en toda la ciudad. De hecho, el servicio de grabación lo había iniciado tres años antes con la clara intención de descubrir talentos locales y de los alrededores y también como productor de anuncios y eslóganes de todo tipo, ya fueran de carácter publicitario como de ámbito privado, centrado en bodas y otras efemérides sociales.

A mediados de 1951, Frank había sido sin tener conciencia de ello, el primer "blanco" en grabar para el empresario. Un buen puñado de propuestas de las cuales tan solo llegaron a editarse cinco, eliminando el resto, puesto que material y espacio eran bienes muy preciados que casi valían su peso en oro.

No fue hasta 1952 en que el llamado Phillips fundó propiamente su sello al que bautizó como Sun, proporcionándole un bonito logotipo con una especie de medio sol naciente rodeando un gallo como protagonistas. Mientras ese momento no llegaba, el material musical que grababa lo cedía "temporalmente" a otras discográficas como Chess en Chicago o Modern en Los Ángeles.

Pocos minutos después de atender el aviso de la recepcionista, Samuel Cornellius Phillips, natural de Florence (Alabama), salía de las profundidades de su pequeño estudio, cabina de grabación, centro neurálgico de control o como quisiera que se llamase, cruzaba la sala de audición enérgicamente y se presentaba en la entrada para atender a los recién llegados.

Pulcramente peinado, con las mangas de una camisa blanca dobladas hasta los codos y el nudo de la corbata ligeramente aflojado, esbozó media sonrisa al reconocer a Harmónica Frank como uno de los visitantes.

- Caramba Frank, a primera vista no te había reconocido. Hacía tiempo que no asomabas la nariz por aquí ¿Cómo te van las cosas? - Preguntó con una voz grave y el acento cerrado del sur, con cierta melodía en las palabras.
- Voy tirando, Sam. Un poco de aquí, otro poco de más allá…Ya me conoces.

Mientras iban charlando y el rictus inicial de seriedad que dominaba la cara de Phillips se difuminaba, Jesse Colter, por primera vez tuvo tentaciones de intervenir y jugar a ser Dios. Más que nada para advertirle que estuviera atento el próximo mes de julio y pusiera atención a un joven tímido, de apariencia extravagante y con un fuerte acné en la cara, con un nombre un tanto atípico, que se le acercaría con la banal excusa de grabar un disco para el cumpleaños de su madre. La canción seleccionada sería "My hapiness", y en el bolsillo llevaría los cuatro dólares que cobraban por el servicio, a parte de un montón de sueños en los que se convertía en un baladista de excepción.

Intenciones y pensamientos fugaces que se esfumaron al recibir la fuerte encajada de manos del empresario de Alabama, que poseía unas extremidades superiores poderosas y endurecidas seguramente por los años que pasó recolectando algodón al lado de padres, hijos, hermanos y trabajadores negros que hallaban en los cantos y la música una buena manera de huir o mantenerse aislados de la dura monotonía que suponía cultivar los campos bajo un sol de justicia y unos propietarios a veces no demasiado comprensivos.

- Así qué, señor Colter, ¿También es músico?
- Ni mucho menos, Sr. Phillips. A mí sólo me gusta escuchar.
- Es una buena actitud para empezar, pero con la música que se lleva por aquí no basta con escuchar. El secreto está en sentir.
- ¿Sentir?

- Sí señor. Sentir es la clave absoluta. Aunque con el amigo Frank hice una excepción, todos los artistas que han pisado la Sun son de color. Supongo que se lleva en la sangre pero es indudable que los negros tienen una manera de sentir la música totalmente diferente a los blancos. Para poder entenderlo se tendría que transformar en uno de ellos y pasar un sábado noche en Beale Street. Entonces sabría de qué le estoy hablando y no desearía regresar a su condición de *"culo blanco"*.

Phillips y Frank se miraron buscando y encontrando complicidad, y seguidamente explotaron a reír como dos adolescentes que acaban de decir o cometer una estupidez y todo les hace gracia de forma desmedida y sin ninguna preocupación añadida.

Instantes después, Phillips volvía a ser el profesional de aspecto serio, siempre a la búsqueda de un sonido innovador nunca antes escuchado.

- Vale, Sam. No te queremos entretener más. Si tienes alguna cosa para mí ya me lo dirás.
- Pierde cuidado.
- Esto de lo que todo el mundo habla, esta mezcla de rhythm & blues y country & western, ¿No crees que yo también lo podría hacer?
- No Frank. Tú siempre has hecho blues, con tu estilo, pero en el fondo siempre es blues, y eres bueno. Pero el día que tu o cualquier otro me traiga por aquí un blanco capaz de cantar y sentir como un negro habré descubierto la piedra filosofal y la gallina de los huevos de oro a la vez.

Jesse Colter se mordió la lengua para no opinar mientras Harmónica Frank encajaba el golpe con total deportividad y resignación.

- Esto viene a ser como el amor de tu vida, Phillips, a lo mejor ha pasado por tu lado y ni te has dado cuenta.

- Quizá tengas razón pero siempre he creído más en la intuición que en el amor. Si ese día llega estoy seguro que sabré reconocer el momento, estoy convencido.

Se despidieron de Sam Phillips y la Señorita Keisker con la promesa no demasiado convincente de encontrarse pronto para compartir un par de cervezas.

Dentro del automóvil, y mientras la emisora de radio escupía esta vez a ritmo de country el "I couldn't keep from crying" de Marty Robbins, se pusieron a hablar de blues ya que según el productor, Harmónica Frank era hombre de este género, un argumento que el propio protagonista no compartía al cien por cien, contraponiendo la versatilidad de su estilo.

- ¿Quieres que te diga de verdad quien era un hombre de blues de los pies a la cabeza? ¡Howlin' Wolf!
  Precisamente coincidimos en los estudios de Phillips hace un par de años. Más de una vez, cuando el terminaba sus sesiones, entraba yo y la verdad es que impresionaba.
- Tengo entendido que era un tipo muy grande.
- ¿Grande? ¡Enorme diría yo! Medía más de seis pies pero todo en él era grande. Si tocaba la guitarra parecía de juguete, y si tenía una armónica en las manos daba la sensación de soplar una pequeña flauta.
- Todo un personaje, me imagino.
- También es de por aquí, de Mississippi. Creo que de White Station, un poco más al sur de donde somos nosotros.
- ¿Trataste mucho con él? ¿Qué tal era como persona?
- Mi relación con él fue cordial y correcta. Encontrarás gente que echará pestes, que si era arrogante, altanero y otros calificativos menos generosos pero yo pienso que todo se debía a su poderosa personalidad. El amigo Sam Phillips decía que escucharlo era como encontrar el lugar donde el alma humana no muere nunca. Interpreta lo que quieras.
- Yo me lo tomaría como un cumplido.
- ¡Si señor! Casi 330 libras de blues en estado puro. ¿Sabes por qué se hacía llamar Howlin' Wolf?

- Sospecho que me lo aclararás en seguida.
- Hay gente que piensa que es debido a la forma de cantar pero el origen es más sencillo y familiar. Todo procede de las historias sobre lobos que le contaba su abuelo cuando era pequeño. Le advertía que si no se portaba bien serían los propios lobos los que vendrían a buscarlo aullando ¡Fin de la historia!
- Jamás se me hubiera ocurrido.
- Viejas leyendas del sur ¡El bueno de Chester Burnett! Creo que está afincado en Chicago donde hay un buen circuito de blues con clubes y compañías que pagan bien a los artistas.
- Por cierto Frank, ¿Dónde vamos?

Una vez más, para no romper con lo que parecían las buenas costumbres, Harmónica Frank se puso a reír incontroladamente hasta derivar en un ataque de tos y un puñado de lágrimas posteriores anegando sus ojos. Mientras disminuía la frecuencia de los golpes de tos que ahora se confundían con el "I almost lost my mind" que Ivory Joe Hunter proponía desde el receptor radiofónico del Pontiac Torpedo, le comunicó el destino del nuevo trayecto, la localidad de Ripley, en el condado de Lauderdale siguiendo la carretera 51 dirección norte. Poco antes de llegar, se desviaron hacia el campo santo del Bethlehem Cemetery de Henning, donde Harmónica Frank tenía planeada una parada técnica y presentar sus respetos al que según él era todo un héroe de la zona.

Seguramente con el logo de la Sun Records en mente y siguiendo los particulares mecanismos de asociación de ideas que regían el cerebro del músico, la visita estaba más que justificada, pues la tumba del personaje que quería honrar era la de Chicken George Lea. Un individuo legendario por su facilidad en el adiestramiento de gallos de pelea y también por su carácter optimista y festivo. Años más tarde, el escritor Alex Haley lo inmortalizaría al hacerlo aparecer en su famosa novela *Roots* (Raíces) como miembro destacado de la estirpe familiar y antepasado ilustre.

Para Frank Floyd, era un elemento más en la demostración empírica de que en Memphis casi todo respondía a un porqué y la mayoría de las cosas estaban relacionadas unas con otras con unos vínculos a veces muy caprichosos, donde azar y destino no eran jugadores de póker diestros al no disponer casi nunca de buenas cartas, a pesar de obsequiar a los interesados con una considerable dosis de diversión.

Después de tocar un par de melodías y practicar un estrafalario baile ritual al pie de la lápida, enfilaron de nuevo la carretera y unas pocas millas más allá siguiendo la misma dirección norte, llegaron a Ripley, sede del condado y la ciudad más popular.

Floyd tenía pactado desde hacía días un encuentro con una serie de músicos locales y avanzado el atardecer, cerca de un fuego improvisado en una especie de granja abandonada, empezaron a hacer acto de presencia los invitados a la reunión. Cada uno de ellos, a parte del instrumento personal, acudió con alguna cosa para comer o beber y poco rato después, el aroma de la carne en las brasas, los efluvios de la cerveza artesanal y del whisky de alambique impregnaron el ambiente.

Basta decir que el blues volvió a ser el protagonista absoluto. Blues con raíces, extraído de las profundidades del corazón y de los pantanos del alma de todos aquellos hombres que sentían la música como si fuera la sangre de sus propias venas.

Superadas ampliamente las dos horas, la velada la dieron por finalizada una vez entonaron todos al unísono una especie de himno gospel surgido de la iglesia evangelista, "When the sun never goes down", popularizado años antes por la cantante Willie Mae Williams. Aquellos individuos hacían su lectura personal, más cercana al infierno que al cielo, pero no impidió que a Jesse Colter se le pusiera la carne de gallina, sin ánimo de invocar en aquel instante el espíritu de Chicken

George a quien todo el mundo conocía al norte de Memphis según insistía el compañero Frank.

En la oscuridad y soledad de la noche, Colter se dedicó a llevar a cabo un exhaustivo ejercicio de memoria para tratar de situarse en el tiempo y diseñar un deseado encuentro "accidental" con el cantante. Los datos de sus recuerdos apuntaban que, después de pasar por diferentes alojamientos transitorios, uno de los primeros domicilios estables del ídolo y su familia después de mudarse de Tupelo fue en unos apartamentos en Lauderdale Courts, concretamente en el nº 328 de la primera planta y de los que daban al 185 de Winchester Street.

CAPÍTULO IV

Al final de la calle solitaria.

A la mañana siguiente, una vez asumida de la mejor manera la resaca de su anfitrión, le pidió si le podía acompañar con la excusa de haber recordado la existencia de un pariente lejano afincado en aquella zona del norte de Memphis dentro de un barrio no demasiado bien favorecido.

Cuando llegaron, descubrió no de forma fácil que la familia por la que se interesaba había dejado la vivienda hacía más de un par de semanas. Nadie les había informado de la nueva dirección y Jesse Colter al leer las diferentes biografías no había podido retener en su subconsciente el 698 de Safarans Street.

Así pues, no le quedaba más remedio que cargarse de paciencia y esperar al mes de julio, cuando empezaría a husmear por el Memphis Recording Service o tal vez tentar la suerte y acercarse a Poplar Tunes, una tienda de discos ubicada en el 308 de Poplar Avenue por donde se dejaba ver de vez en cuando. Empresa, esta última, poco alentadora, calculando la casi escasa probabilidad de acertar el momento exacto si todo lo dejaba en manos de la providencia o del maldito factor aleatorio.

Un par de días más tarde, la propuesta de diversión de Harmónica Frank marcaría un punto de inflexión en el insólito viaje de Jesse Colter. Con la prioridad de satisfacer y atender las necesidades más ancestrales de los hombres, decidió que llevaría a su invitado a conocer el local social de una buena amiga suya. El negocio en cuestión resultó ser uno de aquellos en que hay mujeres que fuman, visten trajes cortos con escotes generosos, sienten amor a primera vista y practican una moral más bien disoluta.

Dentro de Memphis, estaba situado muy cerca del Motel Lorraine, que años más tarde entraría en la historia por el triste y lamentable episodio que supuso el asesinato del Reverendo Martin Luther King. Ahora, quince años antes, el establecimiento del 450 de Mulberry Street era lugar de paso que debía su nombre a la esposa del propietario y al hecho de sentir devoción por el estándar del jazz, "Sweet Lorraine".

Unos metros más allá, en la misma calle, era donde la amiga de Frank explotaba sus encantos. El Club se ofrecía con el sugerente nombre de The Red Horse Dancer, bajo un neón de color rojo rosado que, a parte del nombre, también representaba las figuras de tres caballos erguidos sobre sus patas traseras que se encendían y apagaban reiteradamente uno detrás de otro, transmitiendo la sensación del movimiento constante de los animales.

La propietaria, Madame Louise Lamont, sin estar demasiado familiarizada con asuntos musicales y quizás sólo por inercia y solidaridad con la ciudad, también sentía debilidad por una canción, un blues relativamente nuevo de J.B Lenoir titulado simplemente "Louise", con la que decía sentirse plenamente identificada. A saber por qué motivo. Nada más cruzar el umbral de la entrada, los recibió con una risa contagiosa que parecía ser el perfecto complemento y contrapunto a la de Frank Floyd, a la vez que mostraba un par de piezas dentales de oro que lejos de afearla le proporcionaban un halo de misterio, autenticidad y personalidad poco accesible. Físicamente debía rondar los cincuenta, aunque los años y el trabajo parecían haberla tratado bastante bien. Alta y robusta y con unos pechos más que generosos, llevaba el pelo tintado de rubio platino, peinado de una manera que recordaba el estilo de Verónica Lake o Lana Turner, dos actrices consideradas verdaderas bombas sexuales diez años antes y especializadas en papeles de *femme fatale*.

Madame Louise sabía muy bien el rol que desempeñaba en aquella "película" y lo desarrollaba merecedora del Oscar al papel protagonista. El negocio que regentaba le funcionaba más que bien, teniendo en cuenta que no eran años de abundancia y el hecho de que el suyo pertenecía al sector de los últimos en notar las consecuencias de una hipotética recesión.

En los años cincuenta, Memphis continuaba siendo lugar estratégico en la búsqueda de evasión y entretenimiento ya que a lo largo de todo el estado todavía había mucha gente que confiaba en el negocio del algodón y del maíz mostrando tímidamente algún que otro vestigio de las viejas plantaciones del sur que se resistía al paso del tiempo. Este factor, junto con la omnipresencia del río y el constante ir y venir de mercancías, la convertían en poderoso reclamo y atractivo para todo tipo de jornaleros con ganas de desahogarse.

Mientras Madame Lamont y Harmónica Frank subían de bracito hacia las estancias superiores, Jesse Colter fue invitado por la anfitriona a sentirse como en casa, a "escoger" y hacer lo que le apeteciera, siempre y cuando se comportara como un caballero.

De todas las mujeres que por allí deambulaban, la más solícita y la que gozaba de mejor reputación era una que respondía al evocador nombre de Blue Charlotte y lo cierto es que fama y atractivo eran más que justificados, dejando a Colter con cara de bobo integral al pedirle fuego y cruzar unas simples palabras de bienvenida. A más de un pobre desgraciado debía haber hechizado y hecho enloquecer con su larga cabellera morena y aquellas curvas diabólicas.

En diferentes etapas de su vida y por diversas razones, ya había visitado algún local de características similares pero nunca se encontró cómodo, cuestión de escrúpulos seguramente. Entre tanto terciopelo, transparencias, humo de tabaco y el sonido de una vieja pianola, buscó refugio al fondo de la sala más grande donde se disponía una pequeña barra que atendía una de las chicas con una postura que parecía ajena a todo aquel teatro de variedades. Pidió una cerveza y empezaron a hablar de trivialidades como el tiempo o la rapidez con la que las costumbres cambiaban en una comunidad como Memphis. El resto de damas los miraban, hacían comentarios furtivos y sonrisitas, mientras atendían a los nuevos clientes que progresivamente iban llegando con afán de distracción. El simple objetivo de Jesse Colter era esperar a su "Cicerón", por este motivo se colocó de manera que no miraba directamente a la chica dispensadora de bebidas. Cuando accidentalemente lo hizo, se dio cuenta de que había una disposición diferente en la orientación de la cabeza y sobretodo en la mirada. En un instante, ató todos los cabos sueltos de su torpeza. La joven era ciega, extraordinariamente bonita pero ciega.

Harmónica Frank bajó al cabo de poco rato acompañado de Madame Louise con aire satisfecho y ganas de juerga. Pidió una botella de buen whisky, invitó a todo aquel que tenía alrededor, se agenció una guitarra que ya guardaba en depósito y empezó a cantar canciones picantes llenas de doble sentido que a todos los presentes ponían de buen humor a la vez que contribuían a olvidarse de los problemas:

"[...] las mujeres maduran con el tiempo mientras que los hombres nos volvemos verdes"- Rezaba una de sus improvisaciones más ovacionadas de la velada.

Indiscutiblemente, Frank Floyd era un hombre excepcional al que le podía faltar la comida y un par de minutos de cocción cerebral pero mientras dispusiera de su armónica y una pequeña dosis de alcohol, sabia exprimir el jugo de la vida como si tratara con un limón, valorando una vez más la referencia del icónico Robert Johnson, su espíritu y una de sus composiciones, *"Travelling Riverside blues"*.

Los días transcurrían casi sin darse cuenta y era difícil aprovechar al máximo la oportunidad que los caprichos de la física le brindaban.

El invierno se impuso progresivamente en los estados de Tennessee y Mississippi, incluso con la llegada de la nieve que, no siendo habitual de cada temporada, extendió su mantel blanco y amplió sus dominios de forma escalonada, sin traumas ni estruendos, pero implacablemente. Las gélidas temperaturas contribuyeron al enfriamiento general del ambiente, no así el recuerdo de la joven del Red Horse Dancer que se había instalado en la mente de Jesse Colter y a menudo le sacudía la memoria.

En más de una ocasión regresaron e hicieron parada en Shane's para saborear un fantástico desayuno abundante en calorías. Muchos de los parroquianos que allí se concentraban eran los habituales, pero había también un buen porcentaje de pasantes, más teniendo en cuenta la estratégica situación del emplazamiento muy cercano al centro neurálgico de la ciudad. El propietario, Mike, continuaba firme en sus convicciones vinculadas a la honestidad del western. Tal vez por este motivo y para reforzar aún más su determinación, Colter tuvo la tentación de confesarle que en cuestión de un año y aprovechando el momento dulce que vivía a nivel popular la llamada literatura de frontera, Alan Le May, autor más que reputado del género, publicaría en breve su obra maestra, *The Searchers* ('Centauros del desierto'). Novela que un par de temporadas después sería magistralmente adaptada al cine por John Ford, con John Wayne y Jeffrey Hunter en sus papeles protagonistas y con las magníficas vistas panorámicas de Monument Valley ejerciendo de escenario natural inolvidable.

Los principios del tabernero permanecerían inalterables a hipotéticos vaticinios de futuro; por tanto, mejor no aguar la fiesta a nadie y mucho menos a uno de los clientes que aquel mismo día deambulaba por el local. Colter lo reconoció en seguida, a pesar de estar rodeado por cuatro o cinco colegas más con los que compartía cervezas, conversación y ganas de pasar un buen rato. Una vez superado el impulso inicial de levantarse y abordarlo con preguntas de todo tipo, se limitó a seguirlo discretamente con la mirada y afinar el oído para tratar de captar cual era el motivo de la reunión.

El interfecto no era otro que Scotty Moore, guitarrista del primer grupo del cantante y en gran parte responsable del motín musical que en breve herviría la ciudad. Moore que había nacido cerca de la localidad de Gadsen (Tennessee), tenía entonces veintiún años y acababa de dejar atrás cuatro de servicio en la Marina. Tocaba la guitarra desde los ocho y perfeccionó su estilo flirteando con elementos que abarcaban géneros a priori tan alejados como eran el jazz o el country.

Ataviado con una camisa tejana azul con ribetes blancos en la espalda, pulcramente peinado, de mirada sincera, ojos claros y nariz culminada con una pequeña punta redonda, paseaba una sonrisa afable entre sus compañeros a quien Jesse Colter identificó progresivamente después de atar unos cuantos cabos. Uno de los socios de velada era el alocado contrabajista Bill Black, que cerraría el triángulo mágico del terceto inicial del cantante y que de forma extraña se había mantenido en un discreto segundo plano de la escena. El resto, indudablemente debían ser los miembros de los Starlite Wranglers que era la banda de Moore en aquel momento. Casi con absoluta certeza los demás elementos respondían a los nombres de Tommy Seals, Doug Poindexter, Millard Yow y Clyde Rush. Sin saberlo y bajo el amparo de la Sun Records, estaban a un paso de publicar el sencillo "My kind of carryin' on" que sentaría las bases de los cimientos de lo que poco después sería clasificado como rockabilly, pero en aquel preciso instante se limitaban a traguear cerveza y contrastar opiniones sobre diferentes marcas de guitarra. En la discusión había partidarios de Fender y defensores de Gibson, pero el que parecía tener los conceptos más claros era el propio Scotty. Aunque defendía la originalidad y sonido de una marca como Gretsch situada entre las dos franquicias, se mostró conciliador con todas las alternativas, y a pesar de que personalmente, se había decidido por la sonoridad de Gibson y más en concreto por el modelo ES-295, que posteriormente sería bautizada como "la guitarra que cambió el mundo", sin ánimo de menospreciar a Fender que en poco más de un año comercializaría su modelo inmortal de Stratocaster. En cualquier caso, la historia de la música popular estaba a punto de acogerlo con los brazos abiertos, sin ser consciente de que establecería las bases del contrapunto de guitarra con un arpegio y punteo característico del emergente rock 'n' roll.

Décadas más tarde, todo un icono del género y del instrumento como Keith Richards, de los Rolling Stones, al rememorar aquellos hechos iniciales se refirió de manera muy gráfica:
"En aquel relato, todos deseaban ser el cantante pero yo quería ser Scotty Moore".
Sueños cargados de ilusión y ausentes de codicia.

Aquella misma tarde, Frank Floyd le comunicó la buena nueva de que si no tenía inconveniente volverían a asomar el hocico por el Red Horse Dancer, noticia que llenó a Jesse Colter de alegría pero también de una cierta inquietud.

Con la llegada prematura del atardecer invernal, se acercaron al local de Madame Louise, perfumados y engalanados, con objetivos similares pero estrategias diferentes.

Superado el vestíbulo, la primera chica con la que toparon fue Blue Charlotte, que como no podía ser de otra manera, los obsequió con el mejor de los recibimientos, una afectuosa muestra de hospitalidad, una sonrisa diabólica y un vaivén de caderas al caminar digno de un tratado de brujería de la Edad Media.

Mientras Harmónica Frank volvía a concentrar sus energías en la acogedora pechuga de Louise Lamont, que lo conducía escaleras arriba en medio de sonrisitas y comentarios con segundas, Jesse Colter, que ya conocía el camino, se armó de valor para dirigirse hacia la barra donde estaba la chica ciega.

Al pedirle una cerveza, lo reconoció en seguida y pocos minutos después charlaban animados, ausentes de presión de ningún tipo, con total complicidad y ajenos a cualquier comentario que pudieran suscitar entre el resto de personal femenino.

La joven se llamaba Evelyn Beaufort, tenía veintiún años y había perdido la visión cundo era una chiquilla por una de aquellas negligencias médicas en las que se mezclaron la ineptitud de los facultativos y la ignorancia y pobreza de los progenitores. Los pocos recuerdos que le quedaban de las imágenes del mundo real, con el paso del tiempo, se habían ido difuminando. Ahora, rodeada de tinieblas, resultaba un esfuerzo tratar de recordar cómo era el azul del cielo o las nubes de algodón en un día radiante y soleado.

Era de Savannah, una pequeña comunidad en el condado de Hardin, a poco más de cien millas de Memphis, dirección este. Localizada al lado del río Tennessee, conservaba como no, el aroma del viejo sur manteniendo viva toda la herencia de la tradición confederada, de la que sus habitantes se sentían plenamente orgullosos con mansiones señoriales rodeadas por pequeñas plantaciones de un perfil muy concreto.

Sus antepasados provenían de Carolina del Sur, concretamente de la misma ciudad que su apellido, Beaufort, que años más tarde quedaría situada en el mapa con letras brillantes gracias al mítico boxeador Joe Frazier, al convertirse en ciudadano ilustre.

Por sus venas corría sangre irlandesa, de esclavos africanos y también de algún indio *cherokee*, ingredientes que le proporcionaban un físico y una belleza original alejada de cualquier tópico convencional. De piel morena, ojos verdes con tonalidades grises y pelo castaño rizado, eran sin duda sus facciones dulces y equilibradas, con unos pómulos perfectos los que la transformaban en un ángel.

Colter procesó el paso del tiempo al escuchar en la sala contigua a Frank Floyd tocando la guitarra y soplando la armónica, mientras un coro significativo de chicas lo incitaba con estrofas de canciones y aplaudían siguiendo el ritmo de las melodías.

Antes de marcharse, Evelyn le pidió a Jesse si le podía tocar la cara con las manos para hacerse una idea mental de su rostro. No se pudo negar de ninguna manera y mientras los dedos de la joven le reseguían los contornos y facciones, en su interior sentía verdaderos latigazos eléctricos.

La noche tenía trazas de acabar en una perfecta comunión de blues, whisky y cierto desenfreno, pero faltaba aún la presencia de un elemento un tanto perturbador.

El local de Madame Louise, como todos los de su gremio, garantizaba discreción y confidencialidad, pues era más que probable coincidir con personajes conocidos o en su defecto de entornos sociales susceptibles de crítica. Por tanto, no resultaba nada sorprendente compartir "momentos" con políticos locales, banqueros, empresarios de moral inmaculada o incluso hombres de Dios.

Frank Floyd, cliente preferente, se codeaba con la mayoría con diferente grado de confianza, por esta razón no sorprendió en absoluto su reacción aparentemente indiferente al entrar en el salón en el que cantaba con las chicas, la figura imponente y mastodóntica del Reverendo Mordecai Tobias Letterheart. Más allá de la influencia del alcohol, por la intensidad y efusividad del afectuoso saludo que compartieron instantes después, era evidente que se conocían de tiempo atrás, circunstancia que Colter creyó conveniente no saber ni la causa así como tampoco los detalles.

Obviando la altura y el peso del individuo, la cara era también un auténtico poema lírico, centrado sobre todo en una gran cicatriz que le recorría toda la superficie como si fuera el mismísimo río Missouri, resultado seguramente de algún latigazo salvaje recibido en plena adolescencia. La señal que nacía en la parte superior de la frente, le atravesaba el ojo, bajaba por la mejilla y le cruzaba los labios con total magnificencia, muriendo definitivamente al final del mentón. A parte de predicar la palabra de Dios, se ganaba la vida vendiendo ejemplares de Biblias, que en sus manos parecían pequeños ejemplares de guías telefónicas. Según le explicó poco después Harmónica Frank, el Reverendo Letterheart podía ser extraordinariamente persuasivo verbalmente y sinó, siempre le quedaba el recurso de convertir a los infieles e incrédulos repartiendo guantazos altruistas como si fuera un ventilador de techo. Esta devoción llevada a su extremo, le garantizó un par de años antes y por gentileza del gobierno, el pasar una temporada a la sombra en Soledad Prison, en el condado de Monterrey, en pleno estado de California y mucho antes de que el *bluesman* John Lee Hooker ofreciera allí uno de sus conciertos.

De las muchas leyendas que circulaban alrededor de su voluminosa figura, la más popular era la que hacía referencia a otra parte de su cuerpo. Tal vez, para solidarizarse con la cara, se decía que el predicador tenía las nalgas como si fueran un mapa de las Islas Fiji, llenas de cicatrices. El origen de la especulación se remontaba a lo acontecido después de una borrachera y posterior trifulca cuando se puso a sermonear como un loco buscando justificación. Al finalizar su santa exposición, agotado y sin aire, se sentó violentamente en una silla de madera dejando caer el peso de su humanidad de forma contundente, sin acordarse ni tener en cuenta que en el bolsillo posterior de los pantalones llevaba una pequeña botella de whisky. El resultado final concentró todo en la misma dirección: pecado, penitencia y redención, puesto que los cortes producidos por los cristales desmenuzados cedieron el paso al elixir del diablo que actuó como antiséptico y desinfectante. Desde aquel día, la raya del trasero del Reverendo Mordecai Letterheart se confundía con otros accidentes geográficos de su anatomía, peculiaridad que sólo el propio interesado o las chicas de Madame Louise podrían confirmar. Otros con una imaginación más ingeniosa comparaban las nalgas del servidor de Dios con la cara de algún afectado por la viruela.

De cualquier forma, siempre hallaba la manera de refugiarse en la palabra del Creador y favorecer sus intereses personales:

- "El Señor comprende y perdona mi debilidad respecto a las tentaciones de la carne".

Si el Padre Omnipotente también se tomaba algún que otro respiro y permitía que sucedieran acontecimientos que la humanidad no merecía, también era de recibo que él pudiera aligerar su aflicción con distracciones plenamente terrenales. El argumento y razonamiento posterior del clérigo era, por tanto, que si de vez en cuando Dios se paraba a fumar uno o dos pitillos aparcando momentáneamente sus constantes y responsables obligaciones, él estaba legitimizado a hacer lo mismo, aunque no hubiera fumado en su vida. Seguramente cuestión de prioridades.

Jesse Colter lo vería con cierta frecuencia y regularidad, ya que desde ese día inició una especie de relación sentimental y de profunda amistad con la chica ciega, que al conocer su situación de provisionalidad en la cabaña de Harmónica Frank en Clarksdale, le sugirió la posibilidad de trasladarse a vivir con ella. El planteamiento inicial era el de disponer de una habitación como inquilino y compartir gastos, situación que en pocos días varió substancialmente y más después del ofrecimiento de Madame Louise que le propuso entrar a formar parte del negocio haciendo un poco de todo. Tareas que abarcarían desde la seguridad, pasando por la limpieza, aprovisionamientos, encargos e incluso ejercer de barman. Independientemente de la época que lo acogiera tendría que ganarse la vida de una u otra manera y el hecho de poderlo conseguir al lado de una persona que por primera vez en mucho tiempo le había ofrecido amor y confianza casi por intuición, sin pedirle nada a cambio, resultó definitivo.

El domicilio de Evelyn Beaufort estaba tan solo a unos metros del prostíbulo, justo al girar la esquina, después de torcer la primera calle a la derecha, por tanto, continuaba estando relativamente cercano al motor de la ciudad.

CAPÍTULO V

Beale Street y otros asuntos.

Jesse Colter tenía presente que 1953 era un año difícil para seguir la pista al cantante, que aparte de cambiar de domicilio, también frecuentó diferentes trabajos de diversa índole no demasiado bien remunerados y tampoco de mucha duración. En consecuencia, mejor optar por una cierta relajación y compartir el transcurrir de la historia de la manera más placentera posible, ya fuera asistiendo a la firma del armisticio de la Guerra de Corea a finales de julio, o en clave deportiva, disfrutando de las Series Mundiales de baseball, en las que los New York Yankees se impondrían a los Brooklyn Dodgers con el mítico Mickey Mantle en plena efervescencia, reafirmando su condición de jugador histórico e ídolo de pequeños y mayores.

Mientras tanto, cimentó los vínculos de unión con Evelyn compartiendo la metrópoli de Memphis y la gran cantidad de encantos de todo tipo que ofrecía a sus habitantes. Infinidad de veces pasearían por Beale Street, donde aparte de visitar clubes y cafeterías, también descubrieron establecimientos y comercios que con el tiempo alcanzarían el estatus de históricos. El más versátil y representativo de todos ellos quizá fuera Schwab. Una especie de almacén o *general store* donde uno podía encontrar casi de todo. No en vano, su lema era: "If you can't find it at Schwab's you're better of without it" (si no lo puede encontrar en Schwab mejor sin él). Ubicado en el nº 163 y fundado en el año 1876 por Abraham Joseph Schwab, un inmigrante judío de Alsacia (Francia), el almacén podía presumir de ser la tienda más antigua de todo el Mid-South.

Unos pocos metros más arriba, en el 126 de la misma calle y desde finales de los cuarenta, los hermanos Bernard y Guy Lansky regentaban su establecimiento de ropa, Lansky's. Diseñando y confeccionando sus propios modelos, acabarían vistiendo a personalidades de todo tipo. Músicos de la talla de Duke Ellington, Count Basie, Lionel Hampton, Isaac Hayes, B.B. King o Roy Orbison serían algunos de sus parroquianos e incluso Bernard recordaría décadas después como a principios de 1952, un adolescente de 17 años se quedaba a menudo hipnotizado observando el escaparte hasta que lo invitó a entrar. Aquel día no pudo comprar nada por falta de dinero, pero poco después se convertiría en su cliente más célebre y fiel, haciendo apología de la marca, aparte de proporcionarles un reconocimiento de atractivo incalculable.

Jesse Colter era plenamente consciente del valor, prestigio y fuerza que adoptaría aquella franquicia, así que cuando dispuso de su primer sueldo decente, por gentileza de empresas "Madame Lamont", no dudó un instante en comprar un precioso pañuelo de cuello para Evelyn, a pesar de los reproches de la joven que consideraba el regalo exageradamente caro más teniendo en cuenta el estampado de las formas y los colores, un tanto transgresores para la época y que Colter le describió con todo lujo de detalles.

Como no podía ser tampoco de otro modo, juntos se acercaron a menudo al hotel más famoso de la ciudad, el

Peabody, que por méritos propios, era ya toda una leyenda cargada de historias. El edificio original construido en 1869 en la esquina de Main y Monroe se había trasladado en 1925 a su actual ubicación, el 149 de Union Avenue. Como alojamiento no apto para todas las economías y por tanto de un cierto lujo, uno de los mayores contrastes que lo definían era la curiosa marcha que realizaban un grupo de patos que culminaban bañándose en la fuente del vestíbulo principal. Una tradición que parece ser empezó en 1932, cuando el director general del hospedaje regresando de una cacería con unos colegas le dio por permitir que unos cuantos ejemplares capturados vivos se pudieran refrescar a sus anchas.

La alocada ocurrencia gustó a huéspedes y visitantes, instauró un precedente y en poco tiempo se convirtió en un verdadero reclamo, hasta el punto que una comunidad de estas aves vive desde entonces en el ático del hotel, con todas las atenciones necesarias y con la única obligación de llevar a cabo un par de "desfiles" diarios a las once de la mañana y a las cinco de la tarde desde el ascensor hasta la fuente central del *lobby*, provocando las delicias y comentarios de residentes, curiosos y forasteros.

Al margen de la aparición puntual de los patos que Colter se encargaba de narrar con pelos y señales a Evelyn que no dejaba de sonreír, aquella amplia sala del hotel era lugar de encuentro de personalidades de todo el país. En el ámbito local, una de las presencias más insignes era la del escritor William Faulkner, que con su aspecto distinguido y elegante, a menudo se sentaba en una de sus mesas, encendía su pipa con tabaco Dunhill, saboreaba una taza de té humeante seguramente rectificada con "escocés" y observaba el ir y venir de huéspedes o el paisaje exterior de la calles de la población quizás buscando inspiración o cavilando retorcidas historias vinculadas a su condado imaginario de Yoknapatawpha. En 1949 le otorgaron el Premio Nobel de Literatura y un par de años más tarde en 1955 recibiría el Pulitzer por *Una fábula*. Su estilo difícil, áspero, directo y muchas veces crudo se caracterizaba por la escritura bajo el prisma del pensamiento de los personajes con ausencia de signos de puntuación.

Evelyn y Jesse Colter coincidieron con él en más de una ocasión, circunstancia para nada descabellada teniendo en cuenta que la propiedad del escritor, Rowan Oak, dentro del término municipal de Oxford, en el vecino estado de Mississippi, estaba relativamente cerca de la urbe más poblada de Tennessee. Un pequeño paseo descrito en más de uno de sus relatos.

Puede que por ingredientes y anécdotas de este calibre, historiadores posteriores afirmaran que el Delta del Mississippi comenzaba precisamente en el *lobby* del Hotel Peabody. Osados o visionarios, depende del punto de vista.

A medida que fortalecían vínculos, a Colter se le encendía cada vez más a menudo la lucecita de advertencia, ya que su "estrella" podía revertir o bien prolongarse hasta el fin de sus días. No tenía ninguna certeza. Dentro de este contexto de precaución, una tarde no pudo evitar sin entrar en detalles, poner las cartas boca arriba en el sentido de la posibilidad de desaparecer sin dejar rastro y sin motivo aparente. La respuesta de Evelyn fue una demostración de valentía y humanidad, y también una lección de vida con todas las de la ley.

- Mira Jesse, las personas ciegas
percibimos y sentimos las cosas de
una manera muy diferente a los que
gozáis del don de la visión. Desde el
primer instante que te conocí, sabía
perfectamente que no eras de por aquí
y que por tanto, existía la posibilidad
de que regresaras a casa. Si esto tiene
que suceder, hasta que este momento
no llegue, pienso sacar el máximo
provecho. Mi vida está llena de

historias tristes, por una bonita que
podré contar vale la pena arriesgarse.

Las noches que no trabajaban y optaban por quedarse en casa, las aprovechaba Colter para escuchar el sensacional espacio radiofónico llamado "Red Hot and Blue"; dirigido, conducido y presentado por el disk-jockey Dewey Phillips, que a pesar de la coincidencia de apellido, no compartía ningún vínculo familiar con el empresario musical. Desde 1949 y durante casi una década, se convirtió en referencia de las ondas y centro de atención obligatorio para todos los jóvenes y no tan jóvenes abiertos a todo tipo de combinación sin ninguna clase de prejuicio. El programa, amparado por la emisora WHBQ, se emitía desde el Hotel Chisca, situado en el 272 de South Main, en pleno centro de Memphis. Haciendo gala de un ingenioso sentido del humor y con el clásico acento de la zona, era capaz de conciliar en perfecta armonía música de clara tradición blanca con los ritmos más negros e innovadores, en un cóctel de atrevidos ingredientes plenamente aceptado por la gran legión de oyentes y adeptos que comulgaban con su estilo y amplio espectro, que podía ir de Hank Williams a Piano Red.

La profesionalidad y dedicación de Phillips era de tal magnitud, que incluso un año antes y después de sufrir un accidente de coche, llegó a realizar el programa postrado en la cama de un hospital sin perder las ganas ni tampoco la chispa que lo caracterizaba:

-      *This is Daddy-o-Dewey*
coming at cha from the magazine
—uh

Maybelline- floor of the Hotel
Chisca and you're listening to Red Hot
and Blue on 56 WHBQ! A melange of
boogies, blues and spirituals...

Con el lema de: *"Tell'em Phillips sent ya"* y autodenominándose "Daddy-O", sería el encargado de pinchar por primera vez la música del joven de Tupelo, gracias a la tendencia innata en apoyo de nuevos valores y también por el olfato e insistencia del otro Phillips, el productor, que creía haber descubierto un sonido totalmente nuevo que marcaría el porvenir del *rock'n roll.* Un término, que a pesar de todo, no fue cosecha del DJ de Memphis sino que fue acuñado originalmente por otro colega suyo de Cleveland, Alan Freed, que a principios de la década creó este calificativo para tratar de clasificar toda una serie de intérpretes que tenían como base musical una mezcla de *country & western y rhythm & blues.*

De fuerte personalidad y también con la creatividad como aliada, se hacía llamar Moondog, su show era *"The moondog house"* y con el paso del tiempo se transformó en *"The King of the moondoggers".* Tiempos en qué la radio era alguna cosa más que un simple aparato receptor, un instrumento capaz de llenar noches de soledad, dibujar sonrisas y enviar mensajes de esperanza y nuevas perspectivas a infinidad de hogares norteamericanos con economías de todos los niveles.

Jesse Colter escuchaba con fascinación el espacio de Phillips y tenía perfectamente grabada con fuego en la retina la fecha en que podría oír el debut del ídolo, justo un año después de aquel preciso instante.

Para completar la espera, pidió a Evelyn que lo acompañara hasta el Chisca y disfrutar plenamente del espectáculo de una emisión en directo del *"Red Hot and Blue"* en lo que supuso una experiencia inolvidable.

Por su parte, el otro Phillips, Sam, continuaba la búsqueda de su particular y mitológica piedra filosofal musical bajo el sello del gallo y el sol naciente. Si Harmónica Frank supuso una tentativa pionera, asimismo lo fue, aunque desde otro prisma y connotación, Jackie Brenston y el sencillo

"Rockett 88", que muchos consideraron la primera pieza estrictamente de *rock'n roll*.

Brenston, que casualmente también era natural de Clarksdale, grabó el tema a principios de marzo de 1951 en el *Memphis Recording Service*, pero Phillips la cedió entonces a la *Chess de Chicago*, que se encargó de editarla y distribuirla aproximadamente un mes después.

Ahora, en pleno 1953, su inquietud tras el sonido jamás escuchado se focalizaba en un grupo de presidiarios que entendían el gospel y el *doo-wop* de una manera muy particular, con rasgos de *rhythm & blues* y el espíritu de los nuevos ritmos.

Le llamaron la atención después de oírlos por la radio en una actuación que retransmitieron desde la Penitenciaría Estatal de Tennessee, en la ciudad de Nashville, donde estaban confinados. Dos de ellos, con sendas condenas por asesinato y con penas que llegaban a los 594 años. Después de remover cielo y tierra, y a bien seguro porque musicalmente gustaban al Gobernador del estado, Frank G. Clement, consiguió un permiso especial para dejarlos salir y transportarlos con la vigilancia correspondiente hasta las instalaciones de la Sun Records, donde registraron el sencillo *"Just walkin' in the rain"* como *The Prisonaires*. Pocas semanas más tarde de editar el disco, se vendieron rápidamente 50.000 copias, y más allá de la curiosidad y peculiaridades del grupo y la historia en sí misma, la verdad es que situaron a la discográfica en el mapa, y de alguna manera marcó el pistoletazo de salida comercial como descubridora y promotora de nuevos talentos de forma tangible.

De esta forma tan atípica se cerraba un mes de junio lleno de emociones y retos musicales. Aproximadamente unas semanas después, a mediados de julio, el joven tímido de Tupelo procedía con su primera tentativa al registrar, con más pena que gloria, el tema *"My hapinesss"*, con el abono de los preceptivos cuatro dólares que cobraban por el servicio. Aquella tarde, el alma de la empresa parece ser que había salido por unos encargos y fue su recepcionista, Marion Keisker, la que le escuchó tras la sala de control despertando una pizca de curiosidad que no la dejó indiferente. Keisker, que dispondría un par de años más tarde de su propio espacio radiofónico en la WHER, la primera emisora gestionada sólo por mujeres fundada por el mismo Phillips, gozaba por tanto de un cierto criterio musical, y al interpelar al joven qué tipo de intérprete era, este le respondió que cantaba todo tipo de canciones. Ante a la insistencia de la secretaria, que pensando en los archivos del servicio, trataba de tipificarlo de alguna manera, volvió a preguntarle a quien se parecía su sonido, obteniendo por respuesta un sencillo y lacónico: *-"I don't sound like nobody"* ('no sueno como nadie').

Acompañado por el sencillo y austero sonido de su guitarra y después de grabar el segundo tema al que tenía derecho, otra balada titulada, *"That's when your heartaches begin"*, el joven abandonó el pequeño estudio un tanto cabizbajo y Marion Keisker apuntó en su agenda la siguiente anotación: *"Buen cantante de baladas, mantenerlo"*.

Volviendo a centrar la atención en Harmónica Frank, cabe decir que estuvo una temporada sin asomar el hocico por la casa de Madame Louise, ocupado seguramente en todo tipo de asuntos de importancia relativa, pero un buen día, transcurridos unos meses, avanzado ya el otoño, apareció con el que se había convertido en compañero de correrías, el Reverendo Mordecai Tobías Letterheart, con una "bonita" historia para relatar y compartir.

Se presentaron golpeados, repletos de cicatrices en la cara y parte del cuerpo, junto con un color de piel oscurecido y no por la acción solar. Según parecía, los dos elementos se habían asociado con el objetivo de revivir un poco el espíritu de los antiguos *medicine shows*. En este caso, en lugar de vender el correspondiente tónico o elixir milagroso con la propiedad de sanar cualquier mal, lo que hacían era comercializar Biblias redentoras de toda falta, culpa o pecado terrenal, por grave o trascendente que fuera. Hasta aquel momento les había ido bastante bien trampeando de un sitio a otro, el problema surgió a raíz de la última población que escogieron para dar a conocer su producto.

Situada en el condado de Giles, a unas 170 millas de Memphis dirección este, Pulaski ostentaba el honor o la desgracia de ser la localidad que había visto nacer el primer "*Ku Klux Klan*", fundado por seis veteranos del ejército Confederado el día de Navidad de 1865. Sus habitantes, eran por tanto, de talante más bien conservador, poco habituados a según qué "libertinajes" o licencias. Así pues, ni la música de Frank Floyd de contenido trasgresor, ni el discurso del Reverendo Letterheart, demasiado pasional, fueron bien recibidos, todo lo contrario. Para añadir más leña al fuego, Frank intentó agenciarse de forma poco ortodoxa, aprovechando la confusión, un par de gallinas de granja de dimensión considerable con las que elaborarían un buen guiso a orillas del río, con el beneplácito de las estrellas y una buena botella de whisky adquirida en la vecina villa de Lynchburg, también famosa por la marca de su destilado con nombre y apellido de un individuo.

El resultado final de todo el embrollo se saldó con la celebración de uno de los juicios más rápidos de la historia de la comunidad. Acusados de ladrones, estafadores, papistas y de favorecer la igualdad entre razas, contaron con la benevolencia del tribunal popular, que tan solo los condenó a la expulsión del condado, eso sí, previamente, *Tarred and feathered*, embreados y emplumados para aleccionar a cualquier otro que planeara cometer una osadía parecida.

A parte de tener la intención de pasar un buen rato en compañía de las chicas, se presentaron en el burdel para que los acabaran de lavar y extraer parte del alquitrán que todavía llevaban adherido en alguna zona de sus respectivas anatomías, junto con un puñado de plumas que estoicamente resistían como si fueran hojas de régimen perenne.

Unas semanas después del incidente de Pulaski, y tal vez para mantenerse fieles a la tónica que parecía presidir toda la historia con la presencia continuada de gallos, patos, pollos, gallinas y todo tipo de aves de corral, Evelyn y Jesse festejaron su primer *Thanksgiving* ('Día de Acción de Gracias') juntos. Como no podía ser de otra manera y tal como dicta la costumbre, lo hicieron gozando culinariamente del pertinente pavo y con la compañía de Madame Louise que los invitó a su domicilio particular. La matrona, demostró en poco tiempo tener un corazón dentro de la enorme caja torácica que lo albergaba directamente proporcional al tamaño de su pechera. Había ahijado a Evelyn y velaba que nadie le hiciera daño en ninguna de sus manifestaciones. Un elemento que desde un buen comienzo dejó muy claro a Jesse, sobre todo cuando iniciaron su relación.

Louise Lamont, natural de Baton Rouge (Louisiana), escondía un pasado muy similar al de otras damas de la antigua aristocracia francesa venidas a menos, que ante la necesidad, optaron por llevar a su mayor extremo de explotación comercial la famosa hospitalidad del sur hasta el punto de obtener un *modus vivendi*.

Profesional de pies a cabeza, quería y valoraba en primer lugar y por encima de todo la educación y las buenas maneras, que según ella, eran las llaves mágicas que abrían las puertas de cualquier palacio.

Una vez terminada la comida y superada la pertinente sobremesa, se aparcaban las obligaciones familiares y se optaba por dar un garbeo por Beale Street y aligerar un poco el espíritu, que no podía volar rodeado de tantas aves guisadas, rellenas y aderezadas con salsa de arándanos.

Colter paseaba orgulloso flanqueado en ambos brazos por dos mujeres de bandera levantando admiración, envidia, volteando cuellos y avivando comentarios que a los tres dejaban indiferentes, provocándoles hilaridad y si cabe, más motivos para lucir la testa bien erguida.

A medida que el atardecer extendía su manto y las luces de neón se encendían progresivamente, la música y básicamente el *blues* empapaba clubes, adoquines, locales y esquinas. No es casual que el espíritu de W.C. Handy, considerado uno de los padres del género, deambulara también por la popular avenida. Él fue unos de los pioneros en recopilar de forma escrita un buen puñado de melodías consideradas tradicionales, que diversos compositores adaptaban a su estilo particular a la vez que añadían variaciones.

A principios del siglo XX, acompañado por su banda, se asentó en *Beale Street*, recorriendo buena parte de sus tabernas mientras modelaban temas inmortales como el clásico *"Memphis blues"*, que con el tiempo, alcanzaría la categoría de himno de la ciudad. William Christopher Handy moriría casi un lustro después en la metrópoli de los rascacielos, pero el alma de su obra era parte activa del ideario y patrimonio de aquella calle.

La Navidad y el consecuente y progresivo blanquear de las arterias de Memphis pusieron el punto y final al primer ejercicio de Jesse Colter en su nuevo entorno. A diferencia de lo que la mayoría de seres humanos con dos dedos de frente experimentan en algún instante de la vida con mayor o menor intensidad y duración, en ningún momento se sintió desubicado ni fuera de lugar, todo lo contrario, tenía la sensación de haber derrochado la vida de manera insulsa hasta justo doce meses antes.

CAPÍTULO VI

El año que ahora iniciaban, 1954, se suponía clave para el desarrollo de la historia, era plenamente consciente, y velaría para que todo fluyera con absoluta naturalidad, tratando de ser partícipe de una forma testimonial, sin alterar los hechos trascendentales, pero disfrutando al máximo como un privilegiado actor secundario.

Por su parte, después de tratar infructuosamente de entrar a formar parte de un grupo de gospel llamado *The Songfellows*, y unos días antes de su decimonoveno cumpleaños, concretamente el cuatro de enero, el joven tímido de Tupelo realizó una nueva visita al pequeño estudio de grabación de Sam Phillips con la intención de registrar un par de canciones más a cambio de los correspondientes cuatro dólares. Los temas elegidos fueron: *"I'll never stand in your way"* de Joni James, y *"It wouldn't be the same without you"*, Del cantante de country Jimmy Wakely.

De Nuevo acompañado tan solo por su guitarra, esta vez sí que despertó un cierto interés en el productor que le alentó a continuar cantando, pero sin ningún resultado significativo inmediato. A pesar de todo, al empresario discográfico le picaba el gusanillo y con el excelente Scotty Moore rondando por el servicio de grabación con firme y seria intención de dedicarse profesionalmente al negocio musical, decidió ponerlos en contacto para ver qué se podía sacar del asunto. ¿Instinto sonoro o visión comercial? Tal vez una combinación de ambos, fruto de una fuerte personalidad plenamente identificada con las raíces, tradiciones y espíritu de la zona.

Con el aval de estas credenciales, décadas más tarde podía hacer balance con absoluta ecuanimidad y analizar el pasado con precisión casi científica a sabiendas de lo que el público quería en todo momento:"La verdadera esencia de la música popular norteamericana, llámale *blues, country, folk, jazz, rock 'n' roll* o una mezcla de todo, es conseguir que la gente se sienta bien".

Una verdad como un templo, simple, pero no fácil de asimilar ni de llevar a cabo con garantías de éxito.

Las mañanas de Jesse Colter eran a menudo rutinarias, con unas pautas de trabajo y encargos muy bien definidos que podían variar en función de la facturación y "movimiento" de la noche anterior en el Club. Una vez terminada la limpieza y los suministros, raro era el día en que por una razón u otra no debía acercarse a Beale Street a buscar alguna nadería o satisfacer los intereses comerciales y bancarios de Madame Louise.

Cuando las obligaciones y la disponibilidad de tiempo se lo permitían, efectuaba una escala técnica en el Miss River Cafe para zamparse uno de aquellos estratosféricos *donuts* glaseados, emblema del local, acompañado de la inevitable taza de café caliente y humeante que reanimaba a cualquiera.

En aquel lugar, con la penumbra de las primeras luces del día como fiel acompañante, saboreaba unos instantes de soledad, sentado en uno de los taburetes de la barra y con la complicidad de uno de sus empleados, Clifford, que siempre con una sonrisa y ataviado con la clásica camisa blanca, corbata negra y medio delantal atado a la cintura, compartía conversación sobre temas banales como la lluvia o el tráfico incipiente, al mismo tiempo que juntos analizaban la actualidad de la temporada de baseball que a ambos fascinaba. Una temporada que Colter sabía perfectamente como terminaría, gracias al recuerdo proporcionado por las colecciones de cromos que había hecho de pequeño y a la buena memoria centrada sobre todo en aquello que le interesaba.

Los *New York Giants* se impondrían en las Series Mundiales a los Cleveland Indians de forma clara. Unos *Giants* que, tres años más tarde, provocarían todo un terremoto al trasladar la franquicia a California para convertirse en los *San Francisco Giants*. Toda una conmoción que mejor no anticipar al pobre Clifford, al que decidió por el momento dejar tranquilo, secando vasos y dictando sentencia sobre quién era el mejor *pitcher* de la década.

Fue en una de aquellas pausas improvisadas en el Miss River Cafe en que sin proponérselo se topó con él por primera vez. Eran las postrimerías del mes de abril, con el equinoccio avanzado en un típico día de primavera, dominado por los primeros síntomas de calor y la combinación del sol y las nubes con la casi absoluta certeza de la irrupción de la lluvia compulsiva en cualquier instante, en forma de chaparrón característico de la estación.

Jesse tenía abierto el periódico encima de la barra por las páginas de la sección de deportes, y mientras se fijaba en las estadísticas de uno de los partidos, de refilón lo vio entrar por la puerta sin dar crédito a lo que sus ojos divisaban asombrados.

Llevaba puesta una camisa azul con el logotipo de la Crown Electric, en la que había empezado a trabajar un poco antes como conductor de un camión, a razón de a un dólar la hora, unos pantalones de pinzas negros y el pelo de color rubio ceniza medio despeinado por la parte delantera pero con una buena dosis de fijador. Caminó decidido hasta el mostrador y antes de sentarse a su lado se llevó dos dedos a la sien en forma de saludo de cortesía.

Jesse Colter no sabía qué hacer, estaba a punto de explotar. El corazón le latía a tres cientos por hora como si fuera un colibrí, las manos le empezaron a sudar, una especie de sacudida general le traspasó la espina dorsal al mismo tiempo que las piernas luchaban por iniciar un temblor descontrolado cercano al baile de San Vito. Lo tenía al lado, y mientras reprimía las lágrimas de emoción que no tardarían en brotar, el joven se le dirigió de forma natural, sin ningún tipo de pretensión.

- ¿Le gusta el baseball? - Preguntó con aquel característico acento del sur más cerrado y tartamudeando un poco en el habla fruto de la inseguridad o también la timidez.
- La verdad es que sí, desde pequeño. ¿Y a usted?
- La mayoría de americanos llevamos en el interior un entrenador o un jugador frustrado de baseball, ¿No cree?
- Seguramente sí.
- Si tuviera que escoger un jugador, ¿Con cuál se quedaría?
- ¿Uno sólo?
- Sólo uno.
- Mickey Mantle.
- ¡Lo sabía! - El joven aplaudió, golpeó suavemente el mostrador y esbozó aquella media sonrisa partida que lo haría inmortal, cautivaría corazones y rompería los esquemas de la música popular norteamericana.
- La mayoría de gente siempre escoge a Joe DiMaggio pero no sé, porque yo sabía que usted era de los que se quedan con Mickey Mantle. Me llamo Elvis, Elvis Presley. -Le alargó la mano y Jesse Colter la encajó, mientras pensaba que aquello era lo más cerca que la mayoría de mortales estarían de Dios.
- Jesse Colter.
- Mi hermano gemelo se llamaba Jesse y un compositor de *rhythm & blues* que me gusta mucho también se llama así. Sin duda, un buen nombre. ¿Es de por aquí? Cliff, cuando puedas ponme una taza de café caliente y un *donut* con mucho azúcar.
- Nací en Tupelo.
- ¡Caramba! Continuamos con las casualidades. Yo también soy de Tupelo, pero hace unos años con la familia nos trasladamos a Memphis por todo eso de las oportunidades… ¿Sabe a qué me refiero?

Estuvieron hablando un buen rato de sitios comunes y lugares compartidos, aparte de temas triviales. Efectivamente, el joven tímido de Tupelo se había detenido para un descanso en su jornada de reparto con el camión de la empresa de electricidad que justo un par de semanas atrás lo había contratado.

El respeto, cautela y veneración iniciales dieron paso a la complicidad y a una comodidad del todo inesperada a medida que avanzaba la conversación. En otro contexto, Colter le hubiera preguntado un millón de cosas, pero en aquel entorno, sin darse cuenta se dejó llevar por la espontaneidad del momento. Un momento que no hubiera podido imaginar ni en un millón de años y por el que habría pagado su peso en oro.

De repente, el joven miró el reloj, soltó una exclamación de sorpresa, se terminó la taza de café, pagó su cuenta y se despidió con la fórmula de poder retomar y continuar la charla muy pronto.

Una vez se hubo marchado con su rítmico caminar, Jesse Colter se quedó embobado mirando al frente, reflejando su imagen en el espejo de la barra, pero sin ver ni reconocer por asomo al individuo con cara de alelado que allí se dibujaba.

Si el bueno de Cliff en aquel momento le hubiera tirado accidentalmente café hirviendo por encima o hubiera optado por atravesarle la pierna con una aguja larga para anestesiar caballos, seguramente el resultado habría sido el mismo. Absoluta indiferencia y total ausencia de respuesta frente a poderosos estímulos.
-   ¿Te encuentras bien, Jesse? - Le preguntó el camarero al observar que ni tan solo reaccionaba al mostrarle la mano delante de la cara ni al chasquear los dedos cerca del oído.

Finalmente y para alivio del pobre barman, pocos segundos después reaccionó como si regresara de una sesión de hipnosis con el mismo Doctor Freud. - Perdóname, Cliff. Me he quedado en blanco.

-   Chico, me habías asustado. Parecía que estuvieras en la luna.

- ¿Habías visto antes a este muchacho por aquí?
- Viene de vez en cuando, pero nunca había hablado con nadie de la manera que lo ha hecho contigo. Lo tenía por tímido y reservado. Eso sí, le recuerdo porqué se me presentó y me dijo su extraño nombre. A parte, su forma de vestir es un tanto peculiar, cercana a la de los negros del barrio. Una actitud no muy bien aceptada ni digerida por según qué sectores. No sé si me comprendes, y no quiero parecer lo que no soy, aunque hoy iba "normal".

- Me ha parecido un chico sencillo.
- Teniendo en cuenta lo que circula por Beale Street, sobre todo de noche cuando todos los gatos son pardos, te aseguro que lo es.

Al llegar al Red Horse Dancer, Evelyn lo notó ausente y distante pero no le preguntó nada. Siempre que lo percibía poco comunicativo, optaba por no hurgar en el espíritu de su amigo, siendo plenamente consciente que alguna cosa fuera de lo común le atormentaba o en menor medida le condicionaba. La vida le enseñó que el tiempo y la confianza eran las mejores medicinas para sanar este tipo de afectaciones.

Unos días más tarde recibieron la visita de Harmónica Frank, que con vistas a cuidar de su integridad física, parecía haber aparcado su relación profesional con el Reverendo Letterheart.

Después de pasar un buen rato "intercambiando confidencias" con Madame Louise, ambos se pusieron al corriente de cómo les iban las cosas mientras compartían una cerveza. Frank Floyd, indirectamente continuaba cuidando de Jesse Colter y al igual que Evelyn, tampoco le presionaba con preguntas que por el momento no obtendrían respuesta.
Siempre emprendedor, su nueva apuesta mercantil distaba un poco de combinar Biblias y blues. Por muy increíble que pareciera, se había asociado con una lanzadora de puñales entrada en carnes que inyectó un aire totalmente renovado a su

idea de espectáculo. Mientras el tocaba su repertorio apoyado en un pequeño panel de madera, la chica iba dibujando su silueta con un puñado de cuchillos. Lógicamente, a Colter no le hizo falta comprender porque no la conocería aquel día, dado que aparte del ambiente en el que se encontraba, resultaba más que evidente que entre los dos ya existía alguna cosa más que un acuerdo comercial.

Harmónica Frank seguramente no formaría parte de los libros de historia de la música, pero sí que merecería un lugar privilegiado en aquellos dedicado a recopilar personas que saben extraer el máximo rendimiento de la vida por complicada o insólita que sea una situación. Un superviviente con todas las de la ley, aunque aparentando diez años más de los que verdaderamente tenía en aquel momento, factor que no alteraba en nada sus preceptivas horas de sueño.

Aproximadamente un par de meses después de su primer encuentro, Jesse y Elvis volvieron a coincidir en el Miss River Cafe, justo antes de que el cantante efectuara una nueva tentativa en el Memphis Recording Service de Sam Phillips.

Los dos se mostraron contentos de poder reunirse y en seguida empezaron a conversar con total naturalidad de baseball, de futbol, de música, trabajo y también de mujeres. Elvis le habló de su relación con Dixie Locke, mientras que Jesse hizo lo propio respecto al vínculo que mantenía con Evelyn. Al preguntarle cómo se habían encontrado, Colter le refirió una parte de la historia y al incidir en el hecho de si conocía propiamente el Club, sonrió con picardía y respondió con elegancia:
- Todo el mundo en Memphis sabe dónde está el Red Horse Dancer, aunque casi nadie ha puesto los pies en él.

Cliff les preparo a ambos un calórico sándwich de plátano, bacon y mantequilla de cacahuete que al cantante volvía loco y que Colter encontró demasiado empalagoso, pero se lo comió con verdadera devoción.

Se despidieron de nuevo con el firme compromiso por parte del músico de enviarle nota al Club, sin poner los pies en su interior lógicamente, para encontrarse en un futuro inmediato.

El 26 de ese mismo mes, Presley dispondría de una nueva oportunidad en la Sun tratando de registrar una balada llamada *"Without you"*. Aunque los resultados no fueron demasiado satisfactorios, el productor discográfico lo arregló para que unas jornadas después tuviera un cambio de impresiones con el guitarra Scotty Moore y el bajista Bill Black.

Debido a las respectivas obligaciones laborales, la reunión se llevó a cabo el domingo en el apartamento de Moore y al compartir una buena química acordaron prolongarla en el estudio de Phillips al día siguiente después de trabajar.

Colter tenía perfectamente señalada en rojo aquella fecha y tuvo tentaciones de acercarse con alguna excusa de mal pagador que seguro hubiera encendido alarmas de incoherencia y sorpresa. No era necesario forzar los acontecimientos que por si solos y como no podía ser de otra manera, fluirían como las aguas del río.

El lunes 5 de julio de 1954 después de entretenerse con una nueva balada como era el hit de Leon Payne, *"I love you because"* y también fruto de un cierto desánimo, los tres músicos se pusieron a improvisar y hacer un poco el tonto cambiando el tempo, ritmo y cadencia de un clásico del *blues* de Arthur *"Big Boy"* Crudup como *"That's all right"*. La puesta en escena de aquella locura hechizó y cautivó el ingenio y atención de Sam Phillips, que por fin experimentó la sensación de llegar a buen puerto con un deseo y un sonido largamente esperado.

En la misma tesitura, al día siguiente, el terceto grababa una lectura del *"Blue moon of Kentucky"* de Bill Monroe que a más de un purista del country haría tirarse de los pelos. De esta manera, el primer single de Elvis Presley ya tenía cara y ojos y Sam Phillips lo hizo llegar a su tocayo Dewey Phillips para ver si tenía cabida en su programa radiofónico.

Con el paso de los años y actuar ahora como secundario indirecto de lujo de los acontecimientos, Jesse Colter analizó exhaustivamente todos los factores que en cierta manera provocaron aquel tsunami musical. Más allá de consideraciones estilísticas, la incógnita se resolvía con una fórmula mucho más sencilla. Al fin y al cabo pensó, todo se resumía a una cuestión de percepciones que continúa vigente incluso hoy en día. Básicamente, la misma impresión que se apoderó de Sam Phillips aquel 5 de julio que no distaba mucho de la que él mismo experimentó al despedirse de Presley la primera vez que hablaron. Una simple y absoluta sensación de estar delante de un fenómeno extraordinariamente bello sin entrar en consideraciones sexistas totalmente fuera de tono.

El "Elvis Presley" de los inicios era en aquel momento y continúa siendo actualmente algo fresco, espontáneo y bonito, sin ningún aditivo, y ni las modas, ni tan solo el transcurrir del tiempo conseguirían destruirlo o empobrecer su recuerdo. Un punto y aparte que quizás se volvería a repetir, aunque en menor intensidad al otro lado del Atlántico años más tarde, al entrar en escena los Beatles.
En cualquier caso, el impulsivo y atrevido *disk-jockey* no tardó mucho en decidirse y pinchó el disco un día después de recibirlo en forma de acetato.

Aquel jueves, Colter se mostró especialmente nervioso. Necesitaba estar al lado de un aparato de radio para gozar al máximo de un instante irrepetible en la crónica de la música popular. Finalmente, y gracias a la intervención de Evelyn con el añadido de que la noche no estaba resultando demasiado animada en el Club, consiguieron el permiso de Madame Louise para salir y acercarse al Hotel Chisca y paladear de primera mano el sabor de la magia. Evelyn confió en su chico, y cuando por fin escucharon el momento a pie de estudio, la reacción fue más que reveladora. Mientras el teléfono de la centralita quedó casi colapsado de llamadas que deseaban saber más de aquel joven, Evelyn Beaufort no podía parar de sonreír y por su parte, Jesse Colter, lloraba de alegría como un colegial.

Regresaron rápidamente al Red Horse Dancer en un trayecto que a Colter se le ofreció muy breve, seguramente por el estado semicatatónico que aún lo trastornaba. Tan solo la perspectiva y de nuevo el tiempo valorarían en su justa medida la importancia y trascendencia de una decisión valiente y a contra corriente por parte del alocado *disk-jockey*, que sin intereses comerciales adjuntos ni presiones de ningún tipo, simplemente por instinto, decidió apostar por algo fresco y diferente.

No en vano, en aquella particular partida de póker musical, sin ser plenamente conscientes, todos jugaron sus cartas de forma acertada y con el beneplácito de la fortuna: Marion Keisker, Sam Phillips y por supuesto los músicos, pero contando con los triunfos del que sirvió la mano ganadora y definitiva, Dewey Phillips, a quien puede que la historia no valore de forma ecuánime el detalle de repartir los naipes aquella noche del ocho de julio de 1954, obligándole a pinchar una y otra vez el disco de un desconocido de extraño nombre que en aquel preciso instante pasaba inocentemente el rato encerrado en un cine local y a quien la mayoría de oyentes dibujaban como un joven de color.

Lo cierto es que en el intervalo de poco más de una década, la suerte le volvió progresivamente la espalda. La irrupción generalizada de formatos radiofónicos basados en una lista de éxitos, condicionada muchas veces por los posibles beneficios de las discográficas más que por indicativos cualitativos, condenó al locutor a errar por diferentes emisoras locales de no demasiada relevancia, donde su estilo valiente y alejado de los cánones establecidos no encajaba de ninguna de las maneras. Este factor, junto con una tendencia adictiva al alcohol y las drogas y un cierto carácter autodestructivo, lo sentenció a morir prematuramente de una neumonía y posterior paro cardíaco el 28 de septiembre de 1968. Curiosamente, tenía también 42 años, y el mismo Elvis asistió al funeral en el Crump Cemetry, en el condado de Hardin (Tennessee). Afectado pero eternamente agradecido por todo lo que había hecho por él y por una larga amistad que prolongaron durante aquel tiempo, siempre le reservaría un lugar muy especial en su corazón.

Regresando al presente inmediato con el que tenían que vivir, todo sucedió de forma rápida y vertiginosa, casi sin tiempo para poder asimilar aquella vorágine de acontecimientos difíciles de digerir para un joven introvertido y humilde de pueblo.

Entrevistas radiofónicas, nuevas grabaciones *("Good rockin' tonight" / "I don't care if the sun don't shine")*, recitales y conciertos de todo tipo, sobre todo en *The Eagle's nest*, un pequeño club ubicado en la autopista 78, concretamente en Lamar Avenue, cerca de la intersección con Winchester, marcarían la parte germinal del temblor que desde Memphis sacudiría inicialmente el sur y después el resto del país.

Sin tener en cuenta el pequeño fiasco que supuso la aparición del terceto en el prestigioso Grand Ole Opry de Nashville, acostumbrado al clasicismo del *country & western* y desde donde corrió el rumor que un empresario con extraordinaria visión de futuro recomendó a un Elvis inseguro que volviera a conducir un camión, el éxito y la histeria colectiva parecían ir en aumento a medida que la popularidad se disparaba, aunque no todo era un lecho de rosas.

Cierto es que aquella noche las cosas no salieron redondas y después de la actuación en el Ryman Auditorium, trataron de arrancarse la espina desplazándose hasta la cercana y popular tienda de Ernst Tubb desde donde se emitía el *"Midnight Jamboree Radio Show"* para quitar hierro al asunto, aunque siempre les quedó un ligero recuerdo amargo de la experiencia.

Precisamente poco después de este pequeño tropiezo, el miércoles 6 de octubre de 1954, aprovechando su día libre, Jesse Colter tuvo el privilegio de asistir a un recital de Elvis Presley en The Eagle's nest.

Empapado de *gospel* y de la dosis pertinente de religiosidad para acuñar aquella tierra, aprendió a dar gracias a Dios por haberlo bendecido con aquel capricho espacio / tiempo. Los caminos de la providencia resultaban inescrutables, más teniendo en cuenta que las casualidades la mayoría de veces no existen sino que responden a circunstancias marcadas de alguna manera por el azar.

Acudió al evento sin Evelyn, para no exponerla a posibles aglomeraciones y avalanchas de gente sin control en una decisión que resultó más que acertada. Con cada nuevo concierto aumentaba el histerismo desbocado, sobre todo debido a los movimientos que en escena dominaban la fuerza y actitud del cantante, a pesar de que aún faltaban unos cuantos recitales para que en según qué poblaciones le prohibieran moverse en el escenario, y quieto como un maniquí, hiciera enloquecer a los asistentes con tan solo el dedo meñique de su mano derecha.

La ciudad de Memphis podía presumir, sin lugar a dudas, de ser la verdadera cocina de los Estados Unidos, desde donde en cuestión de pocos años surgirían todos los platos que condicionarían la estética y estilos de la gastronomía musical del siglo XX.

A pesar de todo, una parte de los estamentos culturales preferían desviar la mirada hacia el otro lado, pensando que a lo mejor así "el problema" se acabaría diluyendo. En este contexto y de nuevo en el ámbito de la literatura, 1954 fue el año en que a Ernest Hemingway le fue concedido el Premio Nóbel. Icono de la llamada "generación perdida", que había recibido el Pulitzer un año antes por *El viejo y el mar*, conoció la noticia del Nóbel el mismo mes de octubre, mientras trataba de recuperarse de dos graves accidentes de aviación sufridos en África que le dejarían secuelas para el resto de su vida.

La cultura no era uno de los principales argumentos que espoleaban el hipotético intelecto del Reverendo Mordecai Tobías Letterheart, que tras un cierto periodo sin dar señales de vida y habiendo disuelto de forma amistosa la sociedad comercial con Harmónica Frank, apareció de nuevo por el Red Horse Dancer.

El relativo poco tiempo transcurrido no fue generoso con él, envejeciendo mucho más de lo que en condiciones normales le correspondía. Desgraciadamente, el comportamiento y el talante viajaban en la misma dirección, derivando todo el lote en una noche difícil, desagradable y complicada.

De entrada, solicitó la compañía de Blue Charlotte y al tener que esperarse empezó su malestar. Finalmente, cuando llevaban un rato encerrados en la habitación, los fuertes gritos de la chica alertaron a todo el personal del club de que allí sucedía algo gordo.

Al maldito Reverendo se le habían desvelado instintos violentos, y al entrar en la alcoba tuvieron que frenar su obsesivo deseo de golpear a la joven con el cinturón y la hebilla a modo de látigo castigador. Según parece, Blue Charlotte hizo un comentario irónico referente a las cicatrices que dominaban la sacra anatomía del clérigo que no encajó nada bien, despertándosele una furia desmedida.

Lo redujeron entre Colter, Washington (un joven corpulento encargado de la limpieza) y un par de clientes de los que se mantendría el anonimato por aquello del secreto profesional, que también trastornados por el revuelo y el escándalo, acudieron en ropa interior y contribuyeron a inmovilizar aquella fuerza mastodóntica poseída por la rabia y el resentimiento. Trabajo adicional les costó trasladarlo entre los cuatro al callejón trasero y conminarlo a no aparecer nunca más por allí bajo amenaza de llamar a la policía. Lejos de intimidarlo, se dedicó a soltar improperios y maldiciones apoyadas en el poder de Dios y dirigidas sobre todo a Madame Louise y a sus "putas de Satanás", que tarde o temprano acabarían ardiendo en el infierno por su vida disoluta cargada de pecado y libertinaje al servicio del Maligno.

Regentar y trabajar en un burdel de aquellas características, sin ninguna duda, llevaba implícito una serie de riesgos y circunstancias que tarde o temprano podían hacer acto de presencia, pero en cualquier caso, el talante profesional de Louise Lamont se alejaba mucho de aquellos comportamientos, motivo por el cual tardaron días en reponerse del sobresalto. Cerraron unas noches y hubieron de transcurrir algunas semanas para desprenderse del miedo a sufrir una situación similar. La patrona se encargó de hablar directamente con algunas autoridades, aprovechando sus pequeños vínculos e influencias, para garantizar una rápida intervención y soporte adicional si fuera menester.

Mientras tanto, Elvis y los chicos incrementaban progresivamente el número de actuaciones en respuesta a una demanda cada vez más insistente y exigente, pero eventualmente poco escrupulosa al contrastar la denominación de los artistas, escribiendo mal el nombre y transformándolo en "Alvis" o "Ellis".

A parte de Memphis y alrededores, donde mantendrían su campo base, localidades como Helena o Texarcana (Arkansas), Houston (Texas) o Shereveport (Louisiana) serían algunas de las afortunadas en poder deleitarse con aquellos recitales iniciales cargados de inocencia, espontaneidad y frescura, pero también de fuerza y vitalidad.

Precisamente esta última población jugaría un papel más que destacado en su consagración, ya que los acogió en diversas ocasiones dentro del prestigioso programa radiofónico del llamado Louisiana Hayride, una especie de competidor del Grand Ole Opry de Nashville.

A nivel de curiosidad y aunque parezca increíble, en la emisión del show programado para el 6 de noviembre de ese mismo 1954, Elvis grabaría el único anuncio publicitario de su vida. Fue para la Southern Maid Donuts, una marca que al cantante le gustaba mucho y que tenía como carta de presentación el eslogan: ***"Cream, mixed and glazed donuts"***.

Aparte del mencionado *jingle* publicitario, las canciones que registraron para el programa fueron:
"I'm gonna sit right down and cry (over you)", "Fool, fool, fool", "Blue moon of Kentucky" y "Sittin' on top of the world".

La anécdota, la conoció Jesse Colter de primera mano casualmente unos días después, en que volvieron a coincidir de forma fortuita en el Miss River Café, donde compartieron lógicamente y como no podía ser de otra manera, un ***donut*** y una buena taza caliente de humeante café.

Elvis, entonces todavía podía pasear por la calle con absoluta tranquilidad, sin que un enjambre de mujeres le abordase con intenciones variopintas, y como cualquier joven de su edad, aprovechaba los buenos momentos que la vida le brindaba generosamente.

Continuaba siendo un chico sencillo y afable con muchas ganas de reírse, pero también con una profunda espiritualidad interna, que de vez en cuando dejaba entrever a pequeñas pinceladas. El repentino éxito, lejos de abrumarlo parecía espolearlo. Otro asunto muy distinto sería como lo gestionaría a nivel personal y como le acabaría condicionando.
- Cada vez tengo menos tiempo para seguir la temporada. ¿Cómo van tus Giants?
- Lanzados. Casi como tú. Chico no paras.
- Ni que lo digas pero es realmente emocionante.

- ¿Te lo estás pasando bien, no?

- De primera amigo, a pesar de que yo sólo quería ser un cantante de baladas. A veces recuerdo cuando era un chiquillo y me encantaba el *hillbilly,* pero también la música de los negros, aunque como más cómodo me encontraba era totalmente solo con mi guitarra. Contradictorio, tal vez a los otros chicos no les gustaba como era yo, demasiado tranquilo para ellos.
- Pues ***"That's all right"** y **"Good rockin' tonight"*** no es que lo sean demasiado y más aún cuando los interpretas en un escenario.
  (Rie con sarcasmo) -Ni pizca. ¿Te gustan?
- A mí personalmente me transportan al séptimo cielo. Son fantásticas, trasmiten cantidad de buenas vibraciones y eso no tiene precio.
- ¿Lo dices en serio?
- Con la mano en el corazón, Elvis.
- Si saco unos cuantos pavos más del asunto, me aseguraré que mis padres no vuelvan a pasar penalidades jamás.
- Esto está muy bien.
- No tenían nada y siempre me lo han dado todo. Nos marchamos de casa montados en un viejo ***Plymouth*** de 1937, hace poco me compré un ***Lincoln Continental*** de 1941 y ahora ya les podría regalar un ***Cadillac*** a cada uno pero, ¿Sabes? Nunca me olvido de dónde vengo.

Se detuvo pensativo unos instantes con las manos entrelazando la taza de café y mirando hacia delante un punto indeterminado en el horizonte inexistente.

- ¿Qué planes tenéis a partir de ahora?
- La verdad es que no lo sé demasiado bien. Grabar algunas canciones más y tocar por aquí cerca, supongo.
- El mes pasado te vi en ***The Eagle's nest***.
- ¿De veras? ¿Por qué no me viniste a saludar entre bastidores?
- No me quería hacer pesado ni parecer un oportunista.

- Jesse, yo nunca digo las cosas simplemente por decirlas. La próxima vez me lo haces saber, ¿Vale?
- Así lo haré. ¿Elvis?
- ¿Si?
- Ándate con mucho ojo en este mundo. Conozco muy bien la noche y toda la variedad de criaturas y parásitos que frecuenta. Trataran de hacerte daño, de aprovecharse de ti y ofrecerte todo tipo de porquerías. Procura mantener la cabeza fría y pensar en la gente que te quiere, ¿De acuerdo?
- Gracias por el consejo, Jesse. Eres un buen amigo. Espero que nos veamos pronto.
- Yo también.

A excepción de considerarse extraordinariamente afortunado por mantener aquellas conversaciones que juzgaba casi celestiales y de sentir un poderoso vacío interno una vez el cantante salió por la puerta del café, Jesse Colter experimentó la impresión de haber dejado escapar una buena oportunidad de poder ayudar a su ídolo, pero no quería avivar otra vez la maldita liebre de la sospecha y rezó a la providencia para que volviera a unirlos proporcionándole un nuevo encuentro.

Otra Navidad sacudía las últimas hojas del calendario y Evelyn y Jesse continuaban consolidando su amor, a pesar de la eterna sensación de provisionalidad que colgaba encima de la identidad de Colter, como si fuera la siempre inoportuna espada de Damocles.

En clave musical y siguiendo una buena estrategia comercial planificada por Sam Phillips, Elvis, Scotty & Bill publicaban el 28 de diciembre el sencillo "Milcow Blues Boggie" / "You're a heartbreaker". Por su parte, Colter aprovechaba la coyuntura para confesarle a Evelyn que le conocía personalmente. Revelación a la que la chica respondió de forma más que entusiasta y obteniendo la firme promesa de presentárselo personalmente si algún día las circunstancias lo permitían.

Siguiendo la funesta estela marcada por Hank Williams casi un par de años antes, la nota triste la proporcionó en este caso el cantante y pianista de rhythm & blues, Johnny Ace, que falleció el mismo día de Navidad en el City Auditorium de Houston durante el descanso de una actuación. Según parece y habiendo tomado unas copas, se puso a bromear con un revólver que acabó disparándose y matándole en el acto. La prensa lo vendió como si estuviera jugando a la ruleta rusa, pero testigos presenciales se apresuraron a desmentirlo aunque la leyenda ya había iniciado su ciclo.

Elvis tuvo que hacerse eco de la noticia que lógicamente le impresionó como a la mayoría de la opinión pública, quizá por este motivo siempre le recordó y a finales de su carrera versionó el "Pledging my love", que previamente se convirtió en todo un *hit* póstumo del pianista a principios de 1955.

Un nuevo año cargado de buenas perspectivas y grandes horizontes se dibujaba en el futuro del cantante, pero habría que andar con pies de plomo.

CAPÍTULO VII

Tren desbocado.

Los Estados Unidos, por tradición y fruto también de su majestuosidad, desde siempre han sido un país con una enorme capacidad para crear y destruir ídolos de barro surgidos y desaparecidos de la noche a la mañana. Una prueba empírica más de esta malsana predisposición sucedió el 24 de enero en la pequeña localidad de Bapchule (Arizona), donde fue hallado sin vida el cuerpo de Ira Hamilton Hayes. Un nombre que para muchos podría pasar sin pena ni gloria pero que en las postrimerías de la Segunda Guerra Mundial fue portada de todos los periódicos a la vez que se convertía en símbolo y héroe nacional.

Indio pima, hijo de agricultores, el soldado Hayes fue uno de los que el 23 de febrero de 1945 alzó la bandera americana en la cima del monte Suribachi en la isla de Iwo Jima en un instante histórico inmortalizado por la fotografía de Joe Rosenthal. Situado en la parte izquierda de la imagen, lo convirtieron en una especie de atracción de feria, con presiones de todo tipo que le llevaron a ser arrestado en más de quince ocasiones a la vez que profundizaba en una adicción al alcohol que lo acabaría matando a los 32 años.

Canciones posteriores como "The ballad of Ira Hayes" del cantautor Peter Lafarge, versionada posteriormente por Johnny Cash o Bob Dylan y películas como *The Outsider*, dirigida por Delbert Mann y protagonizada por Tony Curtis, contribuirían en cierta manera a reivindicar su figura pero de ninguna de las maneras le devolverían aquello que de forma más o menos premeditada le quitó el estado, la inocencia.

Los compromisos de negocio adquiridos, dirigieron al trío a comienzos de año a recorrer buena parte de la geografía del Mid-South, con importantes incursiones en otros estados como Texas o Louisiana.

De alguna manera, su área de influencia se iba ampliando, factor que no pasó desapercibido para un individuo que se hacía llamar Coronel Tom Parker, a pesar de tener poco de oficial militar, nada de Tom y todavía menos de Parker. Era, en pocas palabras, un proyecto de feriante reconvertido al mundo del espectáculo que en aquella época aparte de proteger sus propios intereses, velaba por los asuntos de otros artistas como el cantante de country ***Hank Snow.***

Con un instinto casi enfermizo para olisquear dinero allí donde otros no percibirían más que papel mojado, el llamado Coronel, que en realidad respondía al nombre de Andreas Cornelis Van Kuijk, era un inmigrante ilegal nacido en la localidad de Breda (Holanda) en el año 1909.

La firme y ágil proyección de la industria musical le harían aparcar otras vocaciones orientadas hacia un sector más cercano al circo y al espectáculo para centrarse en nuevos talentos y valores capaces de proporcionarle rápidos beneficios aplicando porcentajes, estrategias de promoción y normas contractuales, en ciertos aspectos avanzados a la época.

El domingo 6 de febrero, en el Ellis Auditorium de Memphis, Elvis actuó en un género de festival muy al uso compartiendo cartel con artistas consagrados como *Faron Young, Ferlin Huskey* o la cantante de gospel *Martha Carson.*

La efeméride que contó con la colaboración del *diskjockey Dewey Phillips* como maestro de ceremonias, resultó crucial también entre bastidores, ya que allí se acabaron de cocer los acuerdos que vincularían a Presley con la figura de Parker. Una sociedad que las cifras y la historia tendrían tiempo suficiente para analizar y valorar.

Jesse Colter acudió casi a las postrimerías del evento, cuando concluyeron sus obligaciones laborales, pero con el tiempo suficiente para contemplar el final de la actuación y asistir después a un pequeño cóctel programado en un cercano restaurante llamado Palumbo's, gracias a una invitación enviada por el propio Elvis.

Manteniéndose en un discreto segundo plano, pudo divisar un buen elenco de personalidades que deambulaban arriba y abajo. Desde Sam Phillips hasta Bob Neal, que entonces ejercía las labores de manager del cantante, aunque quien le llamó más la atención fue el alocado Dewey Phillips que no cesaba de bromear y reír con Elvis a quien afectuosamente llamaba "Delvis", en una contracción que pretendía incluir a parte del nombre propio, la anatómica *pelvis* y la pecaminosa *devil,* en un ingenioso alarde vocal para conjugarlo todo al mismo tiempo, despertando pasiones entre los más receptivos y levantando polvareda entre los de perfil conservador.

Precisamente los demonios de la incomprensión, las substancias prohibidas y la mala fortuna emocional se llevaron quien sabe si al cielo o al infierno la figura del saxofonista Charlie Parker el 12 de marzo de aquel 1955, en la ciudad de los rascacielos, con tan solo 34 años. Poco tiempo para vivir pero con margen suficiente para sacudir los estamentos más clásicos del jazz, rompiendo con el swing, para ceder el paso al llamado *bebop* y una nueva manera de entender la melodía, con la improvisación como eje central y la modificación de los acordes como principal innovación.

Sin ninguna duda, el género no volvería a ser el mismo después de la irrupción y pérdida de "Bird". Lo cierto es que toda la música parecía vivir una desmedida efervescencia con muchos focos de interés difíciles de controlar y seguir al pie de la letra en un fluir digno de un exhaustivo estudio antropológico.

Una nueva muestra, un mes después. El 10 de abril, la Sun lanzaba al mercado un cuarto sencillo, en este caso el "Baby let's play house" acompañado por el "I'm left, you're right, she's gone" en la cara B. Puestos a hablar de estilos, justamente este tema es el que con el paso del tiempo será considerado la primera composición de rockabilly puro.

La voz de Presley sonaba más descarada que nunca, la temática empezaba a flirtear sin contemplaciones con los dobles sentidos y el ritmo era simplemente perturbador, para culminar en una producción y un sonido que rallaba la perfección, con la dosis precisa de country & western, combinada con el rhythm & blues de tradición oscura.

Jesse Colter insistía en la adquisición de este disco para ponerlo una y otra vez las noches más animadas del club, con el aval de que podía contribuir activamente en el cierre de una caja mucho más estimulante. Propuesta que Madame Lamont no compartió inicialmente, con el argumento de lucir un ritmo demasiado explícito, pero que con el paso de los días y al comprobar los resultados satisfactorios acabó claudicando. Los números cantaban mucho mejor que su amigo de Tupelo, según la patrona, aparte de enloquecer a las chicas.

El verano llamaba a la puerta, y mientras la humedad del río y la ciudad de Memphis mostraban signos evidentes de los primeros calores asfixiantes, el cantante continuaba agrandando su aura diferencial del resto, en una progresión aritmética parecida a la subida del mercurio en el interior de los termómetros.

Cada pueblo, nación, país o identidad suele dedicar una jornada reivindicativa a sus orígenes, constitución, efeméride concreta o a elementos diferenciales que la convierten en especial. En este aspecto, son pocos los que pueden competir con los Estados Unidos y su 4 de julio, y el orgullo y alegría con el que la mayoría de norteamericanos lo celebran y comparten en una fiesta que indirectamente marca de forma no oficial la entrada del solsticio.

El Red Horse Dancer, como no podía ser de otra manera, no se quedó al margen, y de forma excepcional abrió sus puertas al mediodía para invitar a todos sus amigos, trabajadores y clientes a una fantástica barbacoa ubicada físicamente en el patio del establecimiento que muy pocas veces despertaba el interés de sus visitantes y se convertía en epicentro.

El poderoso y sugerente aroma de la carne en la parrilla despertaba el apetito desde algunas calles de distancia y se manifestaba mucho más evidente a la altura del Motel Lorraine, aunque era más que probable que se confundiera con el de otros colectivos que optaban por una modalidad de celebración más que recurrente y familiar.

Madame Lamont y las chicas lucían sus mejores galas, optando por indumentarias más convencionales con el lino y el blanco como tejido y color protagonistas. Estaban imponentes, y asistiendo a aquella escena tan doméstica cualquiera de ellas hubiera podido pasar por una respetable dama esperando la llegada del resto de la familia y compartir juntos el Día de la Independencia. A ver quién era capaz de impartir las mejores lecciones de moralidad y patriotismo en una jornada de características tan nobles.

Barreños llenos de hielo acogían un buen cargamento de cervezas, que no tardaban en ser reemplazadas por otras dentro de un ambiente de absoluta fraternidad e inmersos todos juntos en un paréntesis, donde aparcar diferencias y problemas resultaba prioritario, aunque sólo fuera por un día.

La guinda del pastel la puso la inesperada aparición de Harmónica Frank, que tras un lapso de ausencia, se presentó de nuevo con su contagiosa sonrisa y como si su última visita fuera de la noche anterior.

Compartieron comida, bebida y baile con las chicas, y al filo de la medianoche asistieron juntos al espectáculo de fuegos artificiales reflejados en las aguas del Mississippi, con un cierto sentimiento de nostalgia que suele acompañar este tipo de exhibiciones, a pesar de que año tras año se repita la misma liturgia.

Avanzada la madrugada, poco antes de retirarse con Madame Louise y cuando el licor empezaba a circular con menos fluidez por las venas y el entendimiento, Frank Floyd y Jesse Colter compartieron cerveza sin los aditivos de los buenos deseos implícitos que desprendía una festividad como aquella.
- Chico, me siento cansado.
- Has bailado demasiado y puede que lleves un par de cervezas de más.
- No es eso. Cansado de todo en general.
- ¿No te van bien las cosas, Frank? ¿Cómo está la lanzadora de puñales sino es incidir demasiado en tu intimidad?
- La lanzadora de cuchillos y un servidor vamos tirando en todos los aspectos, pero ni yo tengo el fuelle que tenía antes ni

ella tampoco la puntería. La pierna y el brazo son testigos y no me apetece en absoluto recibir otro aviso en ninguna parte de mi anatomía más sensible. ¿Me entiendes lo que te quiero decir, muchacho?

- Como el agua cristalina que llevas años sin probar.
- Mira Jesse, el negocio de la música está cambiando a trompicones. La gente ya no paga por asistir a según que actuaciones como hacían antes. Prefieren comprar el disco y escucharlo en su casa las veces que les venga en gana.
- Debe ser una mala racha.
- ¿Tú crees? Siempre he tenido la sensación de que verdaderamente sabes mucho más de lo que cuentas. Espero que algún día todo el asunto te sirva de algo.
- Frank, llevas la música en la sangre. ¿Qué harías sino te dedicaras a ella?
- Cualquier otra cosa para sobrevivir, ya sabes que a mí nunca se me han caído los anillos, en primer lugar por qué no tengo y en segundo porqué jamás he llevado. ¡Tengo claustrofobia en los dedos! - exclamó y seguidamente estalló en sonoras carcajadas riendo como un condenado y contagiando a Colter. Definitivamente, Harmónica Frank era un hombre excepcional.

Poco antes de retirarse a la alcoba de Madame Lamont, Colter le relató la última visita del Reverendo Letterheart y mostró interés en conocer el lugar por el que lucía su anatomía y estar así prevenido.

Floyd no sabía mucho al respecto. Las últimas informaciones lo situaban rondando por Louisiana y Alabama, donde siempre afirmó que proliferaban más almas dispuestas a la salvación y en consecuencia más Biblias para endosar.

Se despidieron con pocas palabras, una sonrisa de complicidad y con la firme promesa de intentar no abandonar nunca la música, aderezado con un pequeño consejo religioso tal vez herencia del maldito Mordecai.

- Ya sabes que en el fondo eso no lo haré nunca, porqué, como decía San Agustín, quien canta reza dos veces, aunque bien pensado ¿Quién quiere subir al cielo?
Prefiero ir al infierno donde con seguridad siempre encontrarás coristas y whisky.

Evelyn y Jesse compartieron juntos una última cerveza antes de marcharse a su casa. Abrazados bajo la luz de la luna y ahora ya tan solo con el croar de las ranas más algún alarido alcohólico lejano como violín de fondo, saborearon el silencio y el que nadie profanara la paz de la oscuridad nocturna.

El cantante de Tupelo, como no podía ser de otra manera, celebró el 4 de julio con un par de actuaciones en Texas. Él era la otra cara del negocio musical al que hacía referencia Harmónica Frank con todos sus sobresaltos.

Unos días después, concretamente el lunes 11 de julio, registraría precisamente sus últimas grabaciones para la Sun de Sam Phillips.

El sencillo titular en cuestión fue "I forgot to remember to forget", aunque también hubo espacio para una composición como "Tryin' to get to you", que con la curiosidad de incorporar una batería, tardaría un poco en ver la luz como grabación oficial. Sin embargo, el plato fuerte, sin proponérselo lo ofrecieron en la cara B del mencionado sencillo. El tema elegido; *Mystery train"*, que ya se editó previamente en 1953 por la discográfica con la tutela del mismo Phillips, pero en la voz de Little Junior Parker.

Para algunos puede pasar como una composición más, bien elaborada, madura y propia de la factoría Sun, a la que tan solo estuvo vinculado un año, pero si realizamos un análisis minucioso, descubriremos el verdadero testamento musical de la breve aventura con el sello del pollo y el sol naciente, "Mystery train" es la canción perfecta en muchos aspectos. Una extraordinaria amalgama de todos los ingredientes que confluían en la "cocina musical" de Memphis, cada vez más influyente y en la que sin demasiado esfuerzo se podían descubrir el blues, el country & western, el rhythm & blues y por descontado el incipiente rock 'n' roll, en progresión aritmética de popularidad ascendente.

A pesar de que el breve catálogo de Elvis con Sun Records tuvo en su momento una distribución más bien limitada a los estados del sur y ninguno de sus elementos escaló en las listas de éxitos nacionales, el verdadero mérito y el mejor legado es que soportan el paso del tiempo no tan solo con dignidad y vigencia, sino que también han ganado en originalidad y fuerza. Factores que difícilmente volverán a repetirse en el negocio musical.

Evidentemente, Elvis Presley no creó ni descubrió el rock 'n' roll en aquel instante. Los pioneros fueron otros como Harmónica Frank, para quienes quizá la historia no fue del todo justa, pero sí que lo situó en el mapa y le proporcionó un carácter transgresor que lo haría inmortal mientras se coronaba "Rey" sin haberlo ni tan siquiera insinuado, simplemente como una respuesta espontánea a un clamor popular.

Muy parecido al chillido que se puede escuchar de fondo al final de la canción. Nunca se había concentrado tanto en tan solo dos minutos y medio, y tampoco nunca se volvería a alcanzar con la misma intensidad, autenticidad, ingenuidad y naturalidad ajena a cualquier pretensión.

Un agosto caluroso animó a pocos clientes que parecían más preocupados en aplacar las inclemencias térmicas del verano de forma más convencional en el río, que no visitando el Red Horse Dancer y calmar las interiores.

Mientras tanto, el cantante lucía su nueva guitarra Martin D-28 por Tampa (Florida) en una actuación recogida fotográficamente y que un año más tarde serviría para ilustrar la portada de su primer larga duración.

El periodo estival siempre ha llevado implícito connotaciones de ser época de pasarlo bien sin plantear demasiadas cuestiones trascendentales añadidas que no aportan absolutamente nada. Exprimir el momento, la prolongación de las horas de sol y la intensidad de las nocturnas.

Evelyn y Jesse lo aprovechaban en la medida que sus respectivos turnos en el club se lo permitían. También en este aspecto, Madame Lamont se comportaba con ellos de forma admirable, contando con la garantía de que ambos siempre estaban dispuestos a trabajar una hora más cuando se les requería o a acudir un día añadido si las circunstancias así lo disponían. Nunca obtenía un no por respuesta, ni un reproche, ni tampoco una mala cara, y en consecuencia, la patrona trataba de compensarlo haciendo que coincidieran el máximo de tiempo posible.

En las idas y venidas reiteradas que juntos compartían por Beale Street, Colter sentía aumentar su seguridad tomando la mano de su compañera, hasta el punto de estar convencido de que era ella la que lo guiaba y no al revés.
La joven había convivido mucho tiempo con los silencios de las personas y sin tener conciencia, aprendió a interpretarlos como si fueran miradas. No era necesario charlar como cumplido.

Las preferencias de la pareja se focalizaban en aquellos locales pertenecientes al colectivo de los considerados "de buena reputación", no por lo que dirían y más en su caso, sino sencillamente porqué podían conversar en un entorno mucho más favorable.

Sin excepción, siempre que pasaban delante del Miss River Cafe, Jesse no podía evitar desviar la vista hacia su interior con la esperanza vestida de emoción de encontrar dentro a su ilustre conciudadano de Tupelo tomando un café, comiendo un sándwich de plátano o saboreando uno de aquellos donuts sumamente azucarados.

De vez en cuando también se acercaban a Shane's a disfrutar de un fantástico combinado de huevos con bacon surgidos de la inagotable plancha de Mike, que continuaba añadiendo retratos a su santuario particular. La primera ocasión en que acudieron juntos, el mismo propietario se mostró sorprendido y contento de volver a verlo.

- ¡Caramba forastero! Después de todo parece que encontró su norte particular.
- Diría que la suerte me sonrió y el norte me encontró a mí.
- Sea como sea, siempre es mejor saber qué rumbo escogemos más aún si disponemos de una buena brújula, ¿No crees?
- ¡Desde luego! ¿Cómo va el negocio?
- No me puedo quejar, tal como decía uno que cayó de un quinto piso al pasar por el segundo. Por ahora bien, por ahora bien.
- Creo que en cuanto a *westerns* está bien surtido.
- ¡Qué Dios y John Ford continúen bendiciendo el género! ¿Al final tuvo oportunidad de ver **Shane**?
- ¡Magistral!
- Totalmente de acuerdo. Alan Ladd estaba descomunal a pesar de su altura, no sé si Monty Clift hubiera encajado tan bien ¿Y qué me dice de Jack Palance?
- Sin ninguna duda, el mejor Wilson posible.
- El bien no puede subsistir sin la competencia y complicidad del mal. Es la historia de la humanidad. El año pasado estrenaron *Johnny Guitar* de Nicholas Ray con una mujer encarnando el mal y grandes papeles como el de Viena o Johnny Logan y este año he disfrutado de lo lindo con *Man without star* de King Vidor con un Kirk Douglas que incluso ¡Canta! ¿Se lo imagina? ¡Un *western* y un *cowboy* que canta!
- Me hago una ligera idea- respondió Colter pensando en Elvis y en lo que vendría en cuestión de meses.

Terminaron sus menús y al salir, Jesse se fijó en la cartelera del Orpheum Theatre que anunciaba para el 31 de agosto el estreno de *The man from Laramie* con Jimmy Stewart como protagonista. El bueno de Mike tenía suerte y era feliz con muy poca cosa, en consecuencia, resultaba bastante indiferente lo que el destino le tuviera reservado siempre y cuando no fuera un duelo al sol en medio de la calle.

Diez días antes de aquella *première* cinematográfica, la Sun ponía finalmente en circulación el sencillo "I forgot to remember to forget" acompañado del esencial "Mystery train" en la cara B.

Mientras tanto, las garras del Coronel Tom Parker empezaban a estrechar el círculo alrededor de la presa escogida, aunque la captura final no se materializaría definitivamente hasta el 21 de noviembre en forma de contrato con la nacional RCA y el pago de 35.000 dólares a la factoría de Sam Phillips, más el traspaso de todo el catálogo musical.

Retomando el hilo del ámbito cinematográfico, justo un mes después, concretamente el 30 de septiembre, una nueva tragedia sacudía los estamentos de la industria de Hollywood que perdería una de sus jóvenes promesas de forma injusta y fuera de lugar.

El actor James Dean moría dentro de su deportivo en accidente de tránsito en el estado de California cuando se dirigía a una carrera de velocidad.

El mismo Elvis lloró en la soledad de su hotel de circunstancias al enterarse de la noticia, no tan solo por la crudeza de los hechos, sino porqué tenía a Dean como a un ídolo y un referente en el que reflejarse en un futuro no demasiado lejano.

El tiempo, a pesar de obsequiar a veces con bucles extraños, no se paraba y tampoco entendía de sentimientos.

Las actuaciones del cantante se programaban con mayor frecuencia y menores intervalos. Así, el 13 de octubre, en el Municipal Auditorium de Amarillo (Texas), era anunciado como "The King of Western Bop", quizá en consonancia y por aquello de ir modelando su reino particular. Tres días después, en Oklahoma compartía cartel con Bill Haley & His Comets que continuaban disfrutando de un éxito nacional debido al inmortal "Rock around the clock", que volvía a estar en boca de todos gracias a ser eje principal de la banda sonora de la película *The blackboard jungle* protagonizada por Glenn Ford.

El hechizo musical de Memphis persistía en su idea de agrandar su oferta, proporcionando a la ciudad un distintivo sello de denominación de origen, que en pocos años devendría marca registrada de un sonido característico, definido por la confluencia de diferentes estilos llegados siguiendo el curso del río y que se revelaron más cómodos en el interior de cafeterías, tabernas y demás establecimientos de diversa índole, hasta el punto de convivir ahora en perfecta armonía intercambiando influencias como si fueran los personajes de una novela de William Faulkner.

Décadas más tarde estudiosos y entendidos hablarían de leyenda. En este preciso instante, Beale Street y las calles adyacentes eran epicentro, metrónomo y referente. Dentro de este contexto, no resultaba extraño asistir a comitivas de funerales improvisados con orquesta acompañando al difunto o músicos ambulantes persiguiendo su oportunidad o en su defecto tan solo un puñado de monedas. Todo un conjunto variopinto, empapado de un espíritu completo de total naturalidad y absoluta normalidad que habitantes y visitantes cuantificaban en la medida de no alarmarse por casi nada.

Curiosamente, de una de estas peculiares circunstancias fue también testimonio privilegiado Jesse Colter una mañana en que se había acercado a Schawb a cumplimentar una serie de encargos de la patrona pensando en el vestuario de las chicas.

Justo en frente del King's Palace Cafe y muy próximos al Club Handy, se arremolinaban cerca de una veintena de afroamericanos rodeando un autobús de llamativos colores. Con tan solo leer el rótulo que lo identificaba y viendo cómo se disponían para ser inmortalizados fotográficamente, Colter recordó la imagen y encajó todas las piezas. El cabecilla y responsable de aquella concentración era un joven Riley B. King, conocido también como "Blues Boy from Beale Street" y que pasaría a la posteridad como B.B. King.

Los mitos se construyen muchas veces de forma casual y espontánea, sin planificación de ninguna clase, y aquella estampa se constituiría en parte importante de los cimientos del que sería el "Rey del Blues".

King, que inicialmente trabajó como disk-jockey y cantante en la WDIA de Memphis en un breve espacio radiofónico que derivó en un programa de mayor duración llamado "The Sepia Swing Club", decidió dar un paso al frente y apostar plenamente por su carrera musical dedicándose en cuerpo y alma. Tras éxitos como "Please love me" y "You upset me baby" y con su inseparable guitarra bautizada ya como "Lucille", después de que dos individuos provocaran una pelea y un incendio posterior en Twist (Arkansas) durante un concierto, toda su banda se mostraba ilusionada y dispuesta a iniciar un *tour* que los acabaría consagrando.

Dirigidos por la agencia de contratación Buffalo Booking de Houston, con la bendición de la discográfica Modern Records, sin olvidar que también había llevado a cabo sus primeras grabaciones para Sam Phillips, montado en aquel autocar que afectuosamente recibía el nombre de "Big Red", B.B. King y su grupo tenían programado un circuito nacional de actuaciones que los conduciría al año siguiente a realizar 342 conciertos sometidos a un ritmo frenético de montaje de escenarios y equipo, cargar y viajar, sin demasiado tiempo ni tan siquiera para pensar.

Puede que por motivos como este, casi tres décadas y media después, no muy lejos de aquel mismo punto de partida, el propio Riley King abriría un local que bajo el nombre de B.B. King's Blues Club, ampliaría su contribución a la difusión del prestigio y atractivo de Memphis.

No obstante, en aquel momento era tan solo un joven de treinta años ataviado con un elegante sombrero de paja que dirigía todos los miembros de su *staff* acompañando la escena con una sonrisa dibujada en la cara, con la certeza del que hace aquello que le gusta y para lo que ha sido designado.

Aquella noche, después de trabajar y ya con Evelyn descansando en la habitación, Jesse Colter salió al patio de su casa con una cerveza bien fría en la mano, se sentó a contemplar las estrellas y puso en marcha el receptor de radio también con una sonrisa de oreja a oreja gracias a la experiencia presencial matutina.

Las ondas hertzianas aparentaron sumarse de buen agrado a la conjunción astral del día sugiriendo una composición instrumental que parecía hecha a medida. El tema en cuestión era de Lafayette Thomas y se titulaba "Deep south blues guitar". Había sido grabado en Los Ángeles aquel mismo año y ahora cargado de *feeling* y con toda la humedad del río y el verano, mezclaba la cadencia absoluta del blues con una precisión suiza, tal como si acariciase por primera vez a un joven e inexperto rock 'n' roll.

Incorporándose a la fiesta, como no podía ser de ninguna otra manera, el autor también había dado sus primeros pasos a comienzos de 1951 en Memphis y bajo la tutela del amigo Phillips que le registró su primer sencillo, "Baby take a chance with me", aunque lo acabara publicando para Chess Records y con el nombre de L.J. Thomas and His Louisiana Playboys, rindiendo un pequeño tributo a sus orígenes ya que era natural de la localidad de Shreveport. Afincado más tarde en la costa oeste, concretamente en San Francisco, Thomas trataba de cimentar una carrera musical con aquel punteo de guitarra tan característico.

La personalidad modelaba al músico y a veces era el instrumento el que construía y condicionaba el carácter del intérprete. Sin embargo ¿Por qué todo aquel encanto implícito y en según qué casos añadido, parecía haber desaparecido en la época de la que provenía Jesse Colter? Se lo preguntaba y no obtenía una respuesta satisfactoria. Tal vez falta de ingenio, originalidad o talento. Recostó la cabeza hacia atrás y se dejó mecer por una ligera y agradecida brisa que generosamente soplaba provinente del río hasta que se adormeció con un suave hormigueo, acompañado silenciosamente por la luz de la luna y su reflejo en las oscuras aguas del Mississippi.

Por su parte, el cantante de Tupelo, después de dos meses verdaderamente frenéticos, finalmente podía regresar a casa para celebrar la Navidad con los suyos y descansar unos días.

La nueva discográfica, RCA, aprovechó las fechas para reeditar su último sencillo y unas jornadas después hicieron lo propio con los cuatro anteriores. La Sun Records formaba parte del pasado, pero no la figura de Sam Phillips, que continuaría ampliando su estela siendo posteriormente la historia la encargada de juzgarlo en su justa medida.

CAPÍTULO VIII

Balances, propósitos, deseos, cambios, despedidas, rupturas, comienzos, son una muestra de los parámetros que definen con mayor o menor intensidad la llegada de un nuevo año. Lo que finalmente se cumple en muchos casos difiere considerablemente de los planteamientos y expectativas iniciales, factor que no impide que el ciclo se vuelva a activar al finalizar el ejercicio, como si fuera una peonza de nunca parar dentro de un perfecto juego infantil. En cualquier caso, sin conocer exactamente los motivos, puede que por aquello de la alineación de los astros, existen años en que los acontecimientos se suceden con una cadencia pausada, proporcionando tiempo para asimilar el contenido uno detrás del otro en función de su importancia. Por contrapartida, otros se presentan como un rosario continuo de incidencias con muy poco espacio para digerirlos con absoluta objetividad.

Dentro de este contexto, 1956 se ajustaría perfectamente a la segunda modalidad. Todo sucedió muy rápido.

El país, inmerso en una situación mundial marcada por la presencia de la llamada "guerra fría", inició una serie de pruebas nucleares en el estado de Nevada (Proyecto 56) que desgraciadamente tendría continuidad en otros lugares lejos de las fronteras nacionales.

Casi al mismo tiempo, días después de su vigésimo primer cumpleaños, Elvis Presley afrontaba el año de su consagración definitiva registrando los primeros temas para la nueva discográfica en los estudios que esta tenía en Nashville, concretamente en Mc Gavock Street.

Rodeado de músicos como el batería D.J. Fontana o el pianista Floyd Cramer y bajo la supervisión y producción del prestigioso guitarrista Chet Atkins, Presley, Scotty Moore y Bill Black atacaron propuestas como "I got a woman", "I'm counting on you" o "I was the one". Piezas que acabarían configurando el que sería el primer *long play* del cantante. Formato que entonces no gozaba precisamente de aceptación comercial mayoritaria ya que el mercado estaba condicionado y priorizado en la venta de sencillos. La perla de aquellas sesiones fue sin ningún género de duda el tema "Heartbreak hotel", primer single oficial para la nueva compañía. Una composición inspirada en una nota de suicidio que por temática, sonoridad y ritmo, rompía con muchos estereotipos, a pesar de aglutinar en pocos minutos todo un conjunto de estilos del momento con la premisa de no permitir indirectamente que ninguno de ellos dominara sobre los demás.

Técnicos y encargados estaban desde el comienzo, obsesionados en tratar de imitar la esencia, espíritu y por encima de todo el sonido surgido de la Sun Records, aplicando medidas a priori tan originales como dejar abiertas las diferentes puertas del estudio a la búsqueda de aquella reverberación característica. No lo consiguieron, pero el resultado fue más que prometedor, mal que pesara a alguno de los principales directivos de la firma que al escucharlo por primera vez se tiraron de los pelos, la calificaron de porquería y estuvieron incluso a un paso de abortar su publicación. Estos individuos demostraron tener la misma capacidad de visionario que aquel hipotético promotor del Grand Ole Opry, que en su momento sugirió al cantante que abandonara los escenarios y volviera a conducir su camión.

"Heartbreak hotel" se editó a finales de enero y siete semanas más tarde ya había escalado hasta lo más alto de las listas de éxitos nacionales. Fue su primer nº 1 y también el primer sencillo en despachar el millón de copias. De hecho, la expectativa generada alrededor de su nuevo trabajo había sido tan grande que la cifra se alcanzó previamente por encargo, mucho antes de que el master entrara incluso en las prensas de producción.

El cantante luchaba infructuosamente por mantener una parte de su estatus de persona normal y anónima con acciones tan cotidianas como visitar la tienda de discos Poplar Tunes, cercana a su domicilio, a interesarse por los movimientos del mercado y tendencias actuales.

A nivel artístico, el primer mes del año lo situaría de nuevo en Shreveport, dentro de los acuerdos que tenía firmados con el Louisiana Hayride, aparte de actuar en diferentes localidades del estado de Texas como Beaumont, Galveston, Austin, Fort Worth, San Antonio o Wichita Falls.

En Memphis, incidiendo en el símil gastronómico, las cosas continuaban hirviendo con el mismo caldo de siempre. Aquel que parecía no cocer nada pero que a lento chup-chup culminaba en el mejor de los guisos. No en vano, esta sensación de transformación encubierta era común en muchos estados del país y diversos eran los factores responsables de la progresiva evolución.

Sin ir más lejos, el vecino estado de Alabama y más en concreto su universidad, se convirtió en la primera en admitir una estudiante de color en sus aulas. Autherine Lucy accedía a las clases a principios de febrero generando controversia y protestas en todas las instalaciones y alrededor del campus. Un primer obstáculo superado en la compleja lucha por la integración racial que desgraciadamente todavía se prolongaría durante décadas.

El sur más profundo, por tradición y costumbres, era el más poco inclinado a permitir cualquier tipo de progreso, de esta manera, cada avance aparentemente insignificante, era acogido con una sensible dosis de optimismo por parte de las comunidades directamente implicadas.

Un buen día de aquel invierno, Jesse Colter recibió noticias de su amigo Harmónica Frank. Le llegó una tarjeta postal procedente de Tulsa (Oklahoma), de aquellas con el clásico eslogan de: "Greetings from..." la localidad que corresponda con letras ondulantes, llenas de colores y de los lugares más representativos, y que en poco tiempo se convertirían en icónicas y a la vez reclamo para infinidad de visitantes de todo el país y del resto del mundo. Un símbolo más con estética propia que crearía escuela.

El contenido de la misma no era demasiado extenso. Llevaba tiempo residiendo en la mencionada ciudad, pero antes se había instalado en Commerce, una población de origen minero que podría contar alguna que otra fechoría de una de las parejas de malhechores más famosa de la historia, Bonnie & Clyde, y que también se enorgullecía de haber albergado a Mickey Mantle en plena década de los cuarenta, detalle mencionado en especial para él, del que Frank lógicamente conocía su devoción.

Con cierto alivio, le confesaba que con la lanzadora de puñales continuaban con su relación personal pero no la profesional ya que la incipiente escena musical de la metrópoli, básicamente centrada en el western-swing, le iba proporcionado ocupación en diferentes bandas y locales donde aportaba sus *riffs* de guitarra y por encima de todo sus originales solos de armónica.

Se despedía con una broma de las suyas, deseándole todo lo mejor y con la firme promesa de enviarle noticias muy pronto.

Harmónica Frank mantenía intacto el don de proporcionar felicidad instantánea a todo aquel que se le acercara. Otro asunto muy distinto era solucionar problemas o sacar provecho de las cosas, pero ¿Quién quería vivir cien años?

Apoyado en la barra del Red Horse Dancer, volteando ambas caras de la tarjeta, rebuscando tal vez algún mensaje oculto y con rostro de bobo sonriente, fue Blue Charlotte quien se le acercó sigilosamente sin darse cuenta.

Siempre se había mostrado distante, no sólo con él, sino también con el resto de compañeras y personal, pero desde el asunto del Reverendo, le obsequiaba con un plus de afabilidad.

El ver la postal y las letras de la ciudad actuaron seguramente como un pequeño interruptor de la sinceridad, y sin preguntar nada, la chica se le sentó delante y empezó a charlar.

- ¿Has estado alguna vez en Tulsa, Jesse?
- La verdad es que no.
- Yo nací allí.
- Creía que eras de California.
- Viví una temporada, pero soy *okie* de los pies a la cabeza. Mi acento es californiano pero si me sale el mal genio no entenderás nada de lo que digo. Oklahoma en estado puro.

Colter dibujó una mueca de complicidad y circunstancias pensando que nunca había disfrutado de una conversación de tal magnitud como para analizar los matices y valorar el origen de la lengua de su interlocutora. Aun así, continuó callado y la dejó hablar, deduciendo que para ella tampoco resultaba nada fácil y podía ser la manera de darle las gracias por lo que hizo aquella fatídica noche.

- A Tulsa, igual que Memphis, bordeada por un río, en este caso el Arkansas, se la conoce popularmente como la capital mundial del petróleo, pero más allá de esta aparente aureola de prosperidad y modernidad que se le ha querido otorgar, la Tulsa que yo viví y conocí estaba marcada por una estela de tristeza donde muchos factores condicionaron su desarrollo.

La mayoría de gente ya no lo recuerda, pero por mis venas y las de muchos de los que allí vinimos al mundo corre sangre india, ya que aquello se convirtió en uno de los nuevos territorios y también nuevo destino después de ser obligados a abandonar sus emplazamientos originales en la llamada "Senda de las lágrimas". Así me lo contaba mi abuelo. ¿Habías oído hablar de ello?

- En la escuela no nos enseñaban demasiadas cosas acerca de los indios, y lo poco que sé lo aprendí al ir creciendo. Creo que la deuda histórica que tenemos con esta gente es descomunal
- Piensa que Tulsa y Oklahoma en general, es un claro ejemplo de como el mal llamado progreso y la posterior aportación desmesurada de dinero puede acabar con el entorno como si fuera una de las plagas de las que habla la Biblia y no me hagas pensar en términos religiosos que el corazón me da un vuelco.
- ¿Viviste la Depresión?
- Claro que sí. Jesse, tengo más edad de la que aparento y quiero que la incógnita continúe generando apuestas entre las chicas, así que no creas que vaya a decírtelo. Desgraciadamente, con mi familia la sufrimos en primera persona y aunque era jovencita, los recuerdos los mantengo muy presentes.
- Este capítulo sí que nos lo enseñaron en la escuela.

La llamada *Dust Bowl* y la sequía posterior que se prolongó durante años.

- Piensa que en el entorno rural fueron miles las personas que se vieron afectadas hasta el extremo de no tener nada. Las riadas de gente que emigraron a California, a la que todos idealizaban como si fuera el mismo Jardín del Edén, fueron constantes para certificar que una vez allí no todo era de color de rosa y tampoco había trabajo ni recursos para todos.
- De aquí tu acento.
- Seguramente… Ten presente que ahora, la conocida Route 66 que se concibe un poco como una especie de camino de verano hacia las playas de Los Ángeles cruzando el desierto de Arizona y pasando cerca del Grand Canyon, era entonces

un trayecto de connotaciones totalmente diferentes. No es que fuera muy divertido.

- ¿Dónde os instalasteis finalmente?
- Mi familia se quedó en San Bernardino, cerca de Los Ángeles, pero yo conocí a Sonny, el que sería mi primer marido y con él llegamos hasta San Francisco. Allí, los alquileres eran altos y al cabo de dos meses nos mudamos a Sausalito que está al otro lado de la bahía cruzando el Golden Gate. En el muelle había muchos barcos abandonados y en poco tiempo fuimos muchos los que establecimos una colonia arreglándolos y convirtiéndolos en habitables y confortables.
- Un buen componente romántico.
- Es un punto de vista, pero nosotros priorizábamos la necesidad. Empecé a trabajar de modelo y mi agente me convirtió en referente para las llamadas *pin-ups*. Calendarios, anuncios publicitarios de todo tipo, ropa, productos de limpieza, cosmética, tabaco… Todo se focalizaba en las *pin-ups*, y yo servía de base para fotógrafos y sobre todo dibujantes. Esta faceta y trabajar por horas en una cafetería hicieron que las cosas nos fueran bastante bien y empezáramos a ahorrar unos cuantos dólares.
- ¿Qué sucedió?
- La historia de siempre. Sonny empezó a beber, se metió en asuntos sucios, juego, putas y otros negocios que mejor no airear y al cabo de un tiempo, harta de todo, decidí regresar al este. Meses después, mi familia me escribió notificándome que lo habían encontrado muerto, cosido a balazos en un callejón de Chinatown. Fin de la historia.
- ¿Por qué Memphis?
- Memphis es la última parada hasta ahora. Primero estuve en Santa Fe. Allí conocí un músico que me sugirió que aprovechara mi físico para hacerme cantante, a pesar de ser consciente de no tener una voz extraordinaria, sinó más bien tirando a común. Probé suerte en Kansas City donde había una emergente escena musical vinculada al blues y al jazz pero quizá me rendí demasiado pronto y la necesidad y las

circunstancias me acabaron trayendo hasta aquí y dedicarme a lo que me dedico.

- ¿Has tratado de volver a cantar?
- Lo hago de vez en cuando pero la gente valora más otras partes de mi cuerpo antes que mi voz. Maniobras de distracción, puede que cuando tenga cincuenta si los años no me castigan demasiado trate de abrir de nuevo esa puerta, ¿No crees?

Empezó a reír mientras tomaba las manos de Colter entre las suyas, cruzaba las piernas y el pelo se le movía con naturalidad y armonía como si un viento invisible lo estuviera acariciando.

Aquella chica era electricidad en estado puro, y con total certeza en manos de algún productor de Hollywood hubiera podido codearse con Rita Hayworth o alguna más de su generación, pero el azar la había llevado a estar casi siempre en el lugar equivocado, en el momento equivocado y ante todo, rodeada de personajes transmisores de malas vibraciones.

Estuvieron hablando un buen rato más de cosas banales y sin ninguna importancia, pero se hacía tarde y la hora de abrir las puertas del club se acercaba. Se despidieron con la sensación de que entre ambos se había creado un nexo de complicidad y confianza cercano a la amistad, esa clase de lazos en que nadie juzga a nadie y mucho menos se piden explicaciones.

- Colter, eres un buen tipo. Evelyn es afortunada aunque pienso que hay alguna cosa que condiciona demasiado tu espíritu pero ¡Qué demonios! Todos tenemos un pasado con fantasmas más o menos interesante y más o menos triste.
- Por cierto, ¿Te llamas Charlotte de verdad?
- Sí.
- ¿El añadido de *Blue* es por algún motivo en concreto?
- En este caso no es necesario buscarle tres pies al gato ni secretos ocultos, simplemente es el nombre artístico que me propuso el músico. Me gustó y continúo con él.

Los viajes habían repercutido en la existencia de Blue Charlotte. El ir arriba y abajo sin un rumbo determinado se convirtió durante años en parte activa de su día a día, como también lo eran, aunque de una forma mucho más trepidante, los constantes trayectos en cualquier dirección que marcaban la pauta y cotidianeidad en la vida del cantante de Tupelo. Entre los que siguieron estos desplazamientos de Presley la primera mitad de aquel 1956, había un par de fotógrafos neoyorquinos que captarían como nadie los inicios de una carrera que se elevaba por momentos con la consistencia de un tren de mercancías, pero con la rapidez de un expreso.

Uno de ellos era Marvin Israel, que curiosamente también había seguido con su cámara al actor James Dean durante el set de rodaje de *Giant*, justo la temporada anterior.

Entre bastidores, ensayando despreocupadamente con los miembros de la banda, encima de los escenarios con una perspectiva totalmente diferente, rodeado de fans firmando autógrafos, en la soledad de un motel, descansando con sus padres o estrenando una flamante Harley-Davidson fueron algunos de los momentos que capturó poco antes de convertirse en un fenómeno difícil de controlar asediado por las masas.

El otro reportero gráfico, testigo privilegiado de aquellos meses fue Alfred Wertheimer. Nacido en Alemania en 1929, pero establecido en el barrio de Brooklyn, contó con el beneplácito del mismo Elvis para recoger con cerca de 3.000 instantáneas lo que fue el día a día de unas semanas absolutamente convulsas.

Si bien el debut oficial del cantante en un programa de máxima audiencia se produjo a finales de enero, el primer contacto profesional con el fotógrafo de origen teutón no tuvo lugar hasta casi un par de meses más tarde, en otra de las apariciones televisivas programadas.

El poder de difusión a nivel nacional de artistas noveles se acabaría consolidando con la irrupción de Elvis Presley en millones de hogares norteamericanos. Las técnicas y estrategias subsiguientes ya no se entenderían sin el papel fundamental de la televisión.

Wertheimer lo inmortalizó con su objetivo, no tan solo los instantes de la pequeña pantalla, sino que también lo captó sentado al piano, paseando en solitario por la calle, relajado en casa con amigos y familiares, viajando en tren de concierto en concierto, en plena efervescencia de grabaciones o en la tranquilidad de una cafetería como podía ser el Miss River Cafe de Memphis. Todo un carrusel de instantáneas hasta llegar a la que con total seguridad se convertiría en la imagen más emblemática de su extensa colección, la conocida popularmente como "The Kiss" (El beso). Captada el 30 de junio en el Mosquee Theater de Richmond (Virginia) y en la que el cantante, daba un beso a una joven desconocida poco antes de empezar su actuación. Más allá de segundas lecturas, lo que reflejaba esencialmente era la espontaneidad de un joven de pueblo de tan solo 21 años que en poco tiempo lo tendría absolutamente todo al alcance de la mano.

La disponibilidad de momentos libres se convertiría en un bien muy preciado, puesto que progresivamente la vida profesional iría ganando cuota a la personal fundiendo la delgada línea que las separa. Mientras sus canciones y consecuentes publicaciones discográficas escalaban en las listas de éxitos, buscaba tiempo incluso bajo las piedras para compartir con los suyos. De esta manera, a mediados de abril, después de registrar en Nashville otro *hit* potencial en forma de balada, "I want you, I need you, I love you", volaba hacia Memphis para visitar a su amigo Dewey Phillips en el Hotel Chisca durante la emisión vespertina de su "Red, Hot and Blue".

Una semana después, habiendo visitado Tulsa y sin tener constancia de que Harmónica Frank lo viera actuar, se marchaba hacia Las Vegas a la conquista de la ciudad del juego que nunca duerme y que a diferencia de lo que sucedería una década más tarde, lo acogió con cierta indiferencia, seguramente porqué el público de entonces no estaba muy habituado a ese tipo de descargas.

Justamente el estado de Nevada se libraría de sufrir otra tanda de ensayos nucleares, ya que el gobierno decidió trasladar las polémicas pruebas a lugares remotos del Pacífico donde la opinión pública no tuviera un acceso tan próximo.

En un ejercicio de grotesco homenaje disfrazado de absurda contradicción histórica, la serie de bombas que lanzaron sobre parajes deshabitados del océano fueron bautizadas con nombres de tribus indias: *lacrosse*, *cheroqui*, *zuni*, *yuma*, *seminola*, *flathead*, *blackfoot*, *mohawk*, *apache*, *navajo*... Una curiosa manera de hacer analogía del poder de destrucción del hombre blanco que sufrieron en primera persona todos estos colectivos de verdaderos norteamericanos. Contrastes de una sociedad con cierta tendencia a tener poca memoria con todo aquello que la incómoda o sino, tratar de obtener un valor añadido expresado en un orgullo mal entendido no siempre equitativo con todas las partes implicadas

Después de algunos conciertos en la costa oeste en California y Arizona, y con el verano casi a tocar con la punta de los dedos, aterrizó de nuevo en Memphis para compartir unos días con los suyos en su domicilio de Audubon Drive, donde cada vez era más difícil preservar la dosis necesaria de intimidad personal.

El jueves 14 de junio se anunció radiante en la ciudad. La humedad previa de verano empezaba a mostrar sus garras impregnando de bochorno avenidas y ambiente. Muy pronto el río recuperaría su protagonismo estacional y los niños aprovecharían cualquier fuga de agua para jugar, gritar y refrescarse por las calles y combatir así las elevadas temperaturas.

Aquella mañana, Evelyn acompañó a Jesse en su tour cotidiano de encargos sin ser consciente de que viviría uno de los días más felices de su reciente existencia.

Después de cumplir ceremoniosamente con todo aquello que satisfaría las necesidades de Madame Lamont y su negocio, decidieron darse un respiro y detenerse como no, en el Miss River Cafe de Beale Street para tomar un tentempié.

No habían transcurrido ni cinco minutos desde que Cliff les sirvió un par de Dr. Pepper para calmar la sed y el calor, y mientras todavía se decidían por lo que verdaderamente les apetecía comer, cuando por la puerta lo vio entrar como si fuera un habitante más de la población, ajeno a todo, persona u objeto.

Iba vestido con unos pantalones negros de pinzas y una camisa de manga corta del mismo color dividida por unas franjas verticales de color crema que le proporcionaban aspecto de chaleco sin ni mucho menos serlo. Calzado con elegantes zapatos de color blanco y negro por aquello de favorecer el conjunto y pulcramente peinado, se sentó en la barra, pensativo y con cierto aire distendido, sin prestar demasiada atención al resto de parroquianos que tampoco eran demasiados. Siendo el mismo de siempre, su aura había cambiado substancialmente. Instantes después, al reconocer a Jesse, el rostro se le iluminó rápidamente mostrando la mejor de sus sonrisas, acercándose con la alegría de aquel que se reencuentra con un viejo amigo. Se fundieron en un fuerte apretón de manos y en seguida se hizo un sitio a su lado.

- ¡Mi vecino de Tupelo! No te lo creerás pero venía pensando con la esperanza de encontrarte por aquí.
- ¿En serio?- Sonríe- Yo siempre que vengo pienso lo mismo. ¡Chico, no paras! ¿Cómo van las cosas?
- La verdad es que no me puedo quejar. A veces no tengo tiempo ni para respirar, pero hay que aprovechar el momento, que todo puede cambiar de la noche a la mañana.
- No creo. Cada vez llegas a más gente.

- Eso no quiere decir nada, Jesse. Acabo de estar en Las Vegas y si te soy sincero, la gente nos recibió un poco fríamente.
- No le des demasiada importancia, puede que la próxima vez que vuelvas te reciban como a un ídolo.
- Al subir a un escenario, uno tiene que estar preparado para todo y no siempre puedes gustar a todos, pero ¡Escucha! Me parece que nos hemos dejado llevar por la emoción olvidando las mínimas fórmulas de cortesía, por otra parte según dicen, tan representativa del sur y nuestra tierra. ¡Parece que seamos de una gran ciudad de la costa este! ¿Quién es esta jovencita tan encantadora que te acompaña?

Evelyn se había mantenido en un discreto segundo plano mientras los dos amigos celebraban su encuentro y ponían al corriente sus vidas.

Tras la segunda respuesta ya había reconocido la voz del cantante e hizo esfuerzos por mantener la calma, no abrazarlo y comérselo a besos como si fuera una alocada fan.
- ¡Caray! ¡Tienes razón! Elvis, esta chica que tengo al lado es Evelyn, mi amiga, compañera y el faro que ha iluminado mi camino estos dos últimos años. Sin ella, yo no sé dónde estaría.

Elvis en seguida se percató de la invidencia de la joven, le tomó la mano con delicadeza y se inclinó para darle un par de besos que la dejaron en un estado muy cercano a la gloria, aparte de sonrojarla y pensar como primera impresión que no sólo cantaba como los ángeles sino que también olía de forma muy agradable.
- Tu voz me hace sentir bien y creo que me convierte en mejor persona para los demás.
- Es lo más bonito que me han dicho en mucho tiempo. Te lo agradezco sinceramente.
- Piensa que mi criterio no es el mismo que el de la mayoría de personas.
- Precisamente por eso le doy más importancia y valor si cabe.

- ¿Me dejarías saber cómo eres?
-

Elvis miró de reojo a Jesse en búsqueda de connivencia y ayuda, y al comprobar que su amigo asentía con la cabeza al mismo tiempo que lo tranquilizaba gesticulando con las manos, se avino rápidamente.

- De acuerdo pero igual te llevas un desengaño. ¿Qué hago?
- No creo. Sólo quiero tocar un poco el contorno de tu rostro. Relájate.

Evelyn recorrió el perfil y fisonomía del cantante con los dedos de manera que casi ni lo tocaba, como si lo estuviera dibujando en su mente o esculpiera con suavidad y delicadeza una figura de barro. Al final, las manos acabaron escalando hasta el cabello que despeinó despreocupadamente con el beneplácito del joven, que explotó a reír mientras abrazaba a la chica que se fundió con él en un estado de absoluta felicidad, coronado también con la mejor de sus risotadas.

- ¡Eres tal como te había imaginado!
- ¿En serio?
- ¡Desde luego! Tienes una sonrisa maravillosa y unos pómulos envidiables. ¿De qué color son tus ojos? ¿Azules?
- ¡Exacto!
- ¿Y el pelo?
- Rubio tirando a ceniza.
- Ya te tengo bien dibujado en el interior de mi cabeza.
- Todas mis fans tendrían que ser tan benevolentes como tú, Evelyn.
- Ya sabes que te adoran. ¿Te puedo hacer un regalo?
- No es necesario.
- Me gustaría mucho y me harías todavía más feliz si cabe.
- En estas condiciones ¡Venga!

Evelyn se desligó del cuello el pañuelo que le había regalado Jesse y envolvió con él, el de Elvis en un gesto cargado de afecto y agradecimiento. El cantante lo sujetó con las dos manos como si fuera una pequeña toalla y notablemente emocionado se inclinó para darle un beso en la mejilla.

-   Lo mantendré siempre muy cerca de mi corazón, Evelyn. ¡Qué Dios te bendiga!

Los tres permanecieron charlando un rato más de diversos temas. Elvis se mostró especialmente interesado en el cine, dejando entrever un pequeño deseo oculto de probar también como actor, quien sabe si recogiendo el testigo generacional dejado por James Dean. Circunstancia que aprovechó Jesse para recomendarle que si llegara el momento, escogiera muy bien las propuestas y rehuyera también ciertos ambientes de vicio y frivolidad vinculados a la industria cinematográfica que a bien seguro no le aportarían nada como persona. El joven bromeó y le trató de hermano mayor asegurándole que se mantendría alejado de las tentaciones de la carne, el alcohol, las drogas e incluso el tabaco.

Sumidos de nuevo en un estado de diversión compartida, apareció por la puerta del Café, el disk-jockey Dewey Phillips, que superadas las presentaciones pertinentes se incorporó cómodamente a la conversación mientras deglutía con rapidez una cerveza, sediento por el calor ambiental. Transcurridos unos breves minutos, fue él quien procedió a poner fin a la reunión con el argumento de que los esperaban en otro lugar para una entrevista.

-   "Delvis", nos esperan, deberíamos ir tirando.

Lo reclamó con el recurso más original que tenía para llamarlo. Por enésima vez, se despidieron con la seria intención de consolidar aquellos encuentros, factor del que solo el destino y la disponibilidad del cantante tendrían la llave.

Con el pañuelo cuidadosamente guardado en el bolsillo y acompañado por el *showman* radiofónico, salieron al exterior bajo la atenta mirada de Cliff, y descendiendo por Beale Street un fotógrafo captó una instantánea que pasaría también a formar parte de su iconografía personal, cuando todavía podía pasear por las calles luciendo su condición de mortal.

Mientras tanto, Evelyn y Jesse, con la emoción y la satisfacción instaladas en sus rostros, se prepararon para saborear un par de sándwiches de plátano flameado con crema de cacahuete, bacon y mantequilla.

- Jesse, no te importa que le haya regalado el pañuelo, ¿Verdad?
- Me has leído el pensamiento, ni yo en un millón de años hubiera encontrado un regalo mejor.
- Me ha salido de dentro. He pensado en alguna cosa que verdaderamente quisiera y las manos han ido casi solas hacia el pañuelo.
- Ya tengo excusa para regalarte otro…
- Por cierto, cuando hablas con él, tengo la sensación de que ya le conocías de mucho antes.
- Compartimos lugares comunes de infancia en Tupelo, la escuela, las tiendas, Ya sabes.

Evelyn no insistió en el tema y optó por guardar silencio. Uno de aquellos silencios tan característicos de las mujeres, inteligentes y reflexivos, cargados de permisividad.

Sin demasiado tiempo para valoraciones de ningún género, el 2 de julio, el joven cantante volvía a aterrizar en la ciudad de los rascacielos. En los estudios de RCA, flanqueado por sus dos compañeros, más el soporte vocal de los Jordanaires, grupo coral que había empezado a colaborar con él, el pianista Shorty Long y el batería D.J. Fontana, iniciaron las sesiones de lo que sería la columna vertebral y cimientos de su segundo álbum de larga duración.

Con un aspecto físico envidiable, gracias seguramente a los días de reposo en Memphis, y en un ambiente de trabajo rallando la magia, el reto de superar la repercusión de su predecesor era alto, elemento que lejos de condicionarle todavía le motivaba mucho más. Dentro de este contexto y sin ser del todo demasiado consciente, ejerció de productor buscando los sonidos y los ritmos que hervían en el interior de su cabeza y le tenían cautivo. El resultado se plasmó en la grabación de temas como "Hound dog", "Don't be cruel" o "Any way you want me", que muy pronto contribuirían activamente a afianzar la proyección de su carrera.

Al día siguiente, los compromisos volvían a reclamarlo desde su ciudad de residencia. Antes de subir al tren que le traería de regreso, en Pennsylvania Station, se topó casualmente con el cantante Gene Vincent, con el que tuvo tiempo de intercambiar unas palabras durante breves instantes y a quien felicitó efusivamente por el éxito obtenido con el hit "Be-bopa-lula", que muy pronto se convertiría en frase emblemática del rock 'n' roll, al mismo nivel que "Tutti frutti" de Little Richard.

La celebración del señalado 4 de julio le llevó en esta ocasión hasta Ruswood Park a las ocho de la tarde delante de 14.000 fans. Desde hacía días, la ciudad lucía repleta de carteles que le anunciaban con orgullo, *In person*, y el ambiente se complacía con un plus de entusiasmo añadido. La actuación, con finalidad benéfica y captada gráficamente por unas fotografías extraordinarias de Alfred Wertheimer mostró a un Elvis feliz, desbocado y en estado puro. Condición que él mismo se encargó de postular al inicio del recital afirmando que la gente de New York no iba a cambiarle ni una pizca y que el *show* de aquella noche mostraría al auténtico Elvis Presley en toda su extensión.

Evelyn y Jesse pudieron finalmente asistir después de que Madame Lamont los dispensara de continuar con las celebraciones del Día de la Independencia en el Club, con la certificación de que los jóvenes debían pautar sus propias vivencias.

Se situaron en una zona bastante alejada del entarimado, eludiendo posibles aglomeraciones y oleadas de gente. Colter le refirió con pelos y señales el vestuario y aspecto de los músicos, que recibieron por sorpresa la aportación espontánea de los Jordanaires, desplazados a Memphis especialmente para la efeméride, y entre canción y canción, aprovechó para narrar una pequeña crónica de los movimientos y coreografía ofrecidos en el escenario. La joven permanecía absolutamente turbada, sin abrir la boca, y al finalizar el concierto abrazó con fuerza a Jesse que notó en su cuello la frialdad de las lágrimas de su amiga. La felicidad no se regula generalmente con parámetros de largo recorrido, sinó que se mide con instantes como aquel.

El verano transcurrió con placidez, si bien musicalmente, le tocaría lidiar con otra conmoción. La muerte no entiende de promesas, justicia, talento o reconocimiento, cobra su recibo cuando ella lo considera oportuno sin posibilidad de aplazamiento de ninguna clase. Seguramente, aplicando sus principios, aparcó consideraciones y se le presentó a Clifford Brown el 26 de junio en forma de accidente de tráfico en Bedford (Pennsylvania), una noche lluviosa cuando viajaba a Chicago para satisfacer un compromiso musical.

Nacido en Wilmington (Delaware) el 30 de octubre de 1930 y conocido como "Brownie", fallecía a los 25 años uno de los trompetistas de jazz con mayor proyección de su generación, alejado del rol de artista atormentado y tentado por las llamas del alcohol y las drogas, tan en boga de otros coetáneos suyos. Después de consolidar una deslumbrante trayectoria en solitario y enriquecer deliciosamente discos de vocalistas consagradas como Dinah Washington, su futuro quedaba definitivamente rasgado cuando en absoluto le correspondía. Más allá de los círculos especializados, la noticia no contó con una repercusión estatal generalizada. Todo lo contrario a lo acontecido tres días más tarde y que se convirtió en portada de periódicos y cabecera de noticiarios: La mujer más deseada de la nación, la actriz Marilyn Monroe, volvía a contraer matrimonio, en esta ocasión con el dramaturgo Arthur Miller, tal vez anhelando estabilidad y madurez.

En clave política, los candidatos a las elecciones presidenciales empezaban a calentar motores en unos comicios que presentaban por la opción demócrata a Adlai Stevenson, mientras que por parte republicana, se ofrecía para un segundo mandato el actual Presidente, Dwight D.
Eisenhower, que finalmente renovaría.

La efervescencia musical implícita de la década, sería sin solicitarlo, una banda sonora de lujo para todos estos acontecimientos, adaptando cada estilo a lugares físicos y a circunstancias sociales concretas. Tal vez, para definir todo los elementos del conjunto y siguiendo una cierta inercia antropológica, el jazz se erigía en música claramente evocadora de paisajes urbanos como New York, con el puente de Brooklyn como principal arista, Chicago o New Orleans. En el otro extremo de la paleta de colores, el country y el western continuaban encabezando opciones marcadas por espacios abiertos donde ríos, montañas o llanuras se aliaban en perfecta armonía con letras y temática de canciones, básicamente por una cuestión de entorno.

Un poco ajeno al asunto, jugando su liga particular como recién llegado, pero extendiéndose como una fuga de aceite, el nuevo ritmo del "maligno" trataba de definir su propio espacio con argumentos de peso.
La presleymanía era ya un fenómeno plenamente consolidado con unas cifras que rondarían los diez millones de discos vendidos y unos 245 conciertos al cerrar el ejercicio, tapando más de una boca y obligando a inclinar la cabeza a los detractores.

Elvis Presley y el rock 'n' roll, que fueron declarados en su momento enemigos de la democracia, se habían convertido, mal que pesara a los estamentos más conservadores de la sociedad, en ídolo y referente respectivamente de toda una generación. Así, la revista *Variety"* en su edición del 21 de noviembre ya lo catalogó como "El Rey del Rock".

Regresando al calor del mes de agosto, el cantante podía finalmente hacer realidad uno de sus sueños de infancia y convertirse en actor emulando a su idolatrado y malogrado James Dean, alternando la grabación de la banda sonora más las escenas que formarían parte de su primer proyecto cinematográfico, inicialmente bautizado como *The Reno brothers*, pero modificado y estrenado como *Love me tender*.

La continuación del registro de su segundo larga duración y nuevas intervenciones televisivas, cada vez con mayor repercusión, marcaron el futuro inmediato que de alguna manera encontró el colofón ideal el miércoles 26 de septiembre en el retorno a su ciudad natal, Tupelo, en un recital y recibimiento previo, ciertamente históricos.

Hay quien dice que a los norteamericanos les encantan los desfiles y las cabalgatas de todo tipo, y que no pierden la oportunidad de organizar una con cualquier excusa que se precie. La llegada de Elvis Presley a la localidad que lo había visto nacer, merecía la dignidad de las mejores ocasiones. Carteles de bienvenida, *majorettes* perfectamente ataviadas, banda municipal de turno y el mismo alcalde, James Ballard, ofreciendo simbólicamente la llave en forma de guitarra, se encargaron de obsequiar tanto al cantante como a sus padres con la acogida merecida, y más teniendo en cuenta que ocho años antes se marcharon de la población con el rabo entre las piernas y por la puerta trasera.

El recital, como no podía ser de otra manera dentro del llamado, "Mississippi-Alabama Fair & Dairy Show" fue programado en la misma localización que lo vio debutar cuando era tan solo un chiquillo de 10 años, una explanada *(fairgrounds)* especialmente habilitada con el pertinente escenario y gradas de soporte.

Las entradas costaban un dólar y veinticinco centavos si se habían adquirido anticipadamente, y un dólar y medio si se optaba por el mismo día del concierto.

Jesse Colter siguió muy de cerca a nivel informativo toda la efeméride, aunque optó por mantener la distancia y quedarse en Memphis por aquello de no poner una vez más en un compromiso las leyes de la física convencional. Recordaba haber visto imágenes de la actuación en reportajes posteriores.

En ellas, un Elvis extraordinariamente feliz y pletórico, vestido totalmente de negro con la excepción de los zapatos blancos, se mostraba tal como era delante de sus conciudadanos. Flanqueado por sus músicos habituales con Scotty Moore al frente, el soporte armónico de los Jordanaires, cada vez más presentes en sus directos, y la presencia silenciosa pero significativa del perrito Nipper, mascota-logo-figura de la compañía RCA Victor ("His master's voice"), ofreció dos *shows*, uno de tarde y otro ya de noche en los que repasó gran parte de los *hits* de los últimos tiempos y en los que tan solo volvió la mirada hacia atrás en su etapa con la Sun para interpretar el "Baby, let's play house".

Aquel par de actuaciones le sirvieron para rendir cuentas con el pasado más reciente, y también para afrontar el futuro con optimismo renovado, con la valiosa garantía añadida del que se siente estimado y valorado en casa.

El componente que si empezó a cambiar ya ostensiblemente fue el equilibrio entre popularidad, anonimato y privacidad. Condición que se evidenció días después con una pelea en una gasolinera en el centro de Memphis que le obligaría a reflexionar mucho más en cuanto a planificar apariciones y salidas.

El buen tiempo y las temperaturas cálidas, se prolongaron hasta avanzado el mes de octubre. Poco antes, a finales de aquel mismo septiembre, Jesse recibió noticias de su amigo Frank, una vez más en forma de tarjeta postal.

El armonicista había aparcado transitoriamente su "sociedad personal" con la lanzadora de puñales para enrolarse en una compañía de circo que le ofrecía nuevos estímulos, le llenaba como artista y le satisfacía como persona. No era difícil deducir entre líneas que en el negocio también participaban los muslos de alguna joven equilibrista o funambulista. En cualquier caso, paseaba su arte por el estado de Missouri donde sus gentes tienen fama de tozudos, factor que Frank Floyd tendría oportunidad de contrastar con su simpatía innata en poblaciones como Joplin, St. Louis o Stanton. Precisamente de esta villa lucía una de las principales imágenes de la tarjeta, no de forma gratuita ya que aquí la había escrito y sellado. La pequeña localidad del condado de Franklin empezaba a atraer turistas gracias al encanto de las cuevas Meramec. Un conjunto de grutas enclavadas en las montañas Ozarks que sirvieron en su momento de refugio y escondite al forajido Jesse James y a su banda.

Harmónica Frank bromeaba jugando con los dos Jesse, y por eso no pudo evitar enviarle aquella misiva, decisión que hizo muy feliz a Colter. Personalmente, no tenía ni idea de cómo se resolvería, si es que llegaba a hacerlo algún día, su conflicto temporal. En cuanto a su homónimo de las pistolas, acabó tiroteado con 34 años en St. Joseph, otra localidad de Missouri, el 3 de abril de 1882. A pesar de todo, en 1948 apareció un individuo en Lawton (Oklahoma), llamado J. Frank Dalton, que afirmaba ser el verdadero Jesse James. Según su versión, la muerte había sido un montaje perfectamente orquestado por familiares y amigos para dar esquinazo a la ley y poder dejar atrás una existencia miserable, cada vez más controlada

El tal Dalton vivió más de un siglo una vida de película que le llevó a ser explorador del Amazonas, luchar contra España en la Guerra de Cuba, asociarse con Pancho Villa en México o ser piloto de combate durante la Primera Guerra Mundial.

Murió un par de años más tarde con más de cien a sus espaldas y la sombra de la duda alimentando todo tipo de habladurías. Una forma de encantamiento que desde siempre ha embelesado a los americanos, que han sabido construir mitos inverosímiles a veces basados en hechos o personajes con méritos y reputación dudosos o como mínimo susceptibles de valoración moral.

¿Mentiras o verdades? ¿Quién poseía la llave maestra? Jesse Colter no pretendía obtener la respuesta. Le bastaba con recibir noticias de su amigo, aunque con el paso del tiempo cada vez ponía más en cuarentena cualquier historia que le contara, a pesar de ser un elemento con una capacidad innata para atraer situaciones insólitas. Analizado con frialdad, todo el conjunto: las cuevas, los bandoleros y las aventuras recorriendo el mundo le recordaron una vieja leyenda acerca de un río en Arizona, el Hassayampa, conocido por la característica de quien osara beber de sus aguas no volvería a decir jamás la verdad. La posibilidad de que Harmónica Frank hubiera ingerido algún trago en un instante de urgencia o debilidad, sobre todo teniendo presente su aversión a la ingesta de tan insípido elemento, no era en absoluto despreciable. En cualquier caso, no sorprende que con antecedentes de este tipo, imaginación e ingenio, la fábrica de sueños de Hollywood continuara nutriendo a buen ritmo sus calderas.

En este sentido, noviembre fue un mes de estrenos cinematográficos directamente relacionados con Colter, el cantante de Tupelo y su entorno.

El miércoles 21 se presentó el estreno nacional de *Love me tender* recaudando en tan solo una semana más de medio millón de dólares, superada únicamente por *Giant* (Gigante). La casualidad o no, hizo que el último film de James Dean, dirigido por George Stevens que acabaría ganando el Oscar, y protagonizado por Elizabeth Taylor y Rock Hudson, se estrenara tres días después, aunque ya se hubiera exhibido en forma de *première* en New York el 10 de octubre.

A título individual, dos mitos iniciaban trayectorias diferentes: el de Dean acrecentando su figura a título póstumo, el de Presley coronando un año mágico de popularidad con once apariciones televisivas, en tres cadenas y en cuatro programas diferentes. Nada volvería a ser como antes.

El mes de los balances arrancó con una pequeña tormenta política, que con los años se convertiría en alguna cosa más que un forúnculo primaveral en las partes sacras de la anatomía política norteamericana. Fidel Castro y unos cuantos seguidores suyos desembarcaron en la isla de Cuba para encabezar una "revolución" que tal vez se perpetuaría demasiado en el tiempo.

Un par de días después, concretamente el martes cuatro y a bien seguro para estrenar el Cadillac "El dorado" que se acababa de comprar, Elvis se acercó hasta los estudios de la Sun en el 706 de Union Avenue para saludar a viejos amigos y saber un poco como les iban las cosas.

Si entrar en valoraciones esotéricas ni rastreando tampoco en busca de explicaciones astrológicas, está más que demostrado que existen días en que los acontecimientos, el ambiente, las personas, la meteorología y las buenas vibraciones parecen ponerse de acuerdo y remar todas en la misma dirección y con idéntico objetivo. De recibo es aprovechar el momento al máximo, más aún si se tiene la certeza de ser partícipe de un instante de este tipo.

Memphis, en el aspecto musical, durante la década de los cincuenta al igual que otras ciudades como New Orleans o Chicago ya gozaban de este privilegio latente. La música se respiraba en la atmósfera, como si fuera polen en suspensión, partículas brillantes de oro etéreo, perceptible a contraluz y también imposible de capturar con las manos, pero con la virtud de nutrir el espíritu de sus habitantes y visitantes sin pedir ni esperar nada a cambio.

Jesse Colter tenía perfectamente señalada en mayúscula aquella fecha en su agenda cerebral. Unos días antes empezó a planificar la estrategia aplazando una serie de encargos a los que debía dar salida sin dilación con la excusa de la proximidad de las Fiestas y con el visto bueno de Madame Lamont, que se avino como siempre, con el añadido esta vez de prestarle el coche para aligerar obligaciones y ganar tiempo.

Concluidos los encargos, puso proa hacia el antiguo Memphis Recording Service y en pocos minutos se acercó. Estacionó en la acera opuesta de la amplia avenida, expectante y pensativo dentro del automóvil, esperando tal vez alguna señal indicativa que le mostrara que hacer más allá de mantenerse de nuevo en un discreto y segundo plano testimonial.

Poco rato después, lo vio llegar acompañado por una amiga con su flamante Cadillac. Lo aparcó justo en la esquina de la parte trasera y se apeó decidido con su andar característico lleno de ritmo, una sonrisa radiante y engalanado deportivamente con una cazadora de tono parduzco claro, lo más seguro gentileza de la tienda de los hermanos Lansky, a quien continuaría visitando periódicamente cada vez que dispusiera de tiempo libre en la metrópoli.

En el interior del pequeño estudio hacía poco que Carl Perkins y su banda habían finalizado la sesión de aquel día. El cantante de Tiptonville (Tennessee), que casi un año antes obtuvo un éxito abrumador con "Blue suede shoes", volvía a la carga con temas como "Matchbox", certificando oficialmente su total recuperación tras superar serias lesiones sufridas como consecuencia de un grave accidente de coche que lo mantuvo inactivo unos cuantos meses.

Concentrados de lleno en la actividad profesional, la aparición de Elvis fue recibida por los presentes con una mezcolanza de sorpresa y alegría generalizada. Marion Keisker y Sam Phillips con el entusiasmo de abrazar al hijo pródigo que regresa a casa después de un largo viaje, mientras que para Perkins era como reencontrar un viejo amigo con el que había compartido más de una vez carreteras llenas de polvo y escenarios de toda clase por pueblecitos perdidos del Mid-South.

Por las instalaciones también deambulaba Jerry Lee Lewis, un joven pianista de 20 años de Louisiana llamado a convertirse en todo un fenómeno que daba sus primeros pasos en el negocio musical bajo la tutoría de la Sun con sencillos como "End of the road".

Lo sucedido a continuación ya forma parte de las crónicas, a pesar de ser fruto de la espontaneidad, la improvisación y la comodidad de un grupo de amigos compartiendo y contrastando inquietudes, sentimientos y preferencias.

Muy pronto, la química y las ganas de saborear el momento impregnaron el estudio y sin proponérselo se pusieron a tocar. La inminencia de las fechas navideñas condicionó los compases iniciales, contribuyó a romper el hielo y a que se afinaran instrumentos, y definieran posiciones con la ayuda de melodías como "Jingle bells" o "White Christmas".

Elvis se sentó inicialmente al piano y contó en seguida con la complicidad de Carl Perkins y los miembros de su banda, sus hermanos Clayton y Jay junto con el batería W.S. Holland.

Un compositor de la discográfica de Phillips, Charles Underwood, también se sumó a la fiesta más al ver como los ánimos se caldeaban, momento que aprovechó para llegarse hasta su coche en busca de una guitarra acústica y enriquecer el sonido global.

Bajo la dirección espontánea de un Elvis absolutamente entregado, comenzaron a repasar algunas de sus últimas grabaciones con atención especial al "Don't be cruel", con la que bromearon reiteradamente evocando el acento y la manera de versionarla que tenía el cantante Jackie Wilson por quien Elvis sentía devoción.

Pronto el gospel de raíces profundas que llevaban en la sangre y con el que todos ellos habían crecido se fue imponiendo en el ambiente con títulos como: "When the saints go marchin' in", "I shall not be moved", "Peace in the valley" o "Down by the riverside".

Aquel que tuviera alguna duda sobre una de las principales aristas que configuraban el endiablado rock 'n' roll del momento, solamente debería escuchar con atención la lectura natural que desplegaban un grupo de jóvenes, que sin obviar la espiritualidad religiosa implícita, proporcionaban a las composiciones unas alas muy diferentes a las que debían llevar los ángeles convencionales. Absolutamente refrescante y cargada de ilusión, como percibir el olor de las palomitas de maíz recién hechas en cualquier feria ambulante de pueblo.

Al cabo de un rato, aparcaron la vertiente más devota para fundirse con el country & western de tintes tradicionales y melodías como "Little cabin on the hill" o "Keeper of the key" acapararon el protagonismo, como si desearan analizar cada uno de los pilares que sustentaban el nuevo ritmo del infierno al que finalmente se acercaron con las versiones de
"Too much monkey business" o "Brown eyed handsome man" de Chuck Berry entre otros.

Especialmente impactante fue el momento en el que el joven de Louisiana se sentó al piano y empezó a "acariciar" las teclas. Verdaderamente no tocaba como nadie y las armonías vocales que construyó junto a Elvis en composiciones como "Softly and tenderly" dejaron a todos con la boca abierta. Puede que fuera entonces cuando, Bob Johnson, editor del *Memhis Press-Scimitar*, ubicado en la misma calle que la Sun y cuya presencia Sam Phillips había solicitado, empezara a gestar dentro de su cabeza el concepto del "Million Dollar

Quartet". Siempre y cuando hubiera un productor o empresario dispuesto a soltar dinero y apostar por ellos.

Paralelamente, para cualquiera de los invitados que por allí deambulaban, se presentaba difícil mantenerse al margen y no sumarse tímidamente a la celebración chasqueando los dedos, picando palmas o con el movimiento de las piernas al seguir el ritmo. Un instante mágico digno de pasar a la posteridad en toda su magnitud.

Para la fotografía, con la que subscribirían capítulo personal en la historia de la música, contaron también con Johnny Cash que se personó en la ciudad y al que el mismo Elvis hizo mención mientras interpretaba "On the Jericho road". Algunos sostienen que el cantante de Arkansas también contribuyó musicalmente con la interpretación de temas como "Blueberry Hill" o "Isle of golden dreams", pero esta hipótesis no ha contado nunca con un soporte físico para autentificarlo categóricamente. Casualidad o paciencia, pero el primer testimonio editado de aquel acontecimiento no vio la luz en un primer intento discográfico hasta el año 1981, así que tal vez sólo sea cuestión de tiempo, suerte y de la divina providencia.

Ya hacia el final de la sesión, el protagonismo y el relevo en marcar el tempo lo asumió con decisión Jerry Lee Lewis que aparte de recrear su reciente sencillo, "End of the road", ofreció temas como "Black bottom stomp" o "You're the only star in my blue heaven". Composición escrita por el cantante-cowboy de Hollywood Gene Autry y grabada por los Delmore Brothers y Roy Acuff en 1936. Una melodía ciertamente un poco edulcorada, pero que con la voz y ritmo de Lewis tomaba un cariz y dimensión diametralmente opuesto al original. Eufemísticamente hablando, cuestión de sentimientos entre otras cosas.

Elvis se despidió de todos con la misma sonrisa con la que llegó y soltando una frase cargada de ironía pero también de realidad, en una constante que prolongaría a lo largo de su existencia infinidad de veces en situaciones similares:

"That's why I hate to get started in these jam sessions, I am always the last one to leave" ('esta es la razón por la que odio estos encuentros, siempre soy el último en marcharse').

Jesse Colter, en la soledad de su automóvil, estuvo tentado de presentarse en el estudio en más de una ocasión, pero no encontró ninguna excusa válida para justificar su "casual" aparición, por lo que se conformó observando la luz exterior de las instalaciones y viendo entrar y salir al personal entre abrazos, risotadas y encajadas de toda clase.

Una vez presenciada la marcha de su amigo, giró la llave de contacto, puso en marcha el coche y se dirigió al Red Horse Dancer meditando una buena excusa que aplacara la segura reprimenda de Madame Louise por su injustificado y evidente retraso.

La encajaría con resignación, pero con la certeza de que los astros estaban de nuevo de su parte. Quizá por este motivo, dentro de su cabeza resonaba aún la melodía de "You're the only star in my blue heaven", lógicamente en la tesitura de Jerry Lee Lewis.

Antes de celebrar su última Navidad en el domicilio de Audobon Drive, el cantante de Tupelo satisfaría un nuevo compromiso con el Louisiana Hayride en Shereveport, dentro de lo que sería su única aparición pública de aquel mes.

La reacción de la mayoría de los asistentes rayó el histerismo. Organizadores y autoridades tendrían que a partir de entonces replantear una serie de medidas básicas para ahorrarse quebraderos de cabeza, alborotos o accidentes.

Los tiempos cambiaban rápidamente y oportuno resultaba estar preparado para no dejar pasar ningún tren. Colter también lo tenía ya muy claro. Aceptar su momento y no pensar demasiado en el mañana, puesto que corría el riesgo de no vivir con intensidad ni en un lado ni el otro su propio presente. La nostalgia de las fechas sin lugar a dudas contribuyó, pero finalmente decidió que el próximo año se comprometería más con su entorno, sobre todo con quien más le ofrecía sin esperar nada a cambio, realizando el esfuerzo de aparcar aquella sensación de provisionalidad que tanto le había condicionado hasta ese momento. Evelyn se merecía todo lo mejor y a su lado trataría de construir un futuro, independiente de la perdurabilidad.

CAPÍTULO IX

Una escoba proverbial y un sándwich de plátano flameado.

El año 1957 se mostró activo y movido ya en sus primeros días de existencia, otro asunto sería si los acontecimientos permitirían esta vez a sus protagonistas asimilar los cambios progresivos de forma razonable.

Poco después de ser declarado apto para el ejército y de dar salida a un nuevo compromiso televisivo, Elvis Presley se sumergía de nuevo en la vorágine de la actividad musical. Casi sin tiempo para poder celebrar su vigésimo segundo cumpleaños en casa acompañado por amigos y familiares, volvía a tomar su tren particular. La primera de la estaciones consistió en dar forma a un serie de canciones como "I believe" o "Take my hand precious Lord". Todas ellas de contenido sacro, con el gospel más auténtico como denominador común configurando el E.P, *Peace in the valley* y que, en cierta medida, rubricaba su verdadera inclinación, a parte de, por fin, dar rienda suelta a todos aquellos sonidos y sentimientos que le marcaron de pequeño.

Acorde con el negocio y completando un sencillo magistral como "All shook up", encontró espacio para establecer un primer contacto con la que sería la base musical de su nuevo proyecto cinematográfico, la banda sonora de *Loving you*, inicialmente programada como *Lonesome cowboy*, en un guión que reflejaba el nacimiento, primeros pasos y tropiezos de una estrella de la canción, papel que le iba como anillo al dedo.

Aparentemente, en un detalle sin importancia, los estilistas de Hollywood le hicieron teñir el pelo de negro con el argumento de que lo requería el personaje. Un gesto que ni el mismo cantante le otorgó demasiada importancia, pero que se podía interpretar como un paso más en la lenta metamorfosis que sufriría lentamente, perdiendo un fragmento de aquella naturalidad fresca y visceral que despertó y cautivó el interés de Sam Phillips.

La industria de los sueños no fundamentaba sus argumentos en la autenticidad, sino que descansaba básicamente en el dinero y la capacidad de generar cada vez más si era posible.

El aspecto más positivo de todo aquel embrollo circunstancial en el que estaba inmerso, fue conocer personalmente al que a bien seguro sería el tándem de compositores que mejor química proporcionaron a toda la capacidad y talento que fluía de su interior, Jerry Leiber y Mike Stoller.

A su lado, las canciones tenían garantía de éxito, actualidad, originalidad y por encima de todo calidad, combinando a la perfección el binomio mágico de moda y mercado.

El equipo de músicos continuaba siendo esencialmente el mismo, pero el nivel de exigencia iba en aumento.

Plenamente zambullido en el frío invernal de Memphis, Jesse Colter tenía asumido que los encuentros con su ídolo y amigo resultarían cada vez más complicados si llegaban a producirse. A pesar de todo, continuaba confiando en su fiel compañera, la divina providencia que tan generosa se había mostrado con él y los hechos. Alguien o alguna fuerza de orden mayor acordó que le sucediera, por tanto le costaba creer que el círculo se cerrara sin disponer de ninguna oportunidad más. A tal pensamiento se aferraba como a un clavo ardiendo con plena confianza en el destino, sus giros y también caprichos.

Tal vez por el contexto de melancolía indisolublemente asociado a un lluvioso día gris, con las calles húmedas y solitarias debido al agua nieve que de buena mañana caía ininterrumpidamente, decidió dar el paso y propuso a Evelyn sellar de forma oficial su relación.

La joven reaccionó con los ojos anegados por las lágrimas, agitando las manos cerca de la boca como si quisiera aligerar la falta de aire para respirar y lo culminó con un fuerte abrazo desplegado con el aval de toda su alma. No le pidió razones ni explicaciones sobre aquel repentino arrebato, lo aceptó, se avino y en seguida puso manos a la obra para planificar la ceremonia y los preparativos. Todos coincidieron en tratar de organizar algo diferente, alejado del contexto estrictamente religioso, pero plenamente representativo de la tierra y sus identidades.

No era una cuestión de papeles ni licencias sino que todo giraba alrededor del compromiso. Finalmente y con toda seguridad para reivindicar ahora con orgullo los antepasados de la chica marcados por la vergüenza y la clandestinidad, optaron por la sencilla liturgia de "saltar la escoba".

Este gesto, de apariencia infantil, festiva o traviesa tenía su origen en la época de los esclavos que ante la prohibición de casarse convencionalmente, optaron por esta fórmula sencilla, original y divertida para certificar su unión. Un recurso que con el tiempo adquirió tintes románticos y que el mismo Charles Dickens llegaría a describir en 1860 en un pasaje de su novela *Grandes Esperanzas*.

La Madame del Red Horse Dancer encajó la noticia con una mezcla de ilusión, histeria y frenesí, adjudicándose al momento el papel de "madre" adoptiva o accidental, responsable indirecta del enlace. Con la ventaja de liberarse de programar o conciliar fechas con iglesias, pastores o demás añadidos, tan solo les quedó fijar un lugar y un día como prioridad fundamental. Dejándose llevar, esta vez sí por los convencionalismos, escogieron en el calendario el cercano, jueves 14 de febrero, día de San Valentín y de los enamorados como si el almanaque también se aviniera a su determinación.

Colter, puede que recordando la visita guiada de cuatro años atrás gentileza de su amigo Harmónica Frank, decidió redondear la decisión proponiendo la localidad de Henning, al norte de Memphis, dirección Dyesburg. Allí era donde reposaban los restos de "Chicken George Lea", que en su momento también "saltó la escoba" con su mujer Matilda a parte de contar con cierta historia vinculada a la esclavitud y la consecuente Guerra de Secesión, cuando la ciudad se convirtió en triste escenario de la batalla de Fort Pillow el 12 de abril de 1864.

El combate se resolvió del bando confederado bajo el mando del General Nathan Bedfort Forrest, que ignoró las muestras de rendición de las tropas de la Unión formadas por muchos soldados afro americanos, ordenando la aniquilación de las mismas, convirtiendo el conflicto en masacre. Doble motivo para homenajear a la población aunque fuera con una humilde muestra de amor.

Madame Louise Lamont continuaba siendo todo un pozo de sorpresas, llena de golpes secretos y con capítulos de su vida más que interesantes que difícilmente llegarían a conocer en profundidad siempre y cuando ella no lo deseara.

Valiéndose de contactos, amistades o deudas pendientes, consiguió para el día de la ceremonia una invitada ilustre, la presencia de la cual no desveló hasta muy poco antes de iniciar la fiesta.

En una sencilla pero bonita estructura dispuesta a orillas del río Mississippi, el hombre con más edad de la comunidad era el encargado de colocar la escoba extendida en el suelo. La pareja de "novios", cogidos de la mano, la saltaban por encima para dar fe de sus sentimientos, garantizar la fidelidad y solicitar la bendición de los hijos. Evidentemente, no había participación de ningún ministro del Señor, pero para Evelyn y Jesse la refrendación resultaba más seria e importante que cualquier parafernalia religiosa. A bien seguro que Dios sonreía viendo su unión, aunque fuera de reojo, y con casi absoluta certeza enviaría su bendición sin la necesidad de un representante suyo en la tierra para certificarlo.

El golpe de efecto definitivo de Madame Lamont se produjo poco antes de empezar todo el ritual, cuando se presentó de bracito con la cantante Sister Rosetta Thorpe.

Nacida al igual que Johnny Cash en un pequeño pueblo de Arkansas, empezó a cantar y a tocar la guitarra con tan solo cuatro años. Con un timbre de voz que futuros estudiosos definirían como mezcla de Billie Holiday y Aretha Franklin, y con una manera de pellizcar las cuerdas muy similar a la gran Memphis Minnie, con el transcurso de las décadas sería reconocida con el título honorífico de "Godmother of rock 'n' roll" ('madrina') pero ahora, justo a mediados de los cincuenta y con poco más de cuarenta primaveras vivía el crepúsculo de su trayectoria con la misma dignidad y optimismo con los que capeó su mejor época quince o veinte años antes.

No obstante, continuaba activa en el negocio discográfico y meses atrás había publicado el álbum *Gospel train*, aparte de mantener contacto y relación con gente como The Jordanaires, con quien también había colaborado y que ahora curiosamente empezaban a gozar de mayor prestigio y reconocimiento al formar parte del *staff* vocal habitual del cantante de Tupelo.

Al momento se sintió encantada de contribuir a tan particular enlace y se mostró asequible y cómoda con todos los presentes, desde el personal del Red Horse Dancer hasta la gente contratada para cubrir las necesidades del evento.

Instantes antes de que la pareja efectuara el importante "salto", interpretó *"This train"*, un sencillo de sus inicios. Una vez más recurriendo a la figura retórica de los trenes que parecía formar parte y acompañar a toda aquella gente y en cualquier caso, plenamente identificada con la metáfora de la vida y el estilo de la tierra que los acogía.

Poco después, inmersos de lleno en las muestras de alegría colectiva, les obsequió con el clásico "Down by the riverside" por proximidad geográfica y significado evidentes, cerrando su aportación musical ya en las postrimerías del banquete con la recreación de "I shall know him". Un himno final que si formaba parte del repertorio de su reciente disco, *Gospel train*.

Los trenes, las escobas, las alegrías, las penas, la fe o la ironía. Temas y recursos que desde siempre habían acompañado y formarían parte del gospel y el blues como elementos de identidad genética.

Sin ninguna duda y no fruto del árbol de la casualidad, el mítico Robert Johnson, avalando también su afinidad por la figura y simbología de la escoba dentro de la cultura afroamericana, compuso un blues cargado de matices como "I believe I'll dust my broom", al que años más tarde se acercaría otro *bluesman*, Elmore James, reinventando la melodía a la que bautizó simplemente como "Dust my broom", creando un *riff* de guitarra con *slide* o *bottleneck*, que sentaría precedentes no tan solo dentro de su estilo personal sino que incluso influiría en la evolución del género.

La felicidad de Evelyn Beaufort, "señora" ya de Jesse Colter no entendía demasiado de ritmos ni de sonidos de guitarra, estaba especializada básicamente en sonrisas y sentimientos y en ese aspecto, el rostro de la joven era el mejor de los reflejos.

Paralelamente, Elvis continuaba lidiando con sus compromisos cinematográficos vinculados al   nuevo proyecto, *Loving you*.

Su domicilio particular de Memphis en Audobon Drive se estaba convirtiendo en un constante ir y venir de fans y curiosos que se acercaban o asomaban con el único objetivo de ver o tocar a su ídolo. La situación se había vuelto insostenible, y ya no era posible garantizar las mínimas medidas de seguridad superando la dosis elemental de privacidad de cualquier familia normal. El problema se resolvería satisfactoriamente pocos días después con el hallazgo de una mansión en las afueras, rodeada por catorce acres de terreno y jardín.

Graceland entraba en escena y desde el primer instante comenzaría a cimentar su propia leyenda, no tan solo para Jesse Colter con quien establecería un vínculo particular, sinó también para el resto de seguidores que con el paso de los años la transformarían en referente y lugar de peregrinaje. Una especie de tierra prometida a la que se accede tras una llamada interna y un largo viaje posterior, obteniendo una merecida recompensa al final del trayecto.

La operación de compra venta y el papeleo correspondiente se firmó al terminar marzo. Pocas semanas después, con la colaboración de un decorador profesional, la casa empezó a adoptar la identidad del cantante que también la consideraría su santuario particular.

La reforma inicial culminó casi un mes después con la instalación de las originales puertas de acero en la entrada de la propiedad. Dos figuras tocando la guitarra y soltando notas musicales en un pentagrama serían las encargadas de transmitir la bienvenida a familiares y a los afortunados invitados que disfrutaran del privilegio de poderlas cruzar. Siempre que podía, el cantante, que no olvidó nunca su origen humilde, se acercaba a firmar autógrafos o a conversar desinteresadamente con los que por allí rondaran.

Por las calles del centro de la ciudad, Colter lucía orgulloso la condición de hombre casado y feliz, y con la llegada de la Pascua recibió novedades de su amigo Harmónica Frank, después de seis meses de silencio. En esta ocasión, el armonicista daba señales de vida optando por el tradicional sistema de sobre cerrado, y al poco de visualizar y leer el contenido se revelaron las razones.

Frank Floyd paseaba su sonrisa por el estado de Illinois y escribía la presente epístola desde una localidad llamada Normal. Parecía todo un contrasentido o una broma de las suyas, porqué si alguna cosa no tenía la vida de Harmónica Frank era la condición de "normal".

A parte de lo que era propiamente la carta, adjuntaba una tarjeta postal del puente Chains of rock en Mitchell. Al cruzar por aquel punto el Mississippi unos días antes, se le reveló imprescindible comunicarse con Jesse y de aquí todo el caudal de información subsiguiente.

Continuaba vinculado al negocio del circo, pero la parte destacable del asunto la constituían un par de fotografías en las que aparecía acompañado por una bonita mulata. El misterio quedaba finalmente aclarado y el objeto de su deseo al descubierto.

La cara del armonista irradiaba felicidad, aunque persistía en envejecer un poco más rápido que el curso del tiempo convencional. Rondaba los cincuenta, pero cualquiera le habría regalado unos cuantos más sin dudarlo demasiado. El flamante capricho femenino del bueno de Frank respondía al nombre de Marie Laveau y reivindicaba ser descendiente directa de la enigmática Reina del Vudú y de los pantanos de New Orleans.

La joven lucía belleza por los cuatro costados y un porte señorial rayando lo aristocrático, con una tez de color café con leche y un cabello negro y sedoso que adornaba con un precioso pañuelo estampado que poco tenía en común con los de la colección Lansky. Dentro del organigrama del circo, se dedicaba a leer y predecir la buenaventura de clientes y espectadores, ahorrándose siempre los malos augurios caso de vislumbrar alguno, pero como instruida *mamaloi* ('sacerdotisa'), para lo que de verdad había sido designada era la práctica del vudú, rindiendo fidelidad a Damballa, el Dios serpiente.

Con estos precedentes, en el ejercicio de su magia procuraba tener buenos tratos con el Altísimo, pero hacer vudú implicaba inevitablemente compartir asuntos con el diablo. Una balanza difícil de gestionar.

Frank Floyd perseveraba en ampliar su peculiar abanico de amistades. Después de un vendedor de Bíblias y una lanzadora de puñales, ahora era el turno de toda una hechicera de los pantanos. Las canciones que de semejante revoltijo surgirían, al menos podrían presumir de originalidad.

Colter, con una sonrisa en los labios, se encomendó a la suerte que siempre había bendecido el caminar de su amigo, que al despedirse sugería por esta vez, omitir dar noticias suyas a Louis Lamont, aunque pensándolo con frialdad era poco probable que la experimentada Madame reaccionara con un ataque de celos.

Casualidad o no, pocos días después de recibir crónica de su amigo, Jesse volvió a ocupar el pensamiento en la voluminosa figura del Reverendo Letterheart. La consiguiente asociación de ideas le acudió a su cerebro mientras merodeaba por Schawb, esta vez a la captura de herramientas para reparar uno de los surtidores de cerveza que no tiraba muy fino. Al pasar por una sala donde se acumulaban libros de otras temporadas a buen precio, la mirada se fijó en uno que coronaba uno de los montones, empezando a curiosearlo con avidez y sabiendo de antemano que lógicamente lo acabaría adquiriendo. El ejemplar se titulaba, *The lost art of profanity* ('El arte perdido de la blasfemia') editado por primera vez en 1948. Su autor, *Burges Johnson*, nacido en Vermont en 1877, aparte de periodista y escritor, era considerado un académico respetable, todo un innovador en disciplinas como la educación o la pedagogía. Lo que llamó la atención de Colter y le persuadió en su compra fue que, al hojearlo se topó con un párrafo en el que se hacía referencia a la existencia de una antigua ley en Pennsylvania que prohibía la blasfemia y las maldiciones. Casi con toda certeza, las mencionadas tesis y reflexiones serían bien acogidas por el clérigo de la cicatriz que sacaría provecho sobre todo en beneficio propio.

Las informaciones que tiempo atrás le llegaron a Jesse un tanto desdibujadas, centradas en su área de influencia, resultaron bastante acertadas. Efectivamente, el Reverendo Mordecai Tobías Letterheart no había decidido aún convertirse en ermitaño y optar por una vida contemplativa y de soledad, todo lo contrario, se mostraba socialmente más activo que nunca desarrollando tareas de evangelización por el territorio de Alabama.

Su centro de operaciones actual era la localidad de Mobile. Situada en el sur geográfico y con una bahía y río que la cruzaba del mismo nombre, ostentaba el privilegio de ser el único puerto marítimo de todo el estado. Históricamente fue la primera capital de la original Louisiana francesa, para más tarde formar parte con orgullo de los Estados Confederados durante la Guerra Civil.

Allí, en una de las muchas carpas improvisadas que las comunidades organizaban cada domingo para rendir cuentas al

Señor, el ilustre Mordecai soltaba sus sermones cargados siempre de referencias al Libro de los Proverbios, por el que sentía verdadera devoción:

[…] tener siempre presente hermanos que jamás os abandonen el amor y la verdad. Llevarlos siempre alrededor del cuello y escribirlos en los libros de vuestros corazones. Contaréis con el favor de Dios y obtendréis buena fama entre la gente. Pues el que persigue la justicia y el amor encontrará vida, prosperidad y honradez, y por esta razón quien se comporta con integridad avanza seguro, mientras que aquel que camina con pasos equivocados, tarde o temprano se acaba descubriendo. La memoria de los justos es una bendición, pero la fama de los malvados sólo será pasto de los gusanos.

Casi siempre se exaltaba como un poseído sonrojándose como un pimiento de temporada. Quizá fuera por aquello de los remordimientos, por el hecho de que no hay jorobado que vea su propia joroba o simplemente porque tenía comprobado que con mayor pasión, más generosa era la colecta y más ejemplares de Bíblias vendía y firmaba, con dedicatorias personalizadas para los inocentes feligreses, la mayoría de ellos de la comunidad afroamericana.
Insólito era el día en que su diatriba no contenía un importante fragmento centrado en los pecados de la carne, que lo mantenían fuertemente atormentado sin contar que con semejante discurso conseguía mostrarse cercano a las inquietudes de la gente:

Engañoso es el encanto y efímera la belleza, la mujer que teme al Señor es digna de alabanza. En consecuencia, feliz el hombre que no sigue el consejo de los malévolos, que no se detiene en el camino de los pecadores ni cultiva la amistad de los blasfemos. Hermanos, ¿Acaso no sabéis que los malvados no heredarán el Reino de Dios? ¡No os dejéis engañar! ¡Ni los fornicadores, ni los adúlteros, ni los sodomitas, ni los pervertidos sexuales, ni los ladrones, ni los avaros, ni los borrachos, ni los calumniadores, ni los estafadores heredarán el Reino de Dios! ¡Amén!.

Las homilías le dejaban muchas veces agotado, exteriorizando todo su poder de redención y aflorando una capacidad de auto inculpación desmesurada. A la hora de hacer balance, era en la soledad de su habitación al asearse y verse reflejado en el espejo, cuando realmente se enfrentaba a los demonios interiores que lo atormentaban. Observando las gotas de agua deslizándose por la cicatriz, solía repetirse una y otra vez mientras alimentaba su propio odio: "¡Miserable mal nacido alejado de la mano de Dios! ¡Tarde o temprano te enfrentarás a las llamas del infierno!"

Reflexión que se esfumaba rápidamente con la ingesta y el soporte moral de un buen vaso de whisky y la afectuosa y comprensiva compañía de alguna corista.

Tiempo atrás, estableció su campo base en la capital, Montgomery, pero se desvinculó a finales del '55 porque prefería tratar con gente de provincias mucho más dócil y receptiva a sus consejos, y debido también a importantes disturbios raciales que sacudieron con fuerza la convivencia con la comunidad negra.

Una activista llamada Rosa Parks desafió la ley de segregación racial con su negativa a moverse de un asiento de autobús designado para pasajeros blancos. Fue arrestada y encerrada en prisión bajo la acusación de perturbar el orden público. En su defensa, un pastor bautista entonces relativamente desconocido y llamado Martin Luther King, organizó la protesta de los autocares de la ciudad. Los afroamericanos se conjuraron para no utilizar el transporte público y al notar rápidamente el déficit, las autoridades claudicaron finiquitando la aplicación de la maldita ley de segregación, al menos en el interior de los autobuses. Un pequeño triunfo que sembró la semilla para futuras movilizaciones.

La manera de proceder de Luther King y su poder de convocatoria distaban mucho del que ofertaba Tobías

Letterheart, junto con el contexto y el caldo de cultivo que no eran en definitiva los idóneos, más teniendo en cuenta su culo blanco marcado entre toda la comunidad de color. Dios proveería y los hombres sacarían tajada.

Diametralmente opuesta a la fe y a la religión era la temática del siguiente proyecto cinematográfico del ídolo de Tupelo. Repitiendo con el aval musical y la garantía de calidad del binomio formado por Leiber y Stoller, se abordó la ambiciosa propuesta de *Jailhouse Rock*. Observando a los tres leyendo detenidamente la partitura del tema principal en cuestión, no cabía la menor duda de que tenían entre manos polvo de estrellas. Sin contar con esta composición, sencillos como "Treat me nice", "Don't leave me now", "Young and beautiful" o "(You're so square) Baby I don't care" complementaban un repertorio excelente para un film más que acertado, y que pasaría a la historia también por la magnífica coreografía incluida en el número de baile de la escena principal.

Todo parecía andar sobre ruedas para el joven Presley, que llegó a desestimar una oferta al lado del consagrado Robert Mitchum para hacer de hijo suyo en la película *Thunder road*. El entorno de Hollywood apretaba su carácter absorbente y en su fuero interno tan solo anhelaba regresar a casa y estar más tiempo con los suyos. El espíritu de chico de pueblo, introvertido y sin pretensiones todavía le condicionaba profundamente.

El sueño, al final se hizo realidad el 26 de junio, al poder viajar en tren hasta Lafayette (Louisiana) para alquilar después un coche y acercarse a Memphis. Aquella noche, por primera vez, disfrutó plenamente de su domicilio recién adquirido. Graceland sería ya desde el instante inicial su refugio particular, donde reposar y reponerse siempre que las cosas no vinieran de cara.

La mañana posterior al 4 de julio, muy temprano, Jesse Colter se acercó al Red Horse Dancer para recoger y limpiar el jardín mientras abastecía las neveras y demás suministros.

Le gustaba disfrutar de cierto aislamiento y silencio en un establecimiento acostumbrado siempre al alboroto y algún que otro "desenfreno". Abrió una botella de Dr. Pepper, le dio un largo trago, respiró profundamente saboreando su agradable sabor a cereza y puso en marcha el aparato de radio con la incógnita de descubrir que proposición se descolgaba para combatir un clásico día de resaca generalizada. Con esta conjetura previa, le sorprendió encontrar la voz de Johnny Burnette y su "Rock a billy boggie" cargado de electricidad estática. No era raro escucharlo en las emisoras locales puesto que era oriundo de Memphis y al igual que Elvis también vivió en los apartamentos de Lauderdale Courts. Lo insólito de la situación, era captar una canción como aquella a primera hora, cuando gran parte de la gente todavía recuperaba fuerzas del día anterior.

En definitiva, ideal para sacudirse el sueño de los oídos y empezar a trastear.
 El rockabilly como identidad también miraba al frente y sufrió una fuerte transformación, derivando hacia un entorno mucho más burlesco, canalla y un poco salvaje. Aparcaba progresivamente aquel grado de inocencia y cierta timidez que lo definió en sus inicios.

En cualquier caso, pensamientos etéreos que puestos a cuantificar su estructura, diferían muy poco de los delirios de un moribundo, a pesar de que en la mayoría de ocasiones se pongan de acuerdo y discrepen a la hora de flirtear con la realidad.

Contradicciones y atípicas asociaciones conceptuales, como las sorpresas y las alegrías que a veces deciden conjugar intereses cogidas de la mano con el visto bueno de idéntico tiempo verbal. Es en estas circunstancias que toman conciencia de sueño terrenal y en consecuencia no se deben dejar escapar nunca bajo ninguna excusa, pues pueden volatilizarse como un arco iris después de una tormenta, bello pero breve y efímero.

Un par de días más tarde, un empleado uniformado de la Western Union, aunque por su talante épico y trascendental perfectamente hubiera podido pertenecer al mítico Pony Express montado en un precioso potro, se personó en la entrada del Red Horse Dancer con un telegrama dirigido a Jesse Colter. El contenido era claro y preciso, sin tapujos. Elvis le invitaba a Graceland el jueves siguiente, 11 de julio. Un coche lo pasaría a recoger a primera hora de la tarde y por tanto su único cometido radicaba en confirmar la asistencia tan pronto como le fuera posible.

Por enésima vez, la diplomacia y psicología de Evelyn jugó a su favor repartiendo las cartas como si fuera un tahúr profesional en un campeonato de póker abierto en Las Vegas. Si alguien sabía cómo espolear la fibra sensible e interpretar los mecanismos mentales y emocionales que regían el cerebro de Madame Lamont, sin ninguna duda era ella.

La jefa no estaba demasiado familiarizada con las tendencias musicales del momento, y tampoco demostraba un interés excesivo quizás por la diferencia generacional, aunque como mujer, la personalidad de Elvis Presley aumentando su popularidad, tampoco le resultaba indiferente, al contrario, lo encontraba extraordinariamente atractivo, y con una sonrisa irónica cargada de picardía, respondió ante la propuesta que ya le gustaría a ella ser la invitada afortunada más aún si pudiera acudir con veinte años menos.

Lo cierto es que Evelyn y Jesse fortalecían los vínculos de su complicidad casi sin darse cuenta y en situaciones de esta índole era cuando más se evidenciaba. La chica interpretaba el significado de los silencios como nadie, y muchas noches cuando terminaban tarde en el club y el sueño tardaba en invadirlos se quedaban charlando hasta el alba. Como representante del sexo femenino, optaba por no interrogar y dejaba fluir la conversación sin presiones, estrategia que le suponía enterarse de todo sin tener que recurrir a la fórmula inquisitorial de las preguntas que tanto intimida, descoloca, incomoda y molesta a muchos hombres.

En uno de aquellos intercambios verbales de madrugada, Colter le confesó con palabras lo que desde tiempo inmemorial le había condicionado como individuo y nunca nadie le pudo extraer de una forma tan clara y directa. Más allá del desajuste en el tiempo, su sínodo era puro y simple: *jamás tuvo los pies en el suelo.*

Sin querer interponer connotaciones de cariz romántico, es evidente que al mundo hay gente que llega con el alma errante ya desde el momento de nacer. En ningún caso lo solicitan, se ven abocados y ya está. Muchos de estos individuos vienen determinados por unos rasgos diferenciales bastante concretos, aunque si tratáramos de tipificarlos con pocas palabras, podríamos definirlos como buscadores de belleza incorruptibles. Este es su objetivo principal, descubrir o encontrar algo bonito en los detalles más insignificantes de la existencia. Una vieja fotografía en blanco y negro, un dibujo a carboncillo, una puesta de sol rojiza, una canción evocadora, un puñado de palabras bien entrelazadas, un gesto de afecto gratuito o un paisaje desértico pueden ser tan solo algunos de los efímeros objetivos de tan inquietos buscadores. Caza tesoros sin recompensa que en la mayoría de situaciones acaban erosionando a aquellos que les rodean o se esfuerzan en amarlos, porqué siempre hallan en su interior algún objetivo quimérico para satisfacer. Se refugian a veces en familias y ocupaciones banales que les permiten subsistir, pero el gusanillo interno tarde o temprano inevitablemente les condiciona.

Un elevado porcentaje no son ni tan si quiera conscientes de su condición y llegarán al final de su particular trayecto vital con la misma sensación de vacío inicial, otros más afortunados, conseguirán poner paz logrando que el alma deje de reclamar alimento insustancial. A la postre, les tocará convivir hasta el fin de sus días con una clarividencia absoluta incluso enfermiza en cuestiones y asuntos relacionados con el corazón. Una cruz, en cualquier caso, pesada como una losa de mármol.

Este era el talante o condena de su marido y Evelyn lo sabía perfectamente. Como le quería, su propósito y prioridad era proporcionarle la mayor cantidad de facilidades y oportunidades para calmar tan tormentoso desazón. Nadie la había tratado como él y lo que era más importante, nadie le hacía sentir la vida de la manera que planteaba Jesse Colter. Quizá no tendría nunca mucho dinero ni tampoco una casa con jardín, garaje y piscina, pero raro era el día que no la hacía reír, y para ella este factor concentraba más valor que cualquier posesión terrenal con el añadido de los cinco sentidos y la caducidad implacable del paso de los años.

Hasta la llegada del jueves en cuestión, el tiempo transcurrió muy lentamente, alejado del todo de la metáfora visual que sería un reloj de arena desmenuzando los segundos en forma de granos en una danza continua. A parte de tratar de mantener los nervios a raya, Jesse le dio vueltas a todo el asunto e incluso estableció una lista de tareas y temas más apropiados a sacar a colación mientras estuviera con el cantante.

Sin embargo, de ninguna manera pretendía que el encuentro se convirtiera en un simulacro de ceremonia de aviso o redención futura y lo tomara por un iluminado. Lamentablemente, espacio habría para un buen puñado de individuos de esta categoría en los siguientes años. La historia y los acontecimientos, como había comprobado, fluían por sí mismos, y un intervencionismo predeterminado con toda seguridad no conduciría absolutamente a ninguna parte. El secreto entonces era dejarse llevar. *Let it flow, (déjalo fluir)* en palabras autóctonas.

No mucho después de las cinco de la tarde del día señalado, un flamante y reluciente Cadillac Eldorado Brougham de ese mismo año, rojo metalizado, se detuvo delante del Red Horse Dancer como si quisiera sumarse a la fiesta del color del neón de su rótulo.

El chofer, perteneciente al recién creado servicio de seguridad de la mansión, sabía perfectamente a lo que venía con lo cual no fue necesario ni llamar a la puerta. Jesse ya lo esperaba plantado como un palo con una sonrisa de plena felicidad y con un fuerte apretón de manos a modo de presentación accedió a la parte delantera del automóvil, rechazando la invitación inicial que lo situaba en el asiento posterior y que en ninguna circunstancia le hubiera hecho sentir cómodo, posicionándose totalmente en contra de su manera de ser, prescindiendo de que el habitáculo de aquel modelo era también mucho más amplio y confortable al lado del conductor.

Con el potente ruido del coche disipándose en la lejanía, Evelyn Beaufort, esposa ya de Jesse Colter a todos los efectos ante Dios y los hombres de bien aunque con el simple certificado de una "escoba", se quedó pensativa con los brazos cruzados en su pecho y apoyada en el dintel de una de las puertas que daban acceso al salón principal del club.
Louise Lamont, que con el tiempo también había aprendido a interpretar los silencios y ausencias de la joven, al pasar por su lado le dejó caer medio en serio medio en broma:
- ¿Qué te sucede Evelyn? ¿Se te ha escapado un ángel o esperas que llegue uno nuevo?

La chica reaccionó con un ligero movimiento de cuello, acentuando todavía más su sonrisa y remarcando los llamados hoyuelos de la simpatía en las mejillas que tan bien se le dibujaban cuando estaba francamente contenta. Lo que hacía feliz a Jesse también la hacía feliz a ella, a pesar de ser plenamente consciente de que entre su marido y el cantante de mayor proyección del momento existía un vínculo establecido basado en alguna especie de conexión o hallazgo misterioso.

La distancia aproximada de nueve millas que separaba el Red Horse Dancer en Mulberry Street y el reciente adquirido y estrenado domicilio del joven de Tupelo, Graceland, en la carretera 51, dirección sur, prácticamente en las afueras del centro neurálgico de Memphis, lo cubrieron en poco más de quince minutos.

Si durante el trayecto inicial todavía se mostró receptivo a la presencia cercana de la orilla del Mississippi, muy pronto se apoderó de él una variedad de catarsis que le impedía procesar todo lo que veía y sucedía a su alrededor. Trabajo tenía manteniendo la serenidad bajo control.

La sensación que sacudió a Colter al cruzar las vallas de acero de la mansión, sin ser ni por asomo un condenado a muerte, se aproximó a la descarga eléctrica generalizada sin necesidad de silla, resultando muy difícil controlar el caudal de emociones que lo poseía, en ningún caso comparable con el pequeño *déjà vu* de inexplicable situación vivida recordando la primera vez que lo haría un lejano, en el futuro, 7 de junio de 1982.

El Cadillac estacionó justo en frente de la columnata de entrada, en el centro exacto donde en cuestión de unos diez días instalarían las figuras de un par de leones de mármol que a partir de entonces presidirían la pequeña escalinata de acceso, como fieles guardianes inalterables a cualquier inclemencia externa. Un instante después de cerrar las puertas del coche, casi en perfecta sincronía, se abrió la de la residencia por la que apareció un Elvis sonriente lleno de alegría dibujada en su rostro. Elegante, pero informalmente vestido con unos pantalones de color crema, jersey magníficamente conjuntado de tono verdoso, zapatos negros, y cuidadosamente peinado, en seguida se mostró como un anfitrión excelente contento de recibir la visita de un amigo especial. Se obsequiaron con un fuerte apretón de brazos, acompañado de sinceras muestras de satisfacción compartida.

- ¡Caray! ¡Estás hecho un "dandy"!
- ¡Jesse! Muy contento de tenerte por fin aquí. Vamos dentro que el calor no afloja y en casa ya tengo instalado el aire fresco.

Con sólo cruzar el umbral de la puerta principal, Jesse Colter ya fue plenamente consciente del privilegio obtenido, gentileza de la providencia. Aquello suponía la absoluta culminación de su sueño. En términos mucho más terrenales, como pronto comprobaría, el interior de la casa difería bastante a la imagen que ofrecía el día de la inauguración como museo, sobretodo en el aspecto de los elementos añadidos, no así en cuestiones de formas y estancias que poco después descubrió que básicamente continuaban siendo las mismas, a pesar de que el color azul terroso que ahora dominaba la mayor parte de paredes y pasillos acabaría siendo un detalle anecdótico.

La propiedad era entonces más rústica, sencilla, austera y funcional. Decoración, disposición de muebles y organización de espacios se reordenarían progresivamente hasta adquirir el aspecto al que el público tendría acceso. Una primera y rápida reforma inicial un mes después de la compra no pudo ocultar la herencia de sus antiguos propietarios ni la influencia de los cincuenta, aun así, el *feeling* que transmitía era digno de la mejor hospitalidad afín al carácter tradicional sureño.

Una vez superada la presencia imponente de las escaleras que desde el recibidor comunicaban la entrada con las habitaciones privadas del segundo piso, la vista se desviaba inevitablemente hacia derecha e izquierda para encontrarse con salón y comedor respectivamente.

El primero, escenario de encuentros, reuniones y *jam sessions* alrededor del piano, gozaba también de cómodos sofás y una chimenea por aquello de fomentar la sensación de acogida. El segundo, con una amplia mesa para atender un buen número de comensales, se mostró ataviada para la ocasión con una bandeja de bocadillos encima, especialmente preparados para la visita y por cortesía de su abuela paterna, Minnie Mae.

Elvis excusó la presencia de sus padres con el argumento de que su madre últimamente no se encontraba demasiado bien y que los médicos le habían recomendado incrementar los períodos de reposo.

Ya dentro de la cocina, mientras tomaban un refresco y saboreaban los sándwiches de plátano y mantequilla de cacahuete, le presentó formalmente a la cocinera, la abuela, a quien él llamaba afectuosamente, "Dodger". Sin dejar de bromear y en todo momento transmitiendo a su invitado la sensación de estar en su propia casa, bajaron a las dependencias inferiores donde todavía no estaba instalada la famosa *Jungle room*, fruto de la devoción del joven por la música y folclore de las islas del Pacífico y también por el plus de excentricidad que lo fue invadiendo con el paso de los años.

En la sala de música se entretuvieron un buen rato. Al descubrir la colección de discos, algunos de ellos esparcidos encima de la mesita del salón, Colter se acercó impulsado por un muelle interno. Allí, convivían baladistas como el tenor Mario Lanza o el *crooner* Dean Martin con cuartetos de clara orientación gospel como los Ink Spots por los que Elvis sentía verdadera devoción. Todos en perfecta armonía con el mejor rhythm & blues del momento con solistas actuales como Roy Hamilton o Clyde Mc Phatter & The Drifters.

-   Chico, eres una verdadera esponja musical. Aquí hay casi un poco de todo. ¿De dónde sacas todo esto?
-   Básicamente de Poplar Tunes y encontrarás un poco de todo lo que me gusta. Imagino que es lo mismo que escuchabas también tú de chaval. Yo, en Tupelo vivía al otro lado de la carretera, justo donde se concentraba la llamada "basura blanca" y hasta que no nos trasladamos a la calle North Green éramos menos que nadie, pero el recuerdo de la gente de color cantando en los porches de sus casas las tardes de

verano los tengo todavía muy frescos. Me encantaba pasear solo por las calles al salir de la escuela aunque mi madre me prohibiera acercarme a según qué barrios. Todo el mundo decía que podía ser peligroso pero a mí nunca me sucedió nada, al contrario, me obsequiaban con limonada, sonrisas y gestos de hospitalidad. Lo mejor puede que estuviera más allá de la vía del tren. ¿Lo conocías?

- La verdad es que no.
- ¡Demonios! Aquello sí que era blues.
- Veo que también tienes mucho góspel.
- Cada domingo en la iglesia me imagino que pasa factura, ¿No crees?
- Desde luego que sí. El poder de Dios y sus caminos.

La conversación derivó hacia temas más espirituales y metafísicos. El cantante ya demostraba mucho interés por temas vinculados al esoterismo y misticismo de otras filosofías orientales. Elementos que los años, las compañías y las circunstancias personales le llegarían a condicionar y en cierta manera a obsesionar una buena temporada.

Durante un instante, Jesse estuvo tentado de revelar su verdadero origen y más aún al comprobar que el joven era de mentalidad abierta en cuanto a comprender conceptos enormemente transgresores y desconocidos en aquella época como podían ser la teoría de la transmigración de las almas o los viajes astrales.

Finalemente, se limitó a sugerir de forma encubierta que continuara rodeándose de buena gente como el guitarra Scotty Moore que no tan solo le podía aportar sonoridad diferencial a las seis cuerdas, sinó que también contribuía con una considerable cuota de madurez, estabilidad y calidad humana. Virtudes no muy comunes en personas más preocupadas en calcular rendimientos y multiplicar beneficios, indirecta dirigida a su nuevo manager, el Coronel sin ejército.

En el jardín, visitaron la oficina de su padre, Vernon, diseñada para controlar todos los asuntos de su hijo. Posteriormente se acercaron a los establos, donde tenía intención de acoger unos cuantos caballos para poder montar por la propiedad y relajarse. Costumbre que con los años mantendría intacta con especial predilección por un ejemplar de *golden palomino* al que bautizó Rising Sun, tal vez guiñando un ojo a sus inicios discográficos.

Las obras de construcción de la piscina adjunta ya habían empezado y muy pronto estaría operativa. En cambio, habría de transcurrir casi una década para que el llamado Jardín de la Meditación, espacio concebido como lugar de recogimiento, introspección y solitud, adoptara forma física con las sugerentes columnas de clara influencia helénica.

Elvis se empecinaba por mejorar en todo momento y mantener activa la capacidad de innovación. Era un perfeccionista nato y quería estar al corriente de cualquier mejora en instrumentos o técnicas de grabación. No en vano, sería él el primero en llevar a cabo muchas iniciativas, que con el paso de los años, pasarían a ser habituales del *showbusiness* del rock, ya fueran conciertos multitudinarios retransmitidos por televisión o, en el otro extremo de la balanza, pequeños recitales de aforo reducido con instrumentos acústicos y contenido informal que adoptaron posteriormente el calificativo de *unplugged* ('desenchufado').

De la misma manera que en la cuestión profesional aparentaba tener las cosas muy claras y bien encaminadas hacia un objetivo concreto, aunque intereses comerciales y compromisos adquiridos le desviaran de su trayectoria original, en el aspecto personal, Elvis continuaba siendo en el fondo una persona insegura y frágil que dudaba por donde cruzar un río que a marchas forzadas parecía bajar con un caudal demasiado fuerte y denso.

La tarde para Colter se desvaneció rápidamente, jugaron unas partidas al billar y dieron cuenta de otro tentempié en el salón, con viandas preparadas de nuevo por la abuela "Dodger". Sin solicitarlo y ni tan siquiera sugerirlo, simplemente porqué le apetecía, Elvis se sentó al piano y afinó unas cuantas melodías: "I understand just how you feel", "Hands off" y "I'm beginning to forget you", fueron algunas de ellas. Colter estaba en la gloria más absoluta. Si alguien le hubiera pinchado en aquel preciso instante, seguramente no habría encontrado sangre, y si el mismo Satanás le propusiera la juventud eterna a cambio de marcharse inmediatamente le habría enviado a tomar viento a las calderas del infierno.

La aparición de Vernon con gesto serio y semblante preocupado puso fin a la velada. Se abrazaron efusivamente y el cantante perjuró que en cuanto dispusiera de tiempo libre en la ciudad le avisaría para volver a compartir una tarde como aquella. Padre e hijo subieron las escaleras camino de las estancias personales del segundo piso que muy pocos privilegiados visitarían a lo largo de los años ya que quizá fue la única parte de privacidad estricta que mantuvo hasta el fin de sus días.

Simultáneamente, el chofer que le había traído hasta Graceland se personó casi al mismo tiempo que los Presley se dirigían a sus dormitorios particulares. En el interior del automóvil y mientras el conductor le hablaba de futilidades acerca de la peculiar meteorología de julio pero en el fondo sin prestar atención, sin darse cuenta se puso a llorar. Las lágrimas no respondían a un sentimiento en concreto ni tampoco trató de hallar el porqué, sencillamente le brotaron para liberar tensiones y en el caso de necesitar una sola palabra para justificarlas, esta sería: felicidad.

En un sentido estricto, Jesse Colter no volvió a ser el mismo desde aquella tarde. El verano típicamente caluroso fue al fin otra vez prolífico en lo referente a la actividad empresarial del Red Horse Dancer. Puede que la calentura estacional contribuyera a la difusión de unos falsos comentarios racistas hipotéticamente expresados por el cantante. Él menos que nadie, habiendo convivido desde la infancia con todo tipo de gente de clase humilde merecía aquel tipo de acusaciones. Los medios de comunicación y la técnica evolucionaban a un ritmo vertiginoso. Un falso rumor extendido rápidamente podía dañar la reputación de la gente de bien de la misma manera que una buena promoción multiplicaba por mil la futura rentabilidad, factor que el espabilado manager sabía exprimir como nadie, a pesar de su continuo rechazo a las propuestas para salir al extranjero más allá de Canadá.

A su alrededor, el denominado y ya tipificado aunque no del todo aceptado rock 'n roll vivía seguramente sus temporadas de máxima efervescencia. Desde la localidad de Lubbock en Texas, un joven llamado Buddy Holly daba por finalizada la grabación de su primer *long play* con el título de *The Chirping Crickets*, conteniendo verdaderas perlas como "Oh boy", "Peggy Sue" o "That'll be the day". Esta última hacía referencia a una frase que el actor John Wayne repetía una y otra vez en el western de John Ford, el mencionado *The Searchers* y que a bien seguro en el momento de la publicación del disco en noviembre, provocaría el delirio al bueno de Mike en el interior de su entrañable café, Shane's.

Geográficamente, un poco más cerca, en la comunidad de Little Rock, en el vecino estado de Arkansas, nuevos disturbios raciales ponían en jaque la convivencia de la población. Una vez más, el entorno estudiantil se erigía en epicentro, ya que los desórdenes se producían en la escuela secundaria central al permitir la osada entrada de alumnos de color cuando hasta entonces solo estaba orientada a los blancos.

Finalmente, los enfrentamientos se resolvieron con la intervención de la Guardia Nacional y el soporte adicional de un millar de soldados para garantizar la seguridad de todos los implicados. Una lucha de intereses y tendencias en que ciertos sectores sociales y estamentos del sur continuaban aferrándose a unas tradiciones y forma de vida que pedía a gritos un cambio para romper con disposiciones arcaicas y denigrantes.

Al otro lado del Océano Atlántico, ajenos a esta problemática pero viviendo años difíciles con los ecos de la posguerra todavía retumbando, un grupo de jóvenes soñaba con la música. Centrando su campo de operaciones en las inmediaciones de una ciudad eminentemente industrial como Liverpool y haciéndose llamar The Quarrymen, como referencia indirecta al nombre de su escuela, congregaron sin ser conscientes la semilla de lo que con total certeza se convertiría en el conjunto musical más universal de la historia del pop.

Contrastes musicales y contrastes térmicos. Mientras las primeras hojas del otoño comenzaban a cambiar de color y residencia, inmersos dentro de un concepto de cierta ambigüedad como fue la denominada "guerra fría", la U.R.S.S lanzaba al espacio el *Sputnik 1*, el primer satélite artificial de transmisiones para orbitar alrededor de la tierra. Ciclos que también se repetirían en el anuario más convencional.

El planeta azul continuaría girando aunque la perspectiva fuera diferente si la atención se focalizaba en el Reino Unido o bien en el Mid-South. En cualquier caso, previniendo la relativa inminente irrupción de las festividades navideñas y aprovechando el impulso comercial del que era beneficiario Elvis en aquel momento; productores, discográfica, Coronel y el mismo cantante se mostraron unánimemente de acuerdo en dar salida a un álbum de *"Christmas"* en una maniobra que muchos intérpretes consagrados empezaron a cultivar beneficiándose de la progresiva y fulgurante implementación del modelo de disco de larga duración, y que con los años se erigiría en peldaño ineludible para cualquier artista a la búsqueda de reconocimiento y prestigio. Al menos en una ocasión, cada cantante que se preciase debería promocionar su propio álbum centrado en la Navidad.

Los estudios Radio Recorders de Hollywood fueron a principios de septiembre los encargados de acoger y gestar tan insigne proyecto. La predisposición y el ambiente fueron tan propicios que en un par de jornadas tuvieron el trabajo terminado. Un buen puñado de tradicionales que en la voz de Presley tomaban una dirección totalmente nueva con una mención especial para la composición aportada por el tándem Leiber & Stoller. El dúo de creadores apostó por el blues y el resultado fue una maravilla como "Santa Claus is back in town", en la que la figura del barbudo colorado llegaba a la ciudad montado en un gran Cadillac de color negro. Cien por cien, espíritu navideño, pero plenamente adaptado a los tiempos actuales.

La sociedad reclamaba cambios a marchas forzadas, ya fuera mediante protestas colectivas o de forma indirecta por la vía de cualquier manifestación artística. Puede que en un último esfuerzo para tratar de frenar o mantener a raya lo que para muchos era un desbarajuste con todas las de la ley, las autoridades de Memphis iniciaron una especie de cruzada épica con el objetivo de recuperar los verdaderos valores que según el sector más conservador se estaban degradando.

Como siempre, Beale Street se constituiría en foco de atención principal y sufriría las primeras consecuencias. El pequeño pedazo de calle era y continúa siendo en cierta manera un buen paradigma de la sociedad americana. Una sociedad repleta de contrastes y contradicciones, capaz de desviar la mirada hacia otro lado por cuestiones relacionadas con los derechos humanos, pero también dispuesta a partirse el espinazo para mantener intacta la moral de sus jóvenes, una moral que ya rozaba la doble o triple interpretación si se cometía la osadía de analizarla a fondo.

En esta tesitura, el alcalde de la ciudad pensando también en los índices de popularidad y futuros comicios electorales, emprendió una campaña de concienciación para tratar de rehabilitar las buenas costumbres entre sus conciudadanos.

De esta manera, en la calle más concurrida de la población y en absoluta concordia se reunían los clubes y la música, los licores y el juego, y otro tipo de tentaciones con representantes del llamado Ejército de Salvación que ataviados con su gorrito azul y rojo hacían tintinear su campanilla redentora anunciando la hora de reorientar el camino hacia la virtud.

El Red Horse Dancer, al estar relativamente alejado de aquella borrasca de moral repentina no sufrió en primera línea la ola de puritanismo encubierto, quizá también porqué una de sus credenciales principales había sido siempre la discreción, factor que los ciudadanos podían constatar y sin duda querían conservar, no fuera a abrirse la caja de truenos y más de uno resultara salpicado con mayor o menor intensidad.

Sin levantar suspicacias ni tomando partido por nadie, lo que no consiguieron las autoridades ni las beatas libertarias lo pudo consumar la climatología sin proponérselo. El invierno llegó prematuro y crudo, con fuertes nevadas que condicionaron el ir y venir de los habitantes de la metrópoli y cercanías. El club pagó las consecuencias con altibajos todavía mucho más acentuados. Las noches en que las condiciones meteorológicas lo permitían, la afluencia de clientes era desmesurada y cuando el hielo o la nieve se empecinaban en dar la lata, el salón principal adoptaba tintes de un velatorio de difuntos.

Evelyn y Jesse aprovechaban los ratos libres y los días en que terminaban antes para ampliar la casa y hacerla más acogedora a gustos, intereses y necesidades comunes. La joven imaginaba y su compañero trataba de satisfacer al máximo sus proyectos de reforma priorizando el aspecto confortable y la accesibilidad para ella.

Mientras tanto, su amigo de Tupelo, tras una gira por diferentes puntos de California se había desplazado hasta Hawaii, iniciando entonces su particular relación con las islas y ofreciendo conciertos en lugares tan emblemáticos como Honolulú o Pearl Harbour. A pesar de los compromisos, continuaba siendo sagrada la norma de pasar la Navidad en Graceland rodeado por los suyos. Premisa que respetó al pie de la letra con un breve paréntesis y la pertinente visita a la Sun justamente después de recibir en mano la notificación oficial del ejército reclamando su incorporación a filas.

CAPÍTULO X

Saltando como un pez gato en Desire Street.

Sin ánimo de buscar refugio en metáforas obsoletas o evocaciones poco recurrentes, la factoría creada por Walt Disney, plenamente consolidada como imperio del entretenimiento surgida de un mundo de animación, no hubiera podido representar mejor el paso del tiempo, ya fuera mediante relojes blandos de inspiración daliniana, o bien en forma de hojas de calendario que toman vida propia a la caza de pequeñas escobas amaestradas por "El aprendiz de brujo" en el oficio de la limpieza.

El mes de enero de 1958 se desperezaba al igual que todos, repleto de proyectos y sueños, y para el joven cantante de Tupelo se convertiría en trascendental por muchos aspectos. El reto de un nuevo viaje alrededor del sol se erigía en incógnita, y el futuro, caja de sorpresas con bombones para todos los paladares, dulces algunos y amargos otros.

Después de celebrar su vigésimo tercer cumpleaños se montó en un tren que lo trasladaría otra vez a California y más en concreto a Los Ángeles, donde empezaría a trabajar en la siguiente aventura cinematográfica, una adaptación de la novela, *A stone for Danny Fisher* del escritor Harold Robbins.

La historia, ambientada en las calles y barrios de New Orleans destilaba el folclore autóctono a los cuatro vientos con el jazz y el blues como elementos prácticamente inseparables. La barita mágica de la composición de Jerry Leiber y Mike Stoller junto con el eminente *staff* de músicos implicado en el proyecto, gestarían seguramente la mejor simbiosis entre música y cine de toda la carrera de Presley con el valor añadido de contar con un director como Michael Curtiz, responsable entre otras de la mítica *Casablanca*. Una comunión total rallando la excelencia, perfectamente reflejada en las fotografías que se tomaron de aquellas sesiones. Profesionalidad, dedicación, espontaneidad y magia en estado puro. Inmerso de lleno en el entorno del séptimo arte y sin provocarlo, durante el rodaje del film que finalmente sería bautizado como *King Creole*, coincidió en los estudios con la actriz italiana Sofia Loren y con uno de sus ídolos de la interpretación, Marlon Brando.

El actor de Nebraska, también había afianzado las raíces de su leyenda en torno a la ciudad de New Orleans a principios de la década dando vida al personaje de Stanley Kowalski en la obra del dramaturgo Tennessee Williams, *A streetcar named Desire* ('Un tranvía llamado deseo'), ganadora del Premio Pulitzer diez años antes. Primero en la adaptación teatral en los escenarios de Broadway y más tarde en la versión cinematográfica pero en ambos casos bajo la dirección de Elia Kazan, Brando se mostraba como una auténtica fiera de la interpretación y una manera de proceder que crearía escuela y encontraría continuidad ya de forma evidente en papeles posteriores como el del motorista rebelde de *The wild one* ('Salvaje').

Las calles de la localidad de Louisiana transpiraban aroma de pecado, perversión, decadencia y ocultismo, singularidades que desde siempre la han acompañado. No por casualidad, el escritor halló la inspiración en una verdadera línea de tranvía llamada precisamente Desire line que funcionó de 1920 hasta 1948 cruzando entre otros Bourbon y Quarter para ir a morir a Desire Street, en pleno Bywater District. El rótulo frontal de la palabra *deseo* encabezando los tranvías urbanos marcaron con hierro candente la llama de las musas.

En cualquier caso, tanto New Orleans como Memphis iban tejiendo intrínsicamente una semilla musical y unos lazos que se prolongarían con la sucesión de los años y que formarían parte de su carácter más activo y carta de presentación de credenciales. Un denominador común e hilo conductor asentado en el jazz y el blues más auténticos, que establecería puentes de complicidad con otras ciudades como Kansas City, Chicago, Philadelphia o Austin. Cada una de ellas adoptando más una alternativa que la otra, pero aportando una personalidad propia que contribuiría a enriquecer la identidad de los géneros convirtiéndolos en casi universales.

Por contrapartida, toda esta concentración y explosión cultural que proporcionaban las grandes urbes se veía parcialmente eclipsada por la capacidad que desde siempre han demostrado para atraer y permitir prosperar el mal en cualquiera de sus manifestaciones. Un elemento histórico y estadístico favorecedor de más alternativas de camuflaje y engaño, al mismo tiempo que facilitaban la posibilidad de captar más víctimas propiciatorias para nutrir a los que del bien se aprovechan.

El Reverendo Letterheart era un claro exponente, paseando la palabra de Dios por el estado de Alabama, mientras al otro lado del río moral se desenvolvía Harmónica Frank con unas prioridades y vibraciones diametralmente opuestas. Como siempre, sin tener plena conciencia del escenario de cambio permanente que le tocaba vivir, pero tal vez indirectamente haciendo valer su condición indiscutible de pionero, aparcó la ocupación de feriante circunstancial con lanzadoras de puñales y mulatas adivinas de la fortuna para intentar una nueva aproximación profesional al cada vez más punzante negocio musical. Espoleado por un antiguo contacto y aprovechando que la "compañía" se había trasladado del territorio de Illinois hasta Jackson (Tennessee), se acercó a Memphis a comienzos de febrero. Su aparición por el Red Horse Dancer estuvo revestida, por no perder la costumbre, con la más absoluta normalidad, como si hubiera pasado por allí la noche anterior, a pesar de que el abrazo con Colter expresó alguna cosa más que alegría y la mirada dirigida a Madame Lamont no fue solo de deseo carnal. Ocultaba las emociones con un toque de indiferencia y frivolidad porqué así se había fortalecido, pero el buen corazón y la incapacidad para hacer daño no quedaban del todo disfrazados.

El compartir un par de cervezas espontáneas sirvió para romper el hielo del tiempo y la distancia cuando aparentemente se agolpan muchas cosas para explicar pero nadie sabe cómo ni por dónde empezar. Más allá de lo comunicado por carta, no existían demasiadas novedades relevantes. El resto, en boca de Frank eran simples detalles o defectos de forma. Superadas las anécdotas más divertidas, que era lo que de verdad estimulaba al músico, se concentraron en el aspecto personal de Jesse, siendo la reciente boda con Evelyn y la relación con Elvis el eje central de la crónica. Se mostró contento pero también irónico, su particular manera de insinuar un cambio de orientación en la conversación o en aquello vinculado a su actividad personal, quizás como muestra de los restos de una pequeña espina todavía clavada por no haber sido él la apuesta blanca de Sam Phillips.

- Chico, más vale que me marche en seguida. No me extrañaría nada volver y ver que te has convertido en el substituto de Ike en la presidencia.

La noche la pasó con la patrona, según ella porqué tenían más de una cuenta pendiente, reproche que en ningún momento fue puesto en duda por parte del armonicista.

En clave profesional, el nuevo enlace musical era un individuo llamado Larry Kennon, con un perfil personal muy similar al de Harmónica Frank. También hasta aquel instante había navegado a trompicones por el negocio, a la caza de cierto reconocimiento, aunque en su caso enfocado bajo el prisma del rockabilly.

La proliferación de modernas instalaciones donde poder llevar a cabo las grabaciones pertinentes animó al dueto a fundar incluso su propio sello discográfico con el logotipo de "F&L" de fácil identificación.

El proyecto no resultó del todo satisfactorio, seguramente también por qué no disponían de demasiado crédito monetario ni tampoco temporal. Aun así, editaron un sencillo titulado "Rock-a-little baby" con una sugerente cara B como "Monkey love", con el que trataron de fusionar en cierta forma los dos estilos. Avanzados a su época, falta de padrinos, estar en el lugar inadecuado cuando no correspondía o posiblemente un poco de cada ingrediente pudieron ser las causas de su fracaso. A pesar de todo, Harmónica Frank no bajó la guardia de su buen humor y continuó bailando la danza de la existencia humana con su amplia sonrisa, aunque como pareja le asignaran una mujer mucho más fea de lo que verdaderamente se merecía.

Una cierta decepción por los caminos que tomaba la industria musical, muy distintos a como él entendía el espíritu de la interpretación, provocó que volviera a concentrarse en el sector del circo. Contactó con su antigua compañía y recuperó su estatus al lado de la descendiente de "La Reina del Vudú", que acostumbrada a escuchar todo tipo de incógnitas, rarezas y peticiones, jamás hacía preguntas y mucho menos a un hombre después de una ausencia.

Aquellos *shows* con la guitarra y soplando la armónica como si fuera un puro ya no despertaban el entusiasmo de épocas pretéritas, y con el paso de los meses, su papel fue derivando hacia cometidos vinculados a la logística elemental.

La *troupe* prosiguió con su particular *tour* con destino al sur oeste del país haciendo escala en poblaciones como Pine

Bluff, Grenville, El Dorado o Longview. Para cuando llegaron a la ciudad de Dallas, Frank Floyd ya era oficialmente el vendedor de helados de la feria. El futuro aún le proporcionaría una última oportunidad de reconciliación con la música justo cuando menos se lo esperaba. Jesse Colter continuó recibiendo noticias periódicamente en forma de las pertinentes y ocurrentes tarjetas postales. Aunque las cosas no le fuesen precisamente de cara, como no podía ser de ninguna otra manera, no perdió nunca las ganas de reír, y las misivas eran una evidente muestra empírica, trasmitiendo siempre optimismo con la oportuna dosis de sarcasmo

No muy lejos, sin salir del mismo estado de Texas, concretamente en la base militar de Fort Hood, en la localidad de Killen, a poco más de 150 millas de Dallas, se presentó a finales de marzo el recluta Elvis Presley con el uniforme reglamentario, el pelo cortado rigurosamente y dispuesto a servir a su patria como cualquier otro joven.

Analistas posteriores y especialistas en valorar todos los contextos externos acaecidos durante aquellos años han señalado este momento como el primer factor que marca el inicio del fin del rock 'n' roll en su esencia más pura y auténtica. El segundo elemento en sumarse a tal cúmulo de despropósitos lo protagonizaría uno de los participantes en la mítica reunión de la Sun de diciembre del '56, miembro del llamado Million Dollar Quartet, Jerry Lee Lewis, en salir a la luz poco después, su boda con la hija de un primo de tan solo trece años, con el agravante si cabe de no haber obtenido el divorcio de un segundo matrimonio previo.

A pesar de la permisividad que existía en los estados del sur en lo referente a los enlaces de gente muy joven, la prensa nacional y también la internacional condenó implacablemente la reputación del pianista de Louisiana, que vio como en poco menos de dos años todo su prestigio y la posibilidad de consolidarse como uno de los grandes se derretía como el barro al sol. El material con el que están construidos la mayoría de ídolos que caen en desgracia.

Jerry Lee Lewis pasó a ser uno de los malditos del rock y desde aquel episodio, con el sobrenombre de The Killer ('el asesino'), le acompañó perpetuamente una cierta estela destructora que discernía con dificultad la línea que separa el bien del mal y la dualidad que desde que el mundo es mundo se plantea a su alrededor. La eterna lucha interior intrínsicamente asociada al alma, motivo de fascinación para toda clase de sensibilidades que tampoco pasó desapercibida a un polifacético y versátil creador como el actor, director, guionista y productor Orson Welles.

Él más que nadie, evidenció siempre, ya en sus inicios, una absoluta tendencia a querer mostrar el lado más oscuro de las personas, conciliado con una gran capacidad para sorprender con originalidad e ingenio. Si años antes lo llevó a cabo con la emisión radiofónica de *La Guerra de los Mundos* y más tarde lo plasmó con la consagración cinematográfica que supuso el estreno de *Citizen Kane*, ahora volvía a intentarlo con un nuevo proyecto que pretendía sacudir una vez más las grandes pantallas del país.

Después de un cierto periodo de ostracismo propiciado por la llamada "caza de brujas" del senador Mac Carthy, en que fue acusado de comunista y un posterior exilio forzoso en Europa, el estreno de *Touch of evil* ('Sed de mal'), le catapultaba de nuevo a la primera línea de fuego. Basada en la novela del escritor Whit Masterson, *Badge of evil*, publicada un par de temporadas antes, con una banda sonora trepidante a cargo de Henry Mancini, con unos innovadores planos que crearían polémica y escuela, y la sorprendente utilización de la fotografía en blanco y negro combinada con la luz, la película fue considerada una de las postreras obras maestras del cine negro con mayúsculas, a pesar de no recibir un reconocimiento inmediato por parte de la crítica que la tildó de confusa y atrevida.

La participación de actores como Charlton Heston o Janet Leigh, relegada a un segundo plano, quedaba claramente ofuscada por la presencia del propio Welles que se reservó el papel de Hank Quinlan, un Jefe de policía obeso, corrupto y desagradable, capaz de hacer que el diablo desviara la mirada desde la frontera mexicana.

Jesse Colter y Evelyn asistieron al estreno de la película en el Orpheum y la verdad es que al joven se le hacía difícil describir con palabras la maldad de aquel personaje. Ambos coincidieron plenamente en hallar su reflejo en la personalidad del Reverendo Letterheart, no tan solo por voz y apariencia, sino también lógicamente por el comportamiento y la falta de escrúpulos.

Al salir del cine fueron a tomar un refresco y matar el gusanillo a Shane's, y sentados en uno de sus reservados se pusieron juntos a reír cuando por la radio de Mike escucharon la voz de Howlin' Wolf sumándose a la fiesta de la exaltación del mal interpretando un tema titulado sencillamente como "Evil". Un blues de Willie Dixon publicado cuatro años antes, con el mismo Dixon al contrabajo y Otis Spann al piano, refiriéndose al doble sentido y a las diferentes manifestaciones que puede adoptar la perversidad cuando esta irrumpe en el hogar de un hombre que ha sufrido la carcoma de la inquietud y decide escaparse en busca de nuevas experiencias.

Las ciudades y el peligro que de ellas se deriva y el mensaje entre líneas de mejor mantener la felicidad dentro de casa con el esfuerzo añadido de no permitir que se escape y más por razones absurdas.

Un valor conceptual difícil de colocar en la estantería de las prioridades esenciales. Lo cierto es que desde que la humanidad tiene uso de razón y sobre el papel difiere del resto de primates superiores precisamente por esta facultad junto con el don del habla asociado, se ha escrito mucho acerca del término, *felicidad*. Un análisis y pertinente persecución que ha generado grandes debates y quimeras por conquistar entre defensores acérrimos y derrotistas convencidos luchando por obtener el verdadero intríngulis. En este sentido, las personas sencillas, de proceder sencillo y aspiraciones sencillas desde siempre lo han tenido más fácil y asequible. El nivel de exigencia es razonable, no buscan los tres pies al gato y la saben reconocer y valorar en el preciso instante de presentarse delante de sus narices. Una especie de centellas brillantes que revolotean por la atmósfera como si fueran dientes de león liberados por el soplido de un niño o luciérnagas de verano y que no es necesario capturar, sinó que basta con esforzarse en tratar de empaparse de su esencia. Aparecen en los momentos más inesperados y es por tanto recomendable ofrecer una buena predisposición para captar de lleno su espíritu. Una sonrisa, una canción, un abrazo, una buena noticia, pueden ser la antesala del advenimiento de tan mágicas chispas, instantes efímeros y etéreos de valor inmaterial incalculable, difíciles de apresar, como si fueran pepitas de oro en la ribera de un río después del deshielo de un largo invierno de espera y de hallazgos decepcionantes.

Sin modificar demasiado el contexto, un buen filón fue el que descubrió Jesse Colter a principios de junio gracias a la inestimable colaboración de su mujer.

Las largas noches de no tan solo palabrería después de cerrar el club se tradujeron en algo más que recuerdos y agradables momentos: Evelyn estaba en estado de buena esperanza. La noticia pilló a Jesse igual que a la mayoría de padres primerizos, con una mezcla de estupor y sorpresa iniciales, como si se pusiera en duda el papel de la cigüeña, para pasar a un estado de incontrolable alegría difícil de tipificar en cuanto a reacción y comportamiento espontáneo. Tomó en brazos a la señora Colter y la meció como si ya fuera su hijo al mismo tiempo que la llenaba de besos de todo tipo mientras ella no podía parar de reír, aferrada fuertemente al cuello de su marido.

En el Red Horse Dancer, la respuesta de las chicas al conocer la primicia estuvo marcada por los gritos de histeria y los abrazos sinceros y efusivos, como si entre ellas existiera un poderoso vínculo de hermandad encubierta reforzado por los años de convivencia común. Especialmente intensa fue la de Madame Lamont que se sentó, se cubrió la cara con las manos y empezó a sollozar como una adolescente enamorada al salir de la escuela.

Prácticamente al mismo tiempo que el personal del club recibía las buenas nuevas, el recluta Presley regresaba a Graceland con unos días de permiso, luciendo su flamante corte de pelo y el uniforme con las pertinentes insignias que lo acreditaban como tirador de primera, mientras esperaba el estreno mundial de *King Creole*, programado para comienzos del siguiente mes.

Puede que para sumarse al júbilo colectivo de la futura maternidad de la joven o quien sabe por qué serie de impulsos nerviosos que regían caprichosamente su cabecita, queriendo ampliar una variedad de vínculos familiares o tal vez por sorprenderla todo el asunto con la guardia y las defensas bajas, lo cierto es que Louise Lamont mostró una parte más de su oculta humanidad y decidió programar un viaje a la ciudad de Nashville con el objetivo de que la ahijada pareja conociera a su hermana y demás parentela hasta aquel instante de desconocida existencia.

Sumergidos en este entorno de buenos propósitos y dejando como supervisora de la franquicia a Blue Charlotte, la mañana del 9 de junio, Evelyn y Jesse se montaron en el coche de Madame Lamont, un Buick Century Coupé de color azul y blanco que la jefa había adquirido por aquello de invertir los pocos beneficios que según ella le proporcionaba el negocio o simplemente por darse una pequeña satisfacción.

Después de incorporarse a la interestatal, la anfitriona aprovechó la monotonía de las cerca de tres horas de trayecto pendiente para ponerlos un poco en antecedentes.

La hermana pequeña de la Madame respondía al nombre de Constanze, estaba casada con un empresario y hombre de negocios de la localidad y tenían dos hijos: Sammy y Greta. Hasta este punto todo parecía amoldarse a los parámetros convencionales. La dificultad surgió en el instante en que la propietaria del club les confesó que toda la familia no tenía ni la más remota idea de su verdadera ocupación y fuente de ingresos. Entre ambas hermanas no existía demasiado contacto, se veían un par o tres veces al año y así mantenían vivos los vínculos de sangre. Para Constanze, su hermana mayor regentaba un próspero taller de costura que proporcionaba faena a un buen número de trabajadores, para distribuir después el producto a un reputado elenco de marcas cada vez más influyentes. Lo que no sabía ni hubiera podido imaginar Madame Louise en un millón de años es que la pequeña Constanze, al establecerse en Nashville provinente de Louisiana, se dedicó al mismo sector de la confección que ella, tratando con todo tipo de carretes e hilos autóctonos. De hecho, a su marido lo conoció en una de sus visitas al taller para "probarse" unos pantalones que no le acababan de caer demasiado bien sobretodo en la zona de los bajos.
Precariedad, necesidad y quizá arrebatos de la genética.

Colter y su mujer, como era de recibo le garantizaron una total discreción, asumiendo su rol de trabajadores del obrador textil. Un tanto aliviada por la confesión, optó entonces por el silencio subiendo el volumen del radio receptor del automóvil. La voz de Sam Cooke acompañado por los Soul Stirrers acariciaba dulcemente la melodía de "Must Jesus bear this cross" planteando una cierta parodia alegórica referente a la cruz que cada ser humano debía acarrear muchas veces sin ser del todo consciente. En clave estrictamente musical, era escuchando canciones como aquella en pleno Mid-South de los Estados Unidos cuando se podía entender el porqué de muchas cosas y el origen de otras corrientes. La palabra de Dios o gospel, ajena a toda intencionalidad programada, había cimentado la música del diablo o rock 'n' roll y ambas podían convivir en perfecta armonía, al menos en el dial de buena parte de las emisoras locales. Así pareció interpretarlo el disk-jockey de turno que seguidamente programó a Nat County & The Braves y su "Woodpecker rock", mientras Evelyn y Jesse esbozaban una sonrisa y Louise Lamont una mueca de incredulidad y rechazo.

Llegaron al domicilio de Constanze Lamont en Lafayette Street rondando la hora del *lunch*. Dos toques suaves de claxon delante de la entrada de una bonita casa residencial sirvieron de aviso para que salieran a recibirles respetuosamente con una cierta alegría contenida y aires de timidez. Superados los instantes iniciales, las hermanas se fundieron en un emotivo abrazo y Colter y esposa fueron presentados como parte importante del organigrama del negocio, detalle que les lleno de orgullo y responsabilidad.

Físicamente, se parecían bastante y los niños de siete y cinco años, aceptando con normalidad la invidencia de Evelyn, en seguida se mostraron contentos sobre todo al desempaquetar los regalos que la tía les había traído de Memphis. Pasaron la tarde poniéndose al corriente y después de cenar salieron al patio a beber té helado por aquello de disfrutar tal vez de las últimas noches frescas que el final de la primavera todavía brindaba. Sammy no paraba de dibujar y la pequeña Greta se entretenía jugando con su gato Wilbur que no dudaba en escalar a cuatro patas por las piernas de los invitados como si fueran un árbol más del jardín particular. Una escena que Jesse Colter asoció a la propia infancia en Tupelo, muy lejana, y a la cercana paternidad, que lo sumergía en un mar de dudas planteadas bajo la perspectiva de estar a la altura de las circunstancias y como no, también de la estabilidad temporal.

A la mañana siguiente, con los niños en el colegio, el marido en la oficina y las dos hermanas con encargos y conversaciones pendientes dispuestas a compartir con Evelyn, obligaron indirectamente a Colter a pedir el coche a Madame Louise para dar una vuelta por la ciudad y empaparse de primera mano de su famoso *skyline*, que con los años sería también fuente de inspiración y referencia.

Nashville comenzaba a modelar con consistencia la condición de cuna musical con el country como identidad propia. El barrio de Music Row se consolidaría aquella década como reclamo para discográficas que se asentaban con la esperanza y objetivo de generar beneficios. El programa del Grand Ole Opry presumía de prestigio nacional emitiendo desde el teatro Ryman Auditorium, que lo acogía formalmente desde mediados de los cuarenta, mientras que en Broadway, la arteria principal de la localidad, proliferaban cada vez más las tabernas, los clubes y negocios vinculados a la ebullición musical. Uno de ellos era la tienda de discos de Ernst Tubb, fundada por el propio cantante como respuesta a las peticiones de fans y que desde su emplazamiento en el número 417 trataba de satisfacer las necesidades de todos los aficionados a un género en firme consolidación, evidente expansión y mercado propio en un entorno mágico difícil de describir, que el mismo Elvis había catado en primera persona.

Las casualidades no existen, este principio lo tenía bien asumido Jesse Colter, y también debía ser un defensor del postulado el amigo Mark Twain que encontró siempre en el río, su influjo y presencia, el escenario ideal para desarrollar su imaginario. Conduciendo el Buick, se detuvo al final de la avenida para contemplar con parsimonia y admiración la magnífica panorámica que desde allí le ofrecía el caudal del Cumberland. Embrujado como siempre por el movimiento de las aguas y deleitándose con un fantástico día de inicios de junio en que los colores son cuidadosamente destilados por la luz del sol y su reflejo, consiguió durante unos segundos paralizar el presente, mientras en su interior un muelle de futuro lo empujaba hacia un lugar muy concreto.

Retrocedió hasta el barrio musical y estacionó el coche en la esquina de la decimoséptima avenida con Hawkins.

El destino no resultó fruto de la improvisación. En aquella esquina se ubicaban las instalaciones del Estudio B que la RCA Victor había inaugurado el pasado mes de noviembre. Sus paredes y el mosaico a cuadros del suelo acogerían desde el principio un buen puñado de artistas que iniciaban recorrido y que con la ayuda de músicos, productores y aparatos, contribuirían activamente a la divulgación del llamado *Nashville sound*. Otro sonido con denominación de origen, capaz de aglutinar y procesar con éxito estilos tan dispares como el country, el pop, el rocabilly o incluso el jazz.

Jesse permaneció un buen rato delante, observando a la gente entrar y salir, contando los automóviles que circulaban por los alrededores y también los que se paraban. Sabía que Elvis había grabado algunas canciones poco antes de abrir su largo paréntesis musical, pero esta vez la memoria no le jugó una buena pasada en cuanto a precisión. Hacia mediodía regresó a casa de Constanze y los suyos no sin antes acercarse al Ryman Auditorium y empaparse con la visión de sus ventanales y vidrieras con cierto aire de arcadas góticas, como si fuera un templo musical, alma de la ciudad y santuario consagrado a figuras y futuros astros de la canción de una buena parte del sur. La paciencia en forma de virtud le hubiera podido hacer esperar unas horas hasta las seis de la tarde, entonces la coincidencia con su vecino de Tupelo rallaría casi de nuevo la nigromancia.

Elvis llegó pocos minutos después de la seis y cuarto, vestido de uniforme y con su caminar decidido. En el interior le esperaba el llamado *A team*, un conjunto de músicos entre los que destacaban el guitarrista Hank *Sugarfoot* Garland y el pianista Floyd Cramer. Bajo la dirección del también guitarra y director de operaciones del estudio Chet Atkins, registraron el que para muchos serían sus postreras grabaciones de auténtico rock 'n' roll. En una atmósfera relajada, cargada de buenas vibraciones y profesionalidad, y haciendo gala de su inagotable sentido del humor con evidentes referencias al estilo de vida y nomenclatura militar, durante toda la noche y parte de la madrugada se concentraron en cinco composiciones que se convertirían en verdaderas perlas, con un sonido totalmente diferente al que había producido antes y también al que se acogería en el futuro. Sencillos como "I need your love tonight", "A big hunk o'love", "Ain't that loving you baby", "(Now and then there's) A fool such as I" o "I got stung" se constituirían en un nuevo elemento dentro del llamado ocaso de la música del diablo, que desgraciadamente viviría páginas más oscuras en un mañana inmediato.

Para cuando Jesse llegó a casa de Constanze Lamont, todo estaba dispuesto para una cena con un aire ceremonial implícito, ya que pocas eran las ocasiones en que ambas hermanas podían compartir banquete. Al entrar, el gato Wilbur recibió a Colter efusivamente escalando como un simio por la pernera de sus pantalones a modo de palmera tropical, mientras toda la familia explotaba a carcajadas. El comportamiento y reacciones de aquel animal no eran a priori nada normales, pero quien tenía la certeza de que no respondiera a alguna reivindicación o algo similar dentro del entorno de los felinos conquistando su Everest particular. En cierta manera, puede que quisiera demostrar algo fuera de lo común y pecaba de una sinceridad insólita, ejemplo a seguir por muchos humanos que edificaban la propia reputación sobre mentiras o crímenes del pasado.

La velada fue cómoda y distendida, centrando buena parte de la conversación en la futura maternidad de Evelyn, la alteración de la dinámica familiar y la gran carga de felicidad que aportaría la criatura. A pesar de todo, la joven y Colter mesuraban sus intervenciones, mientras Madame Louise frenaba a su hermana cada vez que intuía algún relato de infancia que pudiera revelar más pistas acerca de sus orígenes en Louisiana. Respeto por la privacidad y también por las buenas tradiciones vinculadas a la hospitalidad del sur, un binomio de difícil conjugación sobre todo en entornos rurales.

Al romper el alba en Music Row, Elvis Presley abandonaba el Estudio B de la RCA con la incertidumbre profesional de su futuro, y pocas horas después, la comitiva del Red Horse Dancer también de buena mañana rehacía su camino hacia Memphis para intentar ahorrarse el bochorno del interior del automóvil y aterrizar temprano, y poder satisfacer las peticiones y encargos del "taller de confección" que con la llegada del fin de semana se multiplicaban casi por tres.

Los primeros calores del verano aventurando la inminencia del sol determinaban el día a día de la mayoría de habitantes de aquellas tierras. La presencia del río y su poder de atracción jugaban también en una liga similar. Los cultivos, el transporte, las leyendas, las realidades ocultas y buena parte de los pecados dependían en gran mesura de la intensidad de su cauce. Así había sido para los indígenas originales y lo era ahora para los norteamericanos, ya fueran cantantes o modistas recolocadas.

Casi al mismo tiempo que Evelyn, Jesse y Madame Lamont soñaban con atenuar la temperatura de sus cuerpos remojándose en la orilla del río, unas millas más allá, dirección sureste, la sombra del Reverendo Mordecai Letterheart extendía con majestuosidad la prolongación de su poderosa humanidad. Las aguas que le acogían con inocencia y resignación no eran las mismas, pero este factor resultaba del todo irrelevante. La palabra del Señor no entendía ni de geografía ni tampoco de barreras naturales. Cansado él y seguramente también un elevado porcentaje de habitantes del estado de Alabama, había trasladado su radio de acción al territorio vecino de Mississippi, sin dejar la línea de la costa. Fijó primero su centro de operaciones en Biloxi, localidad perteneciente a la llamada Mississippi Gulf Coast, que también era conocida como Poor's man Riviera ('la Riviera de los pobres'), pensando que podía suponer un nuevo filón de almas desvalidas. Todo lo contrario, los locales y negocios vinculados al juego tan prolíficos años atrás y todo lo que de ellos se derivaba fueron disminuyendo y con ellos la lógica probabilidad de encontrar más pecadores con posibilidad de redención. Así que rápidamente se percató que la gran cantidad de barcos dedicados a la pesca de la gamba y los propietarios de viveros de ostras no darían mucho de sí de cara a un hipotético proceso de comunión con el Padre creador.

Buscó entonces nuevas perspectivas empresariales poniendo proa al norte, hasta soltar el ancla durante una buena temporada en Vicksburg. Una ciudad del condado de Warren de fuerte tradición confederada y en ciertos aspectos muy bien situada estratégicamente, beneficiándose de las confluencias de los ríos Mississippi y Yazoo, aparte de que tan solo distaba 40 millas oeste de la capital Jackson y poco más de 200 de New Orleans, en el caso de optar por dirigirse al estado del pelicano. De forma estricta, era el gran Mississippi el que se erigía como frontera natural con el territorio de Louisiana, y por tanto, la herencia de los colonizadores franceses estaba todavía muy presente, detalle que al Reverendo le iba como anillo al dedo por aquello de recuperar las formas de la aristocracia en según qué contexto.

Cinco años antes, la población sufrió el efecto de un tornado que provocó una cuarentena de muertos y la destrucción material cercana a los mil edificios, nada en comparación a los 47 días de asedio que soportaron durante la Guerra Civil por parte de las tropas de la Unión. Así pues, la palabra de Dios podía ser muy bien recibida por unos habitantes acostumbrados a percibir periódicamente su ira. Dejando al margen los antecedentes históricos, la comunidad no estaba limitada para poder hacer gala de un cierto espíritu emprendedor, ya que fue aquí donde se envasó la primera botella de Coca-Cola en marzo de 1894.

El plan de acción del clérigo muy bien estructurado de un tiempo a esta parte, consistía en introducirse progresivamente en los círculos más débiles de la congregación. Superado un segundo nivel dedicado básicamente a la exploración con el establecimiento de puntos frágiles, era el momento de desplegar su red embaucadora en forma de charlatanería y teatralidad, mezcla de predicador clásico y vendedor del elixir de la eterna juventud del Dr. Kickapoo con su palabra mágica: *¡Alagazam!* Un papel ajeno al método actoral Stanislavsky, ya que estaba muy bien rodado de su época de asociación con Harmónica Frank.

En poco más de un par de meses ya consiguió una considerable comunión de incautos feligreses que respetaban aquel hombre grandilocuente que surgió de la nada para traerles la paz espiritual bajo el temor de Dios.

Por si no tenía suficiente con los sermones desde un púlpito improvisado o una tarima cualquiera, ahora, aprovechando la presencia del río, amplió su abanico de camándulas oficiando bautizos multitudinarios donde mucha gente enloquecía o entraba en éxtasis. Cada domingo por la mañana lo designó como jornada de ceremonias y allí, enfundado en su túnica blanca como si fuera Juan El Bautista bautizando al mismo Jesús a orillas del Jordán, procedía con las pertinentes zambullidas de los pecadores de turno, librándoles de culpas y remordimientos y abriéndoles las puertas del paraíso. Daba igual si el agua estaba congelada y todos acababan temblando, los rayos de sol purificadores secarían cualquier sombra de mal y reconfortarían los espíritus retornándolos a su estado natural de gracia, mientras el cauce se llevaba los pecados corriente abajo.

Una vez finalizada la liturgia después de apretones de manos, abrazos, felicitaciones y otras muestras de afecto espontáneo y estimulante, las donaciones voluntarias y la venta de Bíblias se convertía lógicamente en el epicentro de la reunión. Más que un pastor recogiendo y cuidando de su rebaño de ovejas en el establo correspondiente, era un depredador fluvial en guardia permanente, capaz de devorar las criaturas más débiles ya fueran nutrias, crías de castor o pobres desgraciados carentes de dientes y sin apenas un par de dedos de frente.

Al caer la noche y para no perder las buenas costumbres, el Reverendo ampliaba su cartera comercial dedicándose sobre todo a "evangelizar" furcias y *madames* de todos los burdeles de los alrededores, pues las tentaciones de la carne continuaban siendo su talón de Aquiles.

El comportamiento violento le regresaba de vez en cuando, aunque en este sentido parecía disfrutar de una temporada con cierta estabilidad emocional. Cuando no deambulaba escondido bajo los rizos de las coristas, se espabilaba en visitar o mediar para que le invitaran a mansiones y plantaciones, donde poder debatir cuestiones de moralidad con gente de alto linaje y de sangre más pura. A la luz de las velas, saboreando el aroma de un buen cigarro de tabaco de Virginia, una copa de brandy selecto y la complacencia de una lumbre acogedora, encontraba entonces el entorno idílico para hacer una apología encarnizada de las buenas maneras y los valores ancestrales de los caballeros del sur, encargados de aferrarse a las tradiciones de un pasado glorioso en evidente decadencia.

Esta dualidad tan marcada en la genética de sus habitantes había permitido que Vicksburg auspiciara el nacimiento de hombres tan dispares como Jefferson Davies, Presidente de los Estados Confederados de América o el mencionado Willie Dixon, bajista, productor y compositor de blues de la época que pronto emigraría a Chicago, donde sellaría una fructífera y meritoria carrera musical al frente de la discográfica Chess, contribuyendo activamente a convertirla en inmortal. En ambos casos, marcados por una sociedad de clara inspiración episcopaliana que hallaba consuelo y confort espiritual en himnos como "Swing down sweet chariot" o "Joshua fit the battle", perfectos para ilustrar cualquier bautizo al borde del río y también para comprender las raíces de aquellas gentes, a pesar de que la composición relatara la batalla de Jericó y a Josué guiando a los israelitas contra las fuerzas de Cannan. Alejados en el tiempo, pero tal vez no en la esencia, sobre todo si volvían la vista hacia la Guerra de Secesión con la que podían identificarse y establecer más de un paralelismo a la propia connivencia.

El gospel bien interpretado y la palabra de Dios orientada a buenas finalidades podían servir de refugio en momentos de debilidad, pérdida o tristeza. Mientras Jesse Colter y Evelyn Beaufort construían juntos sueños de futuro inmediato y peleaban con la intensidad calórica y comercial de la temporada estival en el Red Horse Dancer, al recluta Presley le tocaba padecer uno de los trances más dolorosos de su existencia.

Después de un mes de adaptación a la vida y dinámica militar dentro de la base de Fort Hood, a principios de agosto, su madre Gladys, era ingresada de urgencia en el Methodist Hospital de Memphis. Unos días más tarde, la madrugada del jueves 14, moría acompañada de su marido, Vernon. Elvis, con permiso especial y descansando en aquel momento en Graceland conoció la noticia en el preciso instante que sonó el teléfono fuera de horas sin necesidad de descolgarlo.

A veces dicen los entendidos en asuntos del alma que muchos hombres requieren de un factor traumático vinculado a una desgracia para encontrar el verdadero camino en la Tierra. En el caso de Elvis Presley, no se puede concretar con exactitud si la muerte de su madre se erigió en elemento clave para escoger la senda correcta, pero lo que es evidente es que su vida no volvió a ser la misma en ningún sentido. Perdió a su norte y tal vez no lo recuperó jamás.

Incluso en aquellas circunstancias, la prensa no respetó los mínimos niveles de intimidad y llegaron a fotografiarle en las escaleras de su casa, abrazado a su padre llorando desconsoladamente. Casi todo en su día a día había pasado a ser patrimonio de la opinión pública y tendría que andar con pies de plomo si quería mantener algún asunto personal en el ámbito de la privacidad.

El límite moral que separa la noticia de los derechos individuales más fundamentales traspasó una barrera de difícil contención que daría luz verde a una faceta de la información capaz de priorizar el enriquecimiento personal por encima de cualquier síntoma de educación.

El funeral cargado de emotividad, contó con la actuación de los Blackwood Brothers, cuarteto de gospel blanco por el que la madre del cantante sentía fiel devoción. Sin demasiado tiempo para el duelo, el Ejército reclamó de nuevo sus servicios y a comienzos de septiembre conocía su destino, la Tercera División Blindada en Alemania. A inicios de octubre, el *USS Randall* atracaba en el puerto de Bremerhaven y de allí en un tren, se trasladó hasta la base militar de Friedburg, cerca de Frankfurt, con la esperanza de que sus fans no le olvidasen.

Colter seguía atentamente tanto como le era posible las noticias que televisión y prensa escrita difundían acerca de su ídolo y el correspondiente traslado a Europa. El embarazo de Evelyn, más allá de unas molestias iniciales sin importancia, transcurría plácidamente, y con el progresivo aumento del volumen abdominal comenzaron las primeras elucubraciones en torno al sexo del bebé.

La forma redondeada de la barriga, el hecho de que tuviera mucho sueño, junto con la influencia y opinión de algunas compañeras expertas en estos menesteres, seguramente la condicionaron a creer firmemente que lo que llevaba en las entrañas era una niña. Con tal convencimiento y la total aprobación de Jesse que lo único que priorizaba era la felicidad de su mujer, acordaron que el nombre elegido sería, Hope, esperanza para todos en un mundo futuro mejor.

Elvis tenía sobrados motivos para mostrar cierta preocupación acerca de su carrera profesional. El panorama musical de aquel año venía marcado por la absoluta consolidación del fenómeno del rock 'n' roll entre los jóvenes, sin contar que la industria del vinilo hervía por los cuatro costados favoreciendo la venta y distribución de discos de un montón de estilos. Si pocos días después de su llegada a Europa, un joven de origen mejicano llamado Ricardo Valenzuela, pero reconvertido a Ritchie Valens, conquistaba las listas con la particular versión de una canción tradicional como "La bamba", el ejercicio ya había empezado con resolución de la mano de Chuck Berry, que después de editar el sencillo "Sweet little sixteen", consolidaba su éxito con la publicación de todo un himno como "Johnny B. Goode". Ilustres colaboradores de Elvis en el apartado de la composición, como Jerry Leiber y Mike Stoller, conseguían en abril un golpe de efecto con el tema "Yakety Yak" en la voz de The Coasters, y si julio fue para el "Summertime blues" de Eddie Cochran, otra conexión con el universo Presley hacía de las suyas a finales de agosto con la edición de la balada "Lonesome town" por parte de Ricky Nelson. La canción, inspirada en el "Heartbreak Hotel", pretendía recrear la atmósfera desoladora de aquel sencillo y contó con la inestimable aportación vocal de los Jordanaires que no daban abasto de un lado a otro convirtiéndose en miembros casi fijos del *staff* del Estudio B de RCA en Nashville, que lanzaba al mercado perlas como el "All I have to do is dream" de los Everly Brothers.

En el ámbito de los *crooners*, si Dean Martin flirteaba con sus orígenes italianos apostando por una melodía como "Return to me", la voz por excelencia, Frank Sinatra, consolidaba su imagen de rompe corazones solitario de media noche con una magnífica composición de Johnny Mercer titulada "One for my baby", llena de humo de barra de bar, whisky y nostalgia nocturna. La respuesta femenina la protagonizaba Peggy Lee que escalaba en las listas de popularidad con su particular interpretación del sencillo "Fever", composición a la que, sin ánimo de establecer nuevos paralelismos, también se acercaría Elvis en cuestión de un par de años.

Mientras tanto, en Alemania, trataba de rodearse de todo aquello que directamente le acercara a su mundo y le hiciera sentir dentro de su entorno, ya fuera instalando a Vernon i la abuela

Dodger en la cercana población de Bad Nauheim o siguiendo las actuaciones del también astro del rock 'n' roll Bill Haley en localidades como Frankfurt o Stuttgart. Fotografías del encuentro mostrarían a un soldado

Presley pulcramente uniformado mientras Haley elegantemente vestido con su clásico esmóquing afinaba la guitarra. El de Tupelo declinó la invitación del capo de los Comets a subir con él al escenario, quizás por no contravenir las obligaciones contractuales o puede que por no ser causante de un tumulto añadido. En cualquier caso, siempre se le mostró agradecido sobre todo por haberlo apoyado en los inicios, factor que según Elvis reforzaba el convencimiento que sin impulsos como los de Haley todavía estaría conduciendo un camión por el estado de Tennessee dentro del más absoluto anonimato.

En este sentido, RCA y sus representantes no desfallecieron en ningún momento y propusieron en diferentes ocasiones montar alguna sesión de grabación en Alemania, ofreciendo todo tipo de facilidades. El Coronel, se mostró siempre reticente, manteniendo a su cliente en un alejado segundo plano, mientras racionaba la edición y publicación de su catálogo. La llegada de la Navidad, alejado de su hogar y sin la presencia de su madre convirtió las festividades en las más tristes de su vida, todo lo contrario que Jesse Colter y señora que acompañados esta vez por Madame Louise y también por Blue Charlotte, no paraban de hacer planes cargados de alegría y "esperanza".

CAPÍTULO XI

Stars fell on Alabama.

El origen de los astros y su distribución en la cúpula del firmamento ha provocado desde siempre curiosidad, fascinación y controversia seguramente desde que los hombres tienen la conciencia y facultad de tener la cabeza para alguna cosa más que llevar sombrero, ya sea de copa o un Stetson tejano.

La posición y luz de las estrellas ha servido de guía y referente a viajeros y navegantes, a la vez que procuraba fe y consuelo para interpretar aquello desconocido que rodea y corona todo origen y ciclo vital. Posteriormente, la invención de aparatos las relegó a un segundo plano de contexto más romántico, pero cuando estos fallaban se recurría de nuevo a su intensidad y situación para recuperar el camino adecuado.
Desde un punto de vista un tanto místico, su influjo puede determinar en muchos seres humanos el carácter, la fortuna e incluso la desdicha. En este sentido, algunos discrepan de su papel, pero de la misma manera que las fases lunares condicionan cosechas y mareas, la presencia activa de unos astros concretos también juega a veces un rol determinado en el destino de las personas.

Hope nacería a mediados de marzo y si los cálculos no fallaban lo haría bajo el signo de piscis. Sería por tanto, una niña inteligente, pero asimismo complicada, sobre todo cuando se hiciera mayor y se acentuara igualmente la feminidad en función del entorno y educación. A esta cuestión, Jesse Colter no le daba demasiadas vueltas. Teniendo en cuenta que su propia infancia fue más bien normal, marcada por una absoluta linealidad, su objetivo primordial y en el que si quería incidir era en la preocupación de obsequiar a su hija con el mayor número de recuerdos que la hicieran sonreír al volver la vista atrás.

Aquel enero no fue excesivamente crudo y todavía no había mostrado los colmillos en comparación a inviernos precedentes. Las tormentas parecían pasar de largo y dejaban quizá para más adelante los territorios meridionales. Todo lo contrario que los estados del norte del país, que aquellos días eran sacudidos por fuertes borrascas de nieve, frío y temperaturas gélidas.

Justamente en la localidad de Clark Lake (Iowa), la madrugada del 3 de febrero después de actuar en el Surf Ballroom dentro de una gira llamada Winter Dance Party que le tenía que llevar por veinticuatro ciudades diferentes en tan solo tres semanas al lado de Ritchie Valens y The Big Bopper, el también músico y compositor tejano Buddy Holly alquilaba una pequeña avioneta para ganar tiempo y poder descansar cerca de Moorhead (Minnesota), siguiente destino del *tour*. La calefacción del autobús habitual encargado de trasladarlos no funcionaba y el agotamiento y el frío ayudaron a que los tres se decidieran a volar a pesar de las malas condiciones climatológicas, con una nevada que iba en aumento y una cierta inexperiencia del piloto del aparato. Estos ingredientes, la mala suerte y la fatalidad del destino propiciaron que un par de horas después del despegue, el avión se estrellara en un campo de maíz provocando la muerte instantánea de tripulante y pasajeros en un accidente que tiempo más tarde entraría en las páginas de la historia como:

"el día que murió la música". No en vano, la desaparición de estos músicos sería considerada como una fuerte torpedeada en la línea de flotación del verdadero rock 'n' roll, que a lo mejor sin tener conciencia, empezaba a hacer aguas perdiendo por el camino a sus principales representantes. Elvis y su paréntesis musical cumpliendo el servicio militar supuso un elemento más de la lista y al enterarse de la tragedia no dudó ni un instante a ordenar que su oficina de prensa personal enviara las pertinentes condolencias a las familias de los difuntos.

Para reforzar la teoría de la idónea ubicuidad y maldecir los golpes de humor del azar, Waylon Jennings, uno de los músicos de soporte de Buddy Holly y futuro astro del country, aquella noche cedió gentilmente su plaza a The Big Bopper que arrastraba un fuerte resfriado. Al despedirse de Holly, este en tono de broma le deseó que se congelara dentro del autobús, afirmación que Jennings contrarrestó con un desafortunado: "Espero que tu avión se estrelle".

Nunca se lo llegó a perdonar y vivió el resto de su vida con los remordimientos de aquella respuesta y del oportuno cambio de planes.

Remordimientos, azar y juegos, no siempre de palabras, eran tres de los ingredientes que a su manera continuaba conciliando el ilustre y virtuoso pastor Letterheart. Aquella misma mañana de la muerte de la música, lo dedicó a bautizar almas en el Yazoo, limpiando culpas y expiando pecados que las aguas se llevaban sin pedir explicaciones ni tampoco tributos.

Con las actividades diurnas y nocturnas claramente diferenciadas y las zonas de influencia geográficamente localizadas, al oscurecer, uno de los destinos habituales y predilectos del religioso era una casa de citas un poco alejada de la población que respondía al sugerente nombre de The Vicksburg Nightingales, donde entre otros alicientes, se podían encontrar una buena colección de "ruiseñores" hembra, capaces de trinar y hacer entonar a cualquier incauto notas que harían enrojecer al mismo Vivaldi, músico barroco que casualidad o no, también era vicario y aficionado a las jovencitas venecianas.

Aquella noche, Letterheart recuperó su temperamento oscuro y se mostró especialmente violento con la chica escogida para compartir su sacra y curiosa anatomía. Después de gozar de los placeres de la carne, beber una buena cantidad de whisky y pegarle más de un par de fuertes bofetadas, se personó en el salón principal del local donde se congregaba una timba de póker con apuestas serias.

Alrededor de aquella mesa, como no podía ser de otra manera, se congregaba la flor y nata de la ilustre población de Vicksburg, la aristocracia de los bajos fondos, granujas desheredados y olvidados que poco tenían a conversar con Dios y todavía menos con algún representante suyo en la tierra.

Al levantarse uno de los parroquianos, desplumado y según añadió con la raya del culo borrada de tanto estar sentado, el Reverendo solicitó gentilmente permiso para incorporarse. El resto de contrincantes reaccionó con monosílabos poco elocuentes y el único que se mostró un poco más comunicativo fue un individuo a quien casi todo el mundo conocía en aquel tugurio y en el resto del mismo sector en bastantes millas a la redonda. Respondía al nombre de Vaughan Donlevy, pero todos le llamaban "El Marqués", puede que por su origen británico así como por sus formas educadas y refinadas. Un bribón autóctono de reputación más que contrastada enredado en toda clase de negocios sucios que no dudaría un segundo en estafar a la propia madre y no por eso dejaría aparcados los modales, la sonrisa hipócrita y las buenas maneras con la sociedad.

Otro elemento destacado de la timba era igualmente una institución reconocida del sector, gran entusiasta de las adolescentes, la ginebra y el juego. Debía rondar los setenta y presumía de ser veterano de las dos grandes guerras. No hacía falta preguntar por qué le denominaban "Comandante", aunque no pasó nunca de cabo. Su cara llena de cicatrices era desagradable, pero su mirada todavía lo era más. Un conjunto que armonizaba perfectamente con un timbre de voz insidioso junto con el hecho de que probablemente debido a algún síntoma de apraxia, no paraba de sacar la lengua sincopadamente como si fuera un reptil explorador.

El tercer parroquiano era un desgraciado integral que disfrutaba perfeccionando su rol de perdedor, no haría nunca nada por abandonar aquel papel y arrastraría con él a cualquiera que tratara de redimirlo mediante la participación de su carácter autodestructivo. El típico individuo por el que poca gente apostaría en lo referente a los años de vida pendientes, pero que el mismo odio hacia los demás y el parasitar almas caritativas lo convertían en un diplomado de la supervivencia, con el alcohol circulando cómodamente por sus venas a modo de conservante o como si fuera un elemento más del tejido sanguíneo.

Los iniciados en asuntos relativos al póker afirman que una de las normas básicas consiste en descubrir el panoli de turno en cuestión de pocos envites. Si superadas las dos o tres primeras manos uno no ha sido capaz de identificarlo, posiblemente tan insigne honor recaiga entonces sobre las propias espaldas

Aquella noche, el Reverendo se sentía favorecido por la suerte y los designios del Altísimo, que en una primera ronda, ya le mostró señales de obtener una buena colecta sin percatarse de que los demás jugadores estaban tejiendo una tela de araña que lo haría picar como un necio orgulloso.

En cuestión de poco más de una hora, lo que inicialmente parecía entusiasmo y suerte divina se transformó en maldiciones y blasfemias. Poco a poco lo fueron sableando hasta que empezó a firmar pagarés a destajo. El humo del tabaco, el sudor, los efluvios alcohólicos y la tensión fueron en aumento y la propietaria del local, sin mostrar dotes de pitonisa, empezó a tener tentaciones de llamar a la policía sospechando el cariz que todo aquello podía tomar.

El predicador estaba perdiendo el alma y lo que no constaba en ningún pasaje de las Sagradas Escrituras. Desplumado como un pavo por Acción de Gracias, empezó a buscar culpables allí donde a lo mejor solo había mala suerte. Primero desaprobó ruidosamente la actitud despreciable del desgraciado y su afán de beber sin cesar, seguidamente le tocó el turno al "Marqués", a quien acusó de ser un extranjero desagradecido y aprovechado del buen corazón de los auténticos norteamericanos que le proporcionaban patria, identidad y cobijo, y acabó increpando al "Comandante" y su tic nervioso incontrolable:
- ¡Haga el favor de mantener la boca cerrada y no ofender más la virtud del Señor con sus obscenos lengüetazos!

Una postrera mano perdida con un *full* de reyes y nueves en que la mala suerte le acabó de descolocar cuando creía recuperar un poco de terreno, actuó a modo de detonante definitivo para que explotara como un poseso. Se puso en pie violentamente lanzando la silla por el suelo con la fuerza de sus nalgas y acusó a sus contrincantes de hacer trampas, aparte de estar compinchados para pelarlo. La rabia y la ira le dominaban a partes iguales y en pocos instantes se transformó en una de las plagas de Egipto con los ojos desorbitados, salivando abundantemente y repartiendo mamporros de forma generosa como si fuera un ventilador de techo.

El primero en cobrar, por la disciplina de mantener el orden, fue el indeseable que recibió un surtido de bofetadas a mano plana que lo dejaron aullando como una alimaña y sin capacidad de reacción. De nuevo, el veterano militar fue el siguiente objetivo de la cólera divina, no valorando en ningún momento el atenuante de la edad, que no le sirvió para eludir un buen tortazo inicial que actuó como rompe hielos, acompañado de una retahíla variada de puñetazos dignos de ser encajados por un buen *sparring* profesional. Dejó esta vez para el postre al "Marqués", a quien consideraba el cerebro de la trama y verdadero instigador de las trampas colectivas.

El británico, con un amplio recorrido en cuestión de peleas y trifulcas, era de los que no rehuían jamás un combate, pero en seguida cambió de disposición al fijarse en la perturbadora determinación de aquel energúmeno mastodóntico. Una mirada asesina que ya había visto otras veces y que certificaba la muerte del que resolvía enfrentarse, por tanto, optó por una táctica defensiva y conservadora consistente en acurrucarse en el suelo como un gusano permitiendo que el clérigo mostrara todo su repertorio de golpes y patadas con la única finalidad de proteger al máximo costillas y vísceras, rezando para que aquella masa de carne enfurecida calmara rápidamente su sed de venganza.
Ninguno de los demás presentes en el burdel se atrevió a plantarle cara. Sabían a qué atenerse y optaron básicamente por

buscar refugio. Una vez agotado el repertorio de estopa, se embolsó el dinero que moralmente consideraba suyo y advirtió con contundencia a cualquiera que tuviera intención de replicarle:
- ¡Pobres de vosotros pecadores si ponéis en duda la voluntad de Dios! ¡La venganza es mía y sólo a mí me corresponde castigar a aquellos que lo merecen!

Encima de una mesa soltó un puñado de billetes arrugados, totalmente insuficiente para compensar los destrozos y se despidió con un portazo que hizo temblar umbral y cimientos estructurales de todo el local, mientras en el interior, clientes y apalizados empezaban a levantar la cabeza tímidamente como perritos de las praderas oteando el horizonte y valorando el propio estado junto con la seguridad inmediata.

La trifulca del Vicksburg Nightingales fue la gota que colmó un vaso que se había ido llenando de diferentes denuncias donde los maltratos a chicas, las broncas en lugares inadecuados, generalmente tabernas, y las alteraciones de orden público gratuitas en función de su estado de ánimo estaban entre las más comunes, pero la pelea del prostíbulo sobrepasó la raya de permisividad de las autoridades locales que hasta entonces habían hecho la vista gorda por aquello de ser un hombre de Dios con "algunas debilidades".

Un par de días más tarde, después de uno de sus sermones en que encomiaba las virtudes de la templanza y la paciencia, el ayudante del *Sheriff*, también cliente ocasional del Nightingales, se le acercó discretamente.

El cinismo de Letterheart no conocía límites, pero asimismo existía un ápice de sorpresa, ya que él no era consciente de haber realizado alguna cosa fuera de lo común y mucho menos en contra de la ley. En cualquier caso, una vez a solas, el oficial de policía se le dirigió sin tapujos:
- Reverendo, sus días en el territorio de Warren han pasado a la historia. Le sugiero que abandone nuestra comunidad y

que salga no tan solo del condado sino que también se olvide del estado de Mississippi. Si por una de esas casualidades de la vida se le ocurriera volver y yo me enterara, le aseguro que los pantanos y los caimanes estarán encantados de acoger su generosa humanidad. Tenga muy presente que la sartén la tengo yo bien agarrada por el mango y que si alguien preguntara por usted, suposición que sinceramente dudo, la explicación oportuna sería que se habría marchado a Bolivia a probar fortuna y a predicar en la plantación de cacao de un familiar. Creo que me expresado con mucha claridad…

El rostro del clérigo se fue transformando por momentos adoptando la tonalidad de un pomelo maduro y luchó con todas sus fuerzas por contener los impulsos que le orientaban a estrangular aquel policía como si fuera un guiñapo de trapo con sombrero de *cowboy*.

- Le doy 48 horas para recoger sus pertenencias, despedirse de quien quiera y largarse sin mirar atrás, y tenga presente que tanto el *Sheriff* como yo somos generosos y benevolentes. Deje a Dios lo que le corresponde y preocúpese tan solo de ponerse en marcha por el camino más cercano.

De nuevo el Señor tendría que proveer y demostrar que sus caminos fueran una vez más inescrutables.

Al otro lado del gran lago oceánico, el joven de Tupelo convertido al anonimato, continuaba con su rutina militar marcada por la disciplina del ejército, con maniobras y permisos alternados con barro y armas, ejercicios prácticos y guardias nocturnas.

Desgraciadamente, serían estas obligaciones de mantenerse despierto y alerta y lidiar con la tristeza y el vacío de la reciente pérdida materna las que le inducirían posiblemente a comenzar a flirtear con el consumo de según qué fármacos que con los años le reportarían serios problemas de salud. Ahora, todo entraba dentro de los parámetros de la más absoluta normalidad, totalmente asimilables en una persona de su juventud.

En casa, las cosas eran diferentes y el mundo continuaba girando al mismo ritmo sin pararse ni un instante y sin tener en cuenta las penas de unos y las alegrías de otros. La década de los cincuenta resultaría extraordinariamente prolífica y mágica en cuanto a creatividad, originalidad y calidad musical de muchas variedades y estilos, pero igualmente fecunda en lo referente a tragedias y desgracias a destiempo.
Con el objetivo de mantener la memoria de los fans fresca y el mercado activo, el Coronel Parker y los responsables de la discográfica RCA fueron programando la publicación del fondo de catálogo ya fuera con diversos sencillos o en forma de larga duración, una propuesta relativamente joven que progresivamente aumentaba su cuota de aceptación.

El mes de febrero de aquel '59 le marcó el turno al *For L.P fans only*, que recopilaba con la fórmula del *longplay* hasta cinco canciones registradas con la Sun y que no habían sido editadas nunca juntas. Nuevos estímulos para captar más clientes, aumentar las ventas y mejorar el negocio.

En el Red Horse Dancer ya hacía días que todo el mundo a su manera ponía señales y cruces al calendario como si fuera la llegada de la Navidad. Las chicas contrastaban sus cuentas y Madame Louise tuvo que llamar al orden en más de una ocasión, aunque con cierta condescendencia.

Finalmente, el lunes 16 de marzo avanzada la noche, Evelyn rompió aguas y se puso de parto. Se lo comunicó a Jesse de forma tranquila y pausada, para que no se transformara en un saco de nervios y empezara a corretear sin sentido como un pollo sin cabeza. Avisaron a Madame Lamont y en pocos minutos se montaron en el Buick y se dirigieron rápidamente hacia el Memphis Methodist Hospital. El parto fue sencillo y sin complicaciones, y con las primeras horas del día 17, el recién nacido vino al mundo sin ninguna anomalía con el total alivio de la madre, que sobre todo los últimos días se mostró preocupada. No traía un pan bajo el brazo, pero si unos atributos que provocarían un cambio de planes y perspectivas a todo su entorno.

El sueño durante el embarazo, la geometría de la barriga y los presentimientos femeninos no fueron argumentos suficientes para cumplir los vaticinios. Era un chico y por tanto Hope no se erigía en la alternativa más adecuada. Una vez asimilada la primicia con más alegría que resignación, comenzaron con la lista de propuestas, que lógicamente al surgir de un acontecimiento inesperado no gozaba de sugerencias demasiado satisfactorias. Fue finalmente la comadrona, al pasar a comprobar la evolución de madre e hijo, la que sin tener conciencia abrió la luz de la solución al problema. Aquel martes se celebraba la festividad de San Patricio, patrón de Irlanda y por tanto era un día magnífico para venir al mundo. A Evelyn se le iluminó el rostro al escuchar la reflexión de la enfermera y puede que también al evocar la sangre de sus antepasados. Presionando con fuerza la mano de Jesse, acordaron bautizarlo con el nombre del santo irlandés. Según la leyenda, responsable de ahuyentar las serpientes de la pequeña isla británica y pensando que con un poco de suerte podría hacer lo mismo con los ofidios de dos piernas que a lo largo de su existencia seguro que se le acercarían con malas intenciones. Instinto de protección materna.

El pequeño Patrick, efectivamente había nacido bajo el influjo de piscis con el signo lunar de géminis y ascendente cáncer. Sería por tanto una persona con chispa, carismática y creativa, optimista y poco temerosa de la frustración, que con los años ganaría en seguridad para contrarrestar un supuesto temor a la responsabilidad y a los conflictos que generalmente caracterizaban a los nacidos en fechas similares.

Esta es la lectura que realizó una de las chicas del club aficionada al esoterismo y a todo lo que tuviera relación con los astros y su vinculación con los humanos. A bien seguro que la amante de Harmónica Frank, la hipotética descendiente de Marie Laveau, elaboraría la propia interpretación por medio de cartas, huesos, ranas u hojas de té en el fondo de la taza.

Casualidad o no, tres días más tarde del nacimiento de su hijo, al llegar a casa después de la convalecencia en el hospital, se encontró una postal de su amigo en el interior del buzón. Superada una provechosa y prolongada estancia en Dallas, la compañía se había trasladado primero a Texarkana y ahora se encontraban en Hot Springs en el estado de Arkansas. La encantadora nigromante de los pantanos estudiaba nuevas fórmulas de fertilidad con un joven equilibrista húngaro y en consecuencia el papel de vender helados a chiquillos consentidos con cara de bobalicón no era precisamente su ideal de realización personal. Por primera vez desde que se conocieron, Colter percibió en aquellas pocas líneas un cierto desánimo en su amigo. Frank Floyd valoraba seriamente la posibilidad de regresar a Tennessee, donde un primo lejano siempre le había garantizado trabajo y techo, sentar la cabeza y alejar los pájaros de sus pensamientos.

Al acabar de leer la postal, lamentó no disponer de una dirección concreta donde responder, ya que la noticia de la llegada de Patrick seguramente hubiera entusiasmado al bueno de Frank, que no dudaría a componer un soneto ingenioso improvisado con la guitarra, soplando la armónica con la chispa de una canción divertida, pellizcando de nuevo sus entrañas.

Poco tiempo después, Harmónica Frank se establecería en la localidad de Millington, a unas dieciocho millas de Memphis y se casó formalmente con una mujer a la que conoció mediante un club de corazones solitarios del que los dos eran miembros. La novedad no consideró oportuno hacerla extensiva a su colega y mucho menos a Madame Lamont. El gusanillo musical tardaría todavía un tiempo en volverlo a picar seriamente.

Mientras tanto, el pequeño Patrick, rodeado de "tías" a las que les caía la baba, lloraba, dormía y crecía escuchando canciones como "I cried a tear" de Lavern Baker o el "Sea of love" de Phil Phillips. En Europa, el soldado Presley se compraba un piano para no perder comba y también para sopesar nuevas propuestas susceptibles de ser grabadas una vez regresara a casa. Contrarrestando tanta actividad, en el epicentro de la costa este, el jazz perdía a la que con total seguridad fue su vocalista más icónica, original y trascendental.

El 17 de julio en el Metropolitan Hospital de New York, Eleanora Fagan, conocida profesionalmente como Billie Holiday, fallecía a los 44 años de edad dejando al género huérfano de un timbre de voz y sensibilidad irrepetibles.

Entre muchas otras virtudes, puede que ella más que nadie firmara las pautas y las bases de la estacionalidad musical con la melancolía como factor diferencial y denominador común. De la misma manera que más allá de paladares, existe un licor perfecto para asociar a cada estación, igualmente se puede relacionar un tipo de música específica e ideal para cada época del año.

El vodka es de verano como el jazz es de otoño y el rock 'n' roll de primavera de la misma manera que el whisky se alía en magnífica armonía con todo lo relacionado con el invierno y el frío riguroso. Seguro que muchas opiniones discreparían, pero preguntando a un puñado significativo de barmans, ellos podrían confirmar la veracidad del postulado, siempre y cuando estuvieran avezados a cierto entorno musical. Pensar en el "Come rain or come shine" de Harold Arlen y Johnny Mercer en la voz de Billie Holiday y valorar que sugiere su registro metálico y cautivador resulta un excelente ejercicio práctico.

Dos años después de esta canción y dos antes de su triste final, la cantante de Baltimore había editado un maravilloso L.P. titulado *Songs for distingué lovers*, donde entre otras se recogía la fascinante, "Stars fell on Alabama". Composición que aludía a una lluvia de meteoritos avistada prolíficamente desde este territorio del sur en noviembre de 1833.

Así pues, si los astros tenían sentimientos, hipótesis científica y filosófica pendiente de demostración empírica, seguramente se podrían expresar de esta manera evocadora, porque poca gente como ella interpretó y transmitió la esencia del jazz vocal con tanta pasión, sinceridad, visceralidad y alma.

Efectivamente, el cielo había llorado y en consecuencia las estrellas cayeron no tan solo en Alabama, sinó que también lo hicieron en Iowa, en la ciudad de los rascacielos y en buena parte del Mid-South. Para sus habitantes, no todo eran sonrisas, a pesar de que con el paso del tiempo suele ser la sonrisa lo único que nos queda de una persona una vez decide marcharse o el destino la reclama para echar cuentas. No de forma gratuita, puede que debido al contexto general y respondiendo a los impulsos básicos de la sensibilidad, décadas después, la frase, "Stars fell on Alabama" se añadiera a las placas de las matrículas de los coches de esta demarcación como rasgo identificativo, junto con el emblemático y explícito dibujo de un conjunto de estrellas.

El funeral por "Lady Day", como se la conocía dentro del entorno del género se ofició el día 21 en Manhattan y sus restos fueron enterrados en el Saint Raymond's Cemetry del Bronx.

Justo un día antes de su muerte y para los amantes de buscar conexiones y enlaces allí donde no hay más que coincidencias o simple cronología, un grupo llamado The Coasters grababa un single titulado "Poison Ivy". Composición surgida de las plumas de Jerry Leiber y Mike Stoller, que empezaban a disfrutar de una reputación más que contrastada con un sello creativo que se convertiría en sinónimo de éxito garantizado, más allá de los argumentos del Coronel Tom

Parker en asuntos referentes al reparto adecuado de las cuotas de protagonismo.

El primer verano de la nueva familia Colter estuvo presidido por la felicidad. Todas las celebraciones tradicionales pasaron a un segundo plano convirtiendo al pequeño Patrick en el centro de atención natural. No tenían importancia ni el Día de la Independencia ni tampoco el 21 de agosto, fecha en que oficialmente, el archipiélago de las Islas Hawaii se convertía en el estado número 51 de la Unión, "The aloha state".

Si alguien planteaba dudas acerca de la capacidad de Evelyn para poder criar, educar y cuidar de su hijo con absoluta normalidad, únicamente tendría que haberla acompañado aquellos primeros meses como simple testimonio presencial. No tan solo superó la prueba con nota, sino que además entre ambos se establecieron unos vínculos afectivos mucho más fuertes que en una situación convencional, como si el niño ya fuera consciente de la carencia de la madre, que la compensaba tal como había afrontado la vida hasta entonces, acentuando el resto de sentidos.

Las obligaciones profesionales con el añadido de las familiares les absorbían el poco tiempo libre que les quedaba disponible. Ir al cine juntos pasó a ser un recuerdo y el estreno de una obra maestra de Billy Wilder como *Some like it hot* con Marilyn Monroe, Jack Lemmon y Tony Curtis, la tuvieron que descubrir mediante los comentarios y críticas de las chicas del club que casi por unanimidad se mostraron entusiasmadas.

La verdad es que la más absoluta actualidad les pasaba por delante sin darse cuenta, ya fuera la invasión del Tibet por parte del ejército chino, la comercialización de la primera muñeca Barbie o la muerte del cómico Lou Costello.

Musicalmente, el jazz todavía lloraba la pérdida de su rosa más bonita y triste cuando se editó un disco histórico del género como sería el *Kind of blue* de Miles Davis, para atenuar un poco los ánimos. Curiosamente, el mismo día que llegaba a las tiendas, el 17 de agosto, la instrumental "Sleepwalk" de Santo & Johnny entraba en las listas del *Billboard* con aires de nostalgia, y que para no desentonar con el presente político y social evocaba sonidos de las islas del Pacífico. Unas islas con las que Elvis Presley establecería unos lazos emocionales muy particulares, pero que ahora, desde su exilio forzoso en Alemania, se tenía que conformar ampliando su círculo de amistades y conocidos entre las que destacaría una jovencita, hijastra de un capitán, llamada Priscilla Ann Beaulieu.

Sin proponérselo, solicitarlo y mucho menos planificarlo, quien de alguna manera se convirtió en la madrina adoptiva del pequeño Patrick fue Blue Charlotte, que cubría algunos espacios dejados por la madre con la total aprobación y complicidad por parte de Madame Lamont. Desde la desagradable experiencia con el Reverendo, se había acercado mucho a Jesse, a quien consideraba un buen amigo, quizá por no mirarla con los mismos ojos que la mayoría de hombres como a ella le parecía. Le valoraba sobre todo también que nunca le hiciera una pregunta fuera de lugar, ni del pasado y en consecuencia tampoco del presente. De esta manera, se ahorró el tener que contar la triste historia de su hija Ruth y dejarla aparcada en el cajón permanente de los recuerdos dolorosos. Nacida durante la época en que permaneció instalada en Kansas City, murió a los pocos meses de vida debido a unas fiebres, el desconocimiento y la falta de recursos médicos.

El Red Horse Dancer y sus trabajadoras no eran tan solo garantía de discreción por el evidente secretismo profesional implícito, sinó que igualmente era en muchos aspectos una especie de acuartelamiento de la "Legión Extranjera" donde ir a expiar penas, culpas y errores del pasado sin que nadie preguntara y mucho menos osara juzgar.

La sociedad norteamericana se iba haciendo mayor, pero desgraciadamente no madurando, haciendo gala de virtudes y defectos como cualquier otra y caracterizándose por un uso más que partidista de la moral. Aquellos años se estaban edificando sobre unos cimientos de puritanismo estricto, con unos postulados a veces contradictorios y difíciles de comprender para alguien que no viviera el día a día con las particularidades locales del tempo que cada estado marcaba.

La música popular y expresiones directamente vinculadas a la juventud como el rock 'n' roll eran analizadas con la lupa de la rigurosidad, y el conservadurismo más recalcitrante no dejaba pasar ni una, aprovechando cualquier síntoma de debilidad para atacarla sin contemplaciones.

En este sentido, el año pondría el punto y final al ciclo con una nueva herida abierta en el seno del movimiento. Chuck Berry, otro de los pioneros con mayúsculas, se vio involucrado en un escándalo moral que le acabaría pidiendo cuentas en forma de una factura demasiado elevada.

Charles Edgard Anderson Berry, nacido en St. Louis (Missouri) el 18 de octubre de 1926, conoció en la ciudad de Juarez (Texas), una chica de origen apache que respondía al nombre de Janice Norine Escalanti. La joven, originaria de Yuma (Arizona), le dijo a Berry que tenía veintiún años, cuando en realidad no pasaba de los catorce. Supuestamente ajeno al engaño, el músico le ofreció trabajo de camarera en el Bandstand, club de su propiedad ubicado en el mismo St. Louis. Semanas después, Escalanti era arrestada ejerciendo la prostitución en un hotel de la población y el guitarrista acusado de infringir la llamada "Ley Mann", que le penalizaba por transportar una menor de un estado a otro con claros fines inmorales. Lo llevaron a juicio y la condena fue de cinco años de prisión, más el pago adicional de una multa de cinco mil dólares. Finalmente, la sentencia fue apelada debido a los comentarios de claro contenido racista emitidos por el juez durante el proceso, siendo rebajada a tres años de los que cumpliría casi dos.

La experiencia transformó al cantante que no volvió a ser el mismo, perdiendo aquella chispa, mixtura de ingenuidad y un plus de picardía que desde siempre había definido el alma de buena parte de sus composiciones.

Las estrellas continuarían brillando y en algunos casos precipitándose de forma súbita, injusta y en lugares inesperados. A pesar de todo, Santa Claus encontraría un año más el camino y ya fuera montado en un Cadillac negro o en el clásico trineo, acudiría puntual a su cita con la Navidad y su espíritu, que para Evelyn y Jesse, sería de júbilo total con el pequeño Patrick como epicentro de la felicidad. Todas las chicas le quisieron hacer regalos y Blue Charlotte y Madame Louise ejercieron de nuevo el papel de madrinas compartiendo aquellos días cargadas de una ilusión renovada, como si fueran adolescentes esperando su fiesta de puesta de largo.

Colter solo tenía ojos para su hijo y el orgullo de padre le había transformado la mirada, las prioridades y el pensamiento; no obstante, no aparcaba nunca su interés por el amigo Presley que pasaba aquella segunda Navidad alejado de casa como podía, recuperándose de pequeños tropiezos de salud y de más maniobras militares que le mantenían entretenido arriba y abajo.

Paralelamente, los últimos meses, la discográfica RCA continuó con su política de edición de recopilatorios, junto con la planificación del retorno de su pupilo. En este sentido, el mismo Elvis enviaría un telegrama a su manager, el Coronel Parker, pidiéndole la máxima discreción y sencillez en el momento de volver a casa, incidiendo en el hecho de desear el mismo trato que cualquier otro soldado en las mismas circunstancias, aun ser consciente y estar agradecido a la expectativa de amigos y fans.

CAPÍTULO XII

La mayoría de civilizaciones antiguas concebían la llegada de un nuevo milenio con miedo y cautela, tal vez por ser portador de desgracias o más bien por la incertidumbre de iniciar un camino hacia lo desconocido.

El hombre "civilizado" del siglo XX gestionaba los cambios numéricos con una mayor dosis de pragmatismo y en cierta manera, los interpretaba simplemente como puntos de inflexión de la función general de la historia, aptos para la modificación de costumbres y tendencias. Una oportunidad de oro para dejar atrás lo malo y aprender de los errores para mejorar en todos los aspectos y plasmarlo en el futuro más inmediato.

Los cincuenta pautaron las bases del carácter transgresor y de ruptura total que supondrían progresivamente los años sesenta, personificado no tan solo en la música sino también en la sociedad, en cualquiera de las demás manifestaciones artísticas y sobre todo en la concepción y el temperamento de la gente, que buscaba nuevas vías de expresividad y cuestionaba todo aquello que generaciones pretéritas ni tan siquiera se atrevían a mencionar.

Todo este cóctel de inconformismo e inquietudes reprimidas hallaría el reflejo ideal en personalidades como Lenny Bruce. Un *showman*, humorista y comediante que contando con la ironía y la sátira como avales principales, sacudiría y voltearía un amplio sector de la industria del teatro y del entretenimiento. Con un lenguaje crudo y directo, y apostando por la escatología y la blasfemia en toda su amplitud, en sus *shows* y monólogos había espacio para un gran repertorio de temas vinculados al presente y la actualidad.

El jazz, la moral, los políticos, el patriotismo, la religión, la ley, el racismo, el aborto, las drogas, el Ku Klux Klan fueron algunos de los argumentos implacablemente analizados y diseccionados por su sarcasmo. Una conducta que le reportaría problemas con la justicia y diversos arrestos, básicamente por obscenidad.

Acabaría muriendo de sobredosis en Hollywood Hills pocos años después, pero su estilo dejaría huella en la ciudadanía de la época. Su testimonio sonoro, recogido en discos editados coincidiendo con el cambio de década, con títulos como "The sick humor of Lenny Bruce" o "(Togheterness) Elect me I am not a nut" eran suficientemente elocuentes de su ingenio y agilidad mental, dignos de un licenciado en Harvard. Según su lógica, si a Jesucristo lo hubieran ejecutado en pleno siglo XX, los niños cristianos no adornarían sus cuellos con cruces, sinó que llevarían colgando pequeñas sillas eléctricas.

Casi al mismo tiempo de la consagración de Bruce como humorista, otro personaje, Hunter S. Thompson, definía las bases de lo que posteriormente sería conocido como "periodismo gonzo". Futuro autor de un título iconoclasta como *Fear and loathing in Las Vegas* ('Miedo y asco en Las Vegas'), descorchaba 1960 retirándose "espiritualmente" a San Juan de Puerto Rico donde daría forma a otra de sus perlas literarias, *The rum diary* ('Los diarios del ron').

Su filosofía y manera de entender la vida como algo etéreo y efímero quedaba plasmada en frases cargadas de autenticidad y sinceridad, representativas de toda una generación y directas como un puñetazo: "Love is the feeling you get when you like something as much as your motorcycle".

Indirectamente se estaban asentando los cimientos de lo que modelaría el folk, la contracultura y la denominada "canción protesta", que en cuestión de un par de años sería toda una realidad no tan solo a nivel musical, sinó también en el aspecto sociológico.

La aparición de una figura como Bob Dylan, que se erigiría en mascarón de proa del movimiento, supondría un transformación importante, sobre todo a la hora de concebir y difundir las canciones que servirían a partir de entonces para transmitir toda clase de sentimientos más allá de los estrictamente vinculados a los asuntos del corazón.

La política, la actualidad y el saber decir "no", pasarían a ser patrimonio de los jóvenes inconformistas, que perderían el miedo a expresar la emotividad más oculta. Las composiciones y discos de Dylan se convertirían en poderosas armas de reforma con la posibilidad de ser interpretadas y canalizadas libremente. Escuchar un *long-play* suyo sería para algunos encontrar el acceso directo a sensaciones inéditas difíciles de exteriorizar y para otros, simplemente una vía de escape hacia la libertad. Huir de la monotonía, el aburrimiento y los convencionalismos encarando una nueva autopista sin destino concreto a la búsqueda de espacios abiertos y millas por delante llenas de retos e incógnitas.

Un considerable caudal de cambios que en poco menos de dos años comenzarían a modificar las bases de buena parte de la sociedad norteamericana, que a principios de 1960 todavía no era ni remotamente consciente de todo lo que tendría que digerir.

En el corazón de la vieja Europa quien igualmente viajaba era el soldado Presley, que iniciaba el año con unos merecidos días de permiso tras celebrar su cuarto de siglo y que aprovechaba para desplazarse hasta la capital francesa, París, donde visitó entre otros el Moulin Rouge, el Folies Bergère y el Lido en muy agradable compañía. Igualmente, dispuso de tiempo para encontrarse con la mítica formación de gospel, The Golden Gate Quartet, por quien sentía verdadera adoración y con los que compartió una animada *jam session* una vez estos finalizaron su *show*. No todo tenía porque ser tanques, armas, polvo, frío y disciplina militar.

Mientras tanto, las aguas en el Red Horse Dancer continuaban fluyendo sin planificaciones precedentes, en función de las necesidades del pequeño Patrick. Madame Lamont parecía querer recuperar un tiempo perdido y para disfrutar de mayor tiempo ayudando a la madre a cuidar la criatura, delegó muchas de sus responsabilidades exclusivas en Blue Charlotte que lo aceptó de buen grado, no tan solo por aumentar la cuota de implicación en el negocio, sinó también porque ampliaba vínculos inesperados con la matrona y asimismo estrechaba lazos de proximidad con el niño.

Jesse Colter no eludía ninguna de sus obligaciones habituales y en una de aquellas salidas periódicas para satisfacer diferentes encargos se topó con una sorpresa tan inesperada como poco estimulante. Al pasar frente a una de las tabernas cercana a los almacenes Schwab, pudo distinguir en su interior la figura del predicador Letterheart.

Pocos pasos antes de certificar visualmente su presencia, el corazón ya le dio un vuelco de aviso al percibir previamente el tono de su voz en una especie de sermón reiterativo ensalzando las virtudes de la perseverancia y la disciplina.

De vuelta al Club, les comunicó la noticia a Louise Lamont y al joven Washington, pensando en incrementar las medidas de seguridad y las cuotas de vigilancia pertinentes. Posteriormente, también puso al corriente a su mujer y entre todos acordaron no revelar la información a Blue Charlotte y al resto de chicas por no fomentar una sensación de alarma a priori totalmente injustificada. Lo que si que les recomendó Madame Louise fue extremar la cautela, sobre todo al entrar y salir del local, obedeciendo una notificación policial a raíz de disturbios producidos últimamente en Beale Street.

Colter pensó instintivamente en su amigo Frank Floyd y en que demonios le llevó a mantener una sociedad comercial con aquel energúmeno más allá de la precariedad. Harmónica Frank, por suerte o por desgracia totalmente liberado de la adivina de los pantanos y su influjo ocultista, por primera vez en su original existencia saboreaba una vida terrenal aparentemente normal alejado de ferias, puñales, elixires, veladas nocturnas a orillas del río, vudú y lamentablemente, también de la música.

Una actualidad musical que con el inicio de la nueva década continuaba bastante activa y con muchos frentes abiertos. Sam Cooke, otra apuesta importante de la compañía RCA, alejado ya del gospel, iniciaba el ejercicio grabando en New York un sencillo histórico como "Chain gang", mientras desde la vertiente del country, las listas veían escalar hasta la cima a Marty Robbins y su "El Paso". Curiosamente, 1960 sería también el año de "Georgia on my mind" en la voz de Ray Charles, de "Dreamin'" de Johnny Burnette o el "Only the lonely" de Roy Orbison.

El *Billboard* igualmente coronaría al single más corto en alcanzar el top más alto de las listas, ya que era poco más de un minuto y medio lo que duraba el "Stay" de Maurice Williams & The Zodiacs en clave de *doo-wop*. En verano todo el mundo acabaría bailando al ritmo de *"The Twist"* gracias a Chubby Checker, mientras que poco antes, Bill Black, primer bajista de Elvis que jamás volvería a trabajar con él, se mostraba en plena forma al frente de su combo editando un tema instrumental como "White silver sands", donde los solistas eran el saxo y el órgano.

Entretanto, las calles de Memphis continuaban condicionadas por el invierno y las bajas temperaturas, a pesar de que bares y tabernas de Beale Street perseveraran en escupir todo tipo de blues y locales como el Red Horse Dancer mantuvieran su oferta de amistad, calidez y hospitalidad a precios razonables.

Todo el empecinamiento en reafirmar la apuesta por el género surgido de las plantaciones de algodón y de los cánticos de los esclavos es lo que seguramente legitimó décadas más tarde a un periodista como Greil Marcus a postular una más que acertada lectura de todo el fenómeno. Volviendo la vista atrás, para Marcus, los vocalistas blancos de blues renovaron la propuesta cantando con un profundo sentimiento de blues, pero en un estilo musical que no lo era, a pesar de que su fuerza interior fuera originaria de ese manantial. Ya podían ser Elvis Presley o Bob Dylan, no interpretaban estrictamente blues pero vivían y provenían de él. El blues se constituía como un sentimiento y no como una forma.

A finales de febrero, la ciudad recibía con alegría la noticia del inminente retorno de su ídolo, pocos días después de que en la localidad californiana de Squaw Valley, dentro del condado de Placer, se inauguraran los Juegos Olímpicos de invierno.

De esta manera, el martes 1 de marzo, luciendo con orgullo sus galones de suboficial, el sargento Presley ofrecía una última rueda de prensa en Alemania antes de su marcha, arropado por un centenar de periodistas y fotógrafos, para verificar la despedida y agradecer a todos el trato recibido. Casualmente, entre los asistentes se encontraba Marion Keisker de la Sun Records, que de la misma manera que Elvis, pero con el rango de capitán, servía a su país en Europa. El cantante, que no la veía desde su alistamiento, al encontrarse frente a frente con ella, reaccionó con el dilema de besarla o saludarla reglamentariamente como superior.

Un par de días después, Elvis aterrizaba en la McGuire Air Force Base, cerca de Fort Dix, en New Jersey, poco antes de las ocho de la mañana, en medio de una tormenta de nieve pero con una gran sonrisa dibujada en su rostro. El viaje posterior en tren hacia Memphis fue la última etapa hasta llegar a Graceland, donde convocó una nueva rueda de prensa para desplazarse al día siguiente al Forest Hill Cemetry y visitar la sepultura de su madre.

Esta fiel devoción casi religiosa por volver a casa periódicamente en cuanto las obligaciones se lo permitían, es la que indudablemente sembraría la semilla de lo que experimentarían los fans décadas más tarde al peregrinar hasta Graceland, una vez que la propiedad se convirtió en museo y meca.

El joven humilde de Tupelo construiría progresivamente en su interior un mundo propio ajustado a sentimientos y necesidades, y a la menor ocasión se refugiaba el mayor tiempo posible en él, ajeno convencionalismos de cualquier tipo.

La profesionalidad y las ganas de empaparse de buena música le pusieron en marcha pocos días después. La semana del veinte la arrancó al lado de Scotty Moore montado en un autobús con destino a Nashville y más en concreto de nuevo al estudio de la RCA, que ya le esperaba con el plantel de músicos habitual y un nuevo jefe de instalaciones, Bill Porter. En tan solo una noche de trabajo completaron media docena de canciones, algunas de ellas destinadas al rápido prensaje como sencillo y las demás para empezar a definir la columna vertebral de su nuevo álbum.

La agenda hervía de compromisos y prácticamente sin tiempo para descansar, una vez más gozando de las cómodas ventajas del ferrocarril, se marchaba dirección sur con destino al "Fontainebleau Hotel" de Miami, donde debía registrar su retorno televisivo dentro del programa de Frank Sinatra.

"La voz" por excelencia nunca había demostrado excesivo interés por el chico de Tupelo y el movimiento asociado a los jóvenes del momento, pero actuó como perfecto anfitrión llegando incluso a conciliar un dueto cargado de buen humor, complicidad y cierta condescendencia mutua.

A principios de abril regresó a Nashville para completar el contenido del flamante *long play* iniciado un par de semanas antes. El sencillo de aperitivo, "Stuck on you", se distribuyó en las tiendas de forma casi inmediata, alcanzando el millón de copias en el mismo margen de tiempo. Jesse Colter no se pudo reprimir y como era preceptivo lo adquirió en Poplar Tunes acompañado por su hijo y con la oculta esperanza de encontrarse con su amigo. En el Red Horse Dancer, siempre que las circunstancias le eran favorables no paraba de ponerlo con el beneplácito de todas las chicas, que contagiaron su entusiasmo a Madame Lamont, que claudicó y se rindió también al encanto de su voz, actitud que compartieron progresivamente muchas otras mujeres de su horquilla de edad.

Como no podía ser de ninguna otra manera, finalmente, el título escogido para el nuevo disco fue *Elvis is back!*. Desde un buen comienzo, toda la sesión estuvo presidida por las buenas vibraciones y un ambiente de trabajo excelente. El repertorio, no siendo ya rock 'n' roll en estado puro, era rico en aportaciones, estilos y matices. Ligeros aires de country, baladas, canción melódica e incluso un cierto acercamiento al folklore tradicional italiano flirteando con la ópera, encontró salida en composiciones como "Fever", "Such a night", "Thrill of your love", "I will be home again" o el descomunal "It's now or never", que en formato de single, conquistaría el corazón de fans, críticos y listas de ventas. Capítulo a parte para el blues y su espíritu, autentificando lo que años más tarde certificaría la pluma de Greil Marcus analizando la relación de los cantantes blancos con el género. De hecho, también el consagrado B.B. King en una entrevista de la época, a la pregunta de a quien consideraba un buen vocalista de su estilo, respondió sin reservas y cargado de ironía: "Me gusta mucho como canta el blues ese chico blanco, ¿Cómo se llama? Ahora mismo no lo recuerdo… ¡Ah! Sí, ¡Elvis Presley!".

"Like a baby" de Jesse Stone y "Reconsider baby" de Lowell Fulson, se constituyeron en dos perlas extraordinarias rebosantes de autenticidad y tributo a los verdaderos orígenes, el testimonio evidente de las raíces de Presley y a los barrios desfavorecidos del Tupelo de su infancia.

En el aspecto puramente artístico, el álbum *Elvis is back!* fue considerado un fantástico tesoro a todos los niveles, completo, redondo y difícil de repetir en un futuro. Su publicación certificaba sin paliativos la diferencia fundamental para delimitar las propiedades de un buen compositor, músico, intérprete o cantante; básicamente cuantificadas en la capacidad de llegar a la gente y transmitir. Una faceta que se demuestra con la sensibilidad, la reacción de la piel y el resto de los sentidos, siendo seguramente el oído en solitario el menos significativo de todos. Una respuesta de la que Evelyn Beaufort podría elaborar un tratado completo y a la que solo cabía observar su expresión cuando escuchaba una canción para obtener una valoración bastante más que objetiva.

Tan solo cuatro días después de finalizar la grabación y estableciendo nuevos records de rapidez, el disco ya estaba listo para su distribución, teniendo en cuenta que los responsables de publicidad ya llevaban tiempo trabajando en temas referentes a la portada y las fotografías que lo acompañaban.

Sobra añadir que uno de los primeros en adquirir también una copia fue Jesse Colter, que volvió a desplazarse hasta la tienda regentada por Joe Cuoghi y John Novarese en el 308 de Poplar Avenue. Igualmente, se hizo con el último sencillo de Eddie Cochran, *Cut a cross shortly*, en una especie de presentimiento de mal agüero y ejercicio de memoria histórica.

En cualquier caso y barriendo para casa, como era preceptivo, el establecimiento lucía con orgullo un amplio espacio dedicado a la publicación y promoción del flamante álbum del ilustre hijo de la ciudad y también distinguido cliente habitual del negocio. Un regalo más que indicado para conmemorar la Pascua con otra sensación absoluta de plenitud y prosperidad.

La década había empezado girando con fuerza en puntos muy distantes, y ya durante aquel año, un significativo número de colonias africanas aprovecharían el momento para reivindicarse como pueblos y proclamarse independientes, rompiendo los lazos con el viejo continente y unos nexos desgraciadamente muchas veces fortalecidos a golpes de látigo y esclavitud, a pesar de que la música popular de la segunda mitad de siglo se hubiera visto claramente enriquecida y beneficiada. Pobre compensación y triste consuelo para todos aquellos que sufrieron el expolio y vejación en primera persona. Lo cierto es que Europa continuaría siendo un referente para los que se querían reflejar desde el Nuevo Mundo, ya fuera en búsqueda de inspiración, potencialmente como mercado incipiente o simplemente como respuesta a la llamada de unos hipotéticos ancestros.

En esta tesitura, la banda británica The Quarrymen, en cuestión de pocos meses y a raíz de una gira por la ciudad alemana de Hamburgo, cambiaría su nombre a The Beatles, abriendo un capítulo fundamental en el desarrollo y evolución de la historia de la música popular. Casualmente, la última tragedia que viviría el rock 'n' roll y con la que muchos piensan que el género certificaba su eclosión se producía en el Reino Unido.

El 17 de abril, en un accidente de tráfico en la pequeña localidad de Chippenham, cerca de Bath, en el condado de Somerset, moría Eddie Cochran. El cantante y guitarrista de Minessota, con una reputación de fidelidad a la causa más que contrastada y una proyección excepcional, perdía la vida con tan solo veintiún años tras un concierto, mientras cumplía con una gira programada por diferentes poblaciones británicas. En el mismo automóvil también viajaba Gene Vincent, que sufrió serias lesiones en las cervicales y las costillas, pero sobre todo en una pierna que lo acabaría martirizando y condicionando el resto de su vida hasta el hecho de acortársela.

Evidentemente, más allá de los tópicos reiterativos, ya nada volvería a ser como antes. La identidad del rock 'n ' roll sería otra, pese a que el espíritu de pioneros como Holly, Valens, Cochran, Berry o Lewis continuara formando parte integral de manera indisoluble

En la tierra donde casi todos los sueños se convertían en realidad, el frenesí mediático profesional del nuevo ciudadano civil Presley continuaba a buen ritmo. Llegaba el momento de reemprender el hilo de las obligaciones cinematográficas, de aquí su viaje a Los Ángeles y bajo la disciplina de la Paramount iniciar la preproducción y rodaje de su nuevo film, que se comercializaría como *G.I. Blues*.

El guión, sin excesivo contenido, aprovechaba el impulso de su periplo militar por tierras bávaras, argumento que igualmente se reflejaba en el contenido de las canciones y banda sonora. Puede que sea a partir de este instante cuando Elvis empieza a transmitir las primeras desavenencias respecto a las propuestas musicales que le hacían llegar. El tándem de autores formado por Jerry Leiber y Mike Stoller, en quien confiaba ciegamente y con el que ya había trabajado y obtenido brillantes críticas y resultados en títulos como *King Creole* o *Jailhouse Rock*, tenían una visión y proyección del cantante en la conjugación simultánea del binomio música y cine muy distinta a la que planificaba el Coronel Parker. Los compositores apostaban más por una vertiente creativa y original, mientras que el manager priorizaba el aspecto comercial por encima de cualquier otro factor. Esta supuesta ingerencia de los creadores musicales, a parte de plantear una actualización de sus condiciones y vínculos contractuales, fue el fin de la relación. Con la excepción esporádica y casual de la grabación del "She's not you" un par de años más tarde, el asunto supuso el punto y final a una colaboración mercantil que fue sinónimo de éxito, calidad y reconocimiento unánime, fruto también de una química personal compartida entre ellos, difícil de reeditar en el futuro.

Igualmente, el proyecto se consolidó con otros contenidos y aportaciones musicales, y lo que probablemente fuera peor, las sospechas del Coronel se irían confirmando progresivamente. Elvis Presley resultaba mucho más rentable desde la perspectiva puramente cinematográfica y en consecuencia también lo serían los discos asociados a las películas por delante de los esencialmente concebidos desde el prisma musical, que parecían movilizar únicamente a los fans más fieles. Las ventas y el negocio por encima de todo.

Finalmente, a principios de mayo, sumándose a la campaña de promoción perfectamente orquestada, el *show* de Frank Sinatra con el brillante retorno de Elvis Presley como invitado estrella, fue emitido por la cadena ABC en horario de máxima audiencia.

El domingo posterior, todavía con el impacto y la emoción de las imágenes televisivas, Colter, Evelyn y su hijo, aprovechando la bendición climatológica que tímidamente parecía augurar la primavera, salieron a pasear siguiendo la ribera del río. Siempre resultaba evocador y relajante observar los barcos adentrándose y romper la sobriedad de una puesta de sol cobriza, perfectamente armónica con el movimiento de las aguas, configurando retratos improvisados de cierta prolongación que sin duda hubieran podido inspirar los pinceles de Turner o Il Canaletto, caso de haber sido hechizados por la barita mágica del blues y su tiempo. Un influjo que ya condicionó y cautivó a la pluma del amigo Mark Twain en el momento de la creación de personajes inolvidables y que ahora, una vez más cerrando el círculo por aquello de las escobas, incidía en elementos como Elmore James, que acompañado por una banda denominada The Broom Dusters editaba el álbum *Blues alter hours* cargado de *feeling*. La portada del disco, audaz y atrevida para su época, mostraba una atractiva joven de color reclinada sobre la barra de un bar, que con las tonalidades granates de la tapicería recordaba en gran mesura a la que presidía el salón principal del Red Horse Dancer.

Composiciones como "Standing at the crossroads", "Dust my blues" o "Mean and evil" combinaban perfectamente por primera vez las notas de guitarra del *slide* con lo que décadas más tarde sería bautizado como sonido de "garaje". Sentimiento inmaculado sin ningún tipo de pretensión, seguramente uno de los secretos de la honestidad musical que con los años lamentablemente se iría deteriorando en beneficio de otros intereses.

A pesar de todo, indemne al paso del tiempo, el blues continuaría ejerciendo de madre capaz de olvidarlo todo y acoger a sus hijos tras una larga ausencia, con absoluta devoción y generosidad para administrar el perdón y una capacidad de redención de difícil comprensión para los no avezados.

La misma capacidad de penitencia y omisión que permitía al Reverendo Letterheart pavonearse con la cabeza bien alta y ufana, convencido de que sus obras de dudosa moralidad tenían fecha de caducidad y que con la distancia de la temporalidad, de la misma manera que el Señor le condonaba las debilidades de la carne, los hombres debían actuar con la misma resolución al valorar sus presentes actos. Con esta filosofía de modelar la memoria casuística a conveniencia, se presentó aquella noche en la entrada del club de Madame Lamont. La suerte fue que le abrió la puerta el joven Washington y que al reconocer una vez más el timbre de su voz, Colter se personó para vetarle el acceso. El componente de no albergar demasiado whisky en sus venas, que la conjunción astral de aquella velada no fuera del todo propicia y que Jesse le refrescara la amistad que unía a ambos con Harmónica Frank, posiblemente obró como efecto disuasorio en sus intenciones de recalar en el club. Se marchó, pero les aseguró que volvería y que harían bien en aplicar las enseñanzas de Cristo vinculadas al perdón sinó querían sufrir su ira.

El buen tiempo y el ascenso de las temperaturas asociadas a superar el invierno eran sinónimo de aumento de clientes y visitantes, no tan solo en el Red Horse Dancer, sinó también en toda la gran variedad de locales de ocio y distracción situados en Beale Street y calles adyacentes. Un ciclo vital similar al de la naturaleza y la estacionalidad, que año tras año se repetía con los mismos altibajos y con la periodicidad directamente vinculada a los matices específicos de cada ejercicio. Todo el mundo parecía renacer con la irrupción de la primavera, las hormonas sufrían las tempestades pertinentes, las chicas del club tenían más ajetreo y la recaudación final resultaba substancialmente favorecida. El tiempo y las agendas son siempre conciliables en función de las necesidades y según que variables como temporadas de penurias o escasez de trabajo juegan un papel secundario, pese a quien pese sin el atenuante de las excusas.

Incluso un fenómeno de la dimensión social de Elvis Presley, con un calendario repleto de toda clase de obligaciones, encontraba tiempo para el entretenimiento, y disfrutando plenamente de su estatus no reparaba en gastos. Desplazarse a Las Vegas a pasar un fin de semana de diversión o asistir a una fiesta de cumpleaños rodeado de actores como Dean Martin o Shirley Mac Laine entraba dentro de los parámetros de la normalidad, aunque regresar a Memphis era siempre prioritario para poder aislarse de ese nuevo mundo edificado progresivamente alrededor del personaje.

Precisamente Jesse Colter, a finales de junio, recibió un telegrama de su ilustre amigo notificándole la intención de permanecer unos días en la ciudad y asimismo le expresaba el deseo de poder compartir juntos alguna tarde. La misiva añadía disculpas por anticipado, ya que trataría de avisarle con la máxima antelación posible, pero en el contexto actual se le hacía difícil planificar acontecimientos a corto plazo.
Colter no contaba con una nueva sorpresa de características similares. Ya se consideraba más que afortunado con lo que el

destino y la física habían decidido proporcionarle. Aquello que viniera como añadido sería recibido como propina celestial.

Continuaba recopilando todo tipo de información del cantante que aparecía en periódicos, revistas y demás publicaciones, y confeccionaba un diario gráfico durante los escasos márgenes que el trabajo y la vida familiar le brindaban. Tal vez algún día le podría contar con orgullo a Patrick que su padre fue testimonio privilegiado de todo aquel fenómeno irrepetible.

Tal como era preceptivo, fue un empleado de la Western Union el encargado de avisarle un día antes. Elvis le proponía pasar con él, el lunes 11 de julio, fecha que rápidamente pudo negociar con Madame Louise, con la ventaja de que al ser inicio de semana, la faena solía flojear, sin tener en cuenta el valor añadido de que la patrona paulatinamente ya se podía considerar una fan con todas las de la ley, debido en gran parte a la influencia de las películas y la imagen que transmitía desde la gran pantalla.

Lamentablemente, no podrían encontrarse sentados con absoluta tranquilidad en la barra del Miss River Cafe compartiendo taza humeante y un fantástico donut azucarado. Estarían tentando demasiado las variables aleatorias de la suerte, que contribuirían activamente a transformar la paz de un lunes por la mañana en Beale Street en un enjambre de gente histérica capaz de cualquier locura con tal de ver o tocar a su ídolo.

De la misma manera, Graceland tampoco era una buena opción. Sin tener en cuenta que su padre, Vernon, acababa de contraer segundas nupcias con Dee Stanley, la mansión se estaba convirtiendo en algo parecido a una especie de santuario al que muy pocos elegidos tenían acceso. El centro de operaciones de un círculo de hipotéticas amistades conocido como "The Memphis Mafia" y que tan poco le aportaría a largo plazo en cuanto a bienestar, a pesar de aparentemente llenar vacíos importantes.

Finalmente, el lugar seleccionado fue el Fairgrounds Amusement Park. Un parque de atracciones que el cantante podía alquilar para uso personal y que le procuraba la privacidad soñada, además de herramientas de diversión añadidas.

Una limusina le recogería al mediodía delante del Orpheum Theatre en Main Street y lo único que le pedía era asistir con ropa cómoda y ganas de pasar una buena tarde.

Al igual que la última vez que se citaron, el tiempo se le hizo eterno a ratos, aunque Patrick reclamara las cuotas de atención correspondientes a un niño de su edad y le obsequiara con menos opciones para ejercitar el cerebro con cábalas y posibles temas de conversación.

Al día siguiente, al punto de las doce, Jesse Colter aguardaría en pie delante del edificio del Orpheum con la ilusión de un escolar camino del zoológico por primera vez. Pocos minutos después de la hora convenida, una limusina negra con los cristales tintados se detuvo a su vera. El chofer, el mismo que anteriormente le había llevado a Graceland lo reconoció en seguida y le obsequió con una sonrisa de complicidad, acompañada de un fuerte apretón de manos a modo de saludo cortés.

De la misma manera que en el trayecto anterior, Colter rehusó viajar en el asiento posterior del vehículo, posibilidad que el conductor ni tan siquiera osó confrontar. Salieron con rapidez del centro por Madison Avenue y en poco más de un cuarto de hora completaron las casi siete millas que distaban hasta su destino.

El vigilante del parque les abrió la barrera y ya en el preciso instante de aparcar, Colter se percató de que en aquella ocasión no compartiría un encuentro exclusivo cara a cara, sinó que era uno más de entre un grupo de amigos, conocidos y empleados de Graceland que habían sido elegidos por el cantante para acompañarle en una tarde de distracción y evasión. No se podía tener siempre todo, pero en el contexto que fuera trataría de aprovechar la nueva oportunidad.

Entre los asistentes distinguió en seguida a uno de sus primos, Gene Smith, y también a Joe Esposito, con el que se conocieron durante el período de instrucción en Fort Hood y con el que fortaleció una buena amistad mientras permanecieron destinados en Alemania.
Todos los presentes bromeaban y demostraban un excelente humor y por unos instantes se sintió como un pez gato fuera del agua en un ambiente que indiscutiblemente no era el suyo. Elvis era el centro de todas las miradas, paseando cogido de la mano de la que entonces ostentaba el cargo de amiga especial, Anita Wood y al distinguir a su conciudadano de Tupelo se acercó rápidamente con su media sonrisa característica y con la dosis habitual de espontaneidad que desde el primer instante condicionó sus encuentros.

- ¡Caray Jesse, has venido! ¡Qué alegría chico! ¡Estás imponente! -le soltó casi sin dejarle opción de respuesta mientras le daba la mano para abrazarlo después y agarrarlo con fuerza por los hombros como si fuera a sacudirlo.
- Pensaba que te habías olvidado de mí.
- Yo jamás olvido a los buenos amigos, sobre todo aquellos que siempre han deseado lo mejor para mí y han creído en lo que hacía.
- ¿Sabes que justo hoy hace tres años que me invitaste a Graceland?
- ¿En serio? Casualidad, brujería, conjunción astral o predestinación. ¡Esto es Memphis! ¡Qué no se te olvide!

Se puso a reír de nuevo, le ciñó por la espalda y le presentó primero a Anita y después a una buena delegación de los presentes. Lo introducía con orgullo como un viejo amigo de Tupelo con el que compartía ciudad natal, baseball, donuts y buen gusto para la música.

Procesando a duras penas la información de caras y nombres, lo único que dominaba su pensamiento era la impresión inicial que le embargó al encontrarse con el cantante. Elvis había cambiado y en ciertos aspectos parecía no ser el mismo. Lo más destacable era la mirada, el brillo de los ojos era tal vez más intenso y también más alejado. Obviando el pequeño detalle sin importancia del pelo tintado de negro por sugerencias del guión, incluso la fisonomía le resultaba diferente, como si hubiera madurado el doble de lo que le correspondía en el intervalo de tiempo transcurrido desde su último encuentro.

El ídolo de jovencitas, símbolo de una generación y Rey del Rock, cuando las circunstancias se lo permitían, continuaba siendo un chico modesto de pueblo sencillo, amante de sus amigos y capaz de divertirse con las propuestas más austeras y terrenales. Para aquella tarde, alejado y liberado de obligaciones cada vez más abundantes y punzantes, les había programado un montón de actividades vinculadas a las atracciones del complejo, para que de alguna manera aunque sólo fuera por un rato todos volvieran a ser niños o en su defecto tratar de recrear su espíritu.

Disfrutaron de "The Rocket", la montaña rusa y los autos de choque y se hartaron de reír en el salón de los espejos poniendo caras y posturas dignas de una portada de la revista *Life*. Colter adoptó un papel de observador más que de participante y avanzada ya la tarde, cuando el hambre empezaba a presentar credenciales fue cuando por fin pudo conversar con su amigo, sentados en la barra de uno de los bares del parque, tal como se conocieron y sin la presencia de ningún actor invitado.
- ¡Dios mío, Jesse! No me cansaría nunca de subir en uno de estos artefactos.

-   Te creo, no hace falta nada más que mirarte y ver la cara de felicidad que se te pone.

Elvis permaneció unos instantes pensativo con aire serio, tal como solía hacer en el Miss River Café, pero en seguida dibujó una de sus mejores risotadas.

-   Bien, ¿Y tu qué, Jesse? ¿Qué has hecho todo esto tiempo?
-   Pues continuar paseando por Memphis, disfrutando de las tabernas y el buen blues, trabajar en el Red Horse Dancer ¡Ah! Y también he tenido tiempo para ser padre. - Lo soltó como si le proporcionara el resultado de un partido de baseball, pero el semblante de Elvis se transformó en una explosión de alegría desbocada.
-   ¿Qué has tenido un hijo? ¡Por todos los santos! ¡Esto sí que es una gran noticia!

Estalló a reír mientras le agarraba por la nuca y le estrechaba la mano con absoluta devoción.

-   ¿Niño o niña?
-   Un chico. Patrick.
-   Yo que no me atrevía a preguntar porqué no habías venido con tu prometida. ¿Emily?
-   Evelyn, y también nos casamos aunque de una forma muy personal.

El cantante volvió a sonreír de emoción mientras aplaudía varias veces.

-       ¡Casado y con un hijo! Jesse, no te puedo dejar solo. Si llego a estar un año más en Europa cuando vuelvo te encuentro como presidente de los Giants.
-   En la vida debemos prepararnos para cualquier imprevisto.
-   Ni que lo digas, amigo mío.
-   ¿Tú, cómo lo llevas? La gente te esperaba con muchas ganas.
-   Al otro lado del lago tenía mis dudas, no fue fácil, pero ahora lo que más deseo es centrarme en trabajar.
-   ¿Música o cine?

- Me gustaría combinar las dos cosas. Lo que pasa es que desde mi regreso, en cuanto a cine, sólo me ofrecen propuestas con guiones que no valen nada. Comedias románticas sin ton ni son totalmente alejadas de la realidad de la gente. Yo provengo de muy abajo y conozco con certeza las cosas sencillas que hacen sentir bien. A veces no es suficiente con una canción, aunque pueda aliviar un poco.
- Entonces rechaza las malas propuestas y déjate llevar por aquello que te dicte el corazón.
- No es fácil, Jesse. Se mezclan un montón de acuerdos y contratos y mucha gente con intereses. Con las canciones todavía tengo alguna cosa que decir, pero con las películas me da la sensación de que me tratan como a un muñeco. No importa si no son papeles protagonistas, me conformo con que tengan un poco de sustancia. No pretendo ser ni Marlon Brando ni el pobre James Dean, como ellos hay muy pocos, pero tampoco es cuestión de ponerse a cantar y bailar sin ningún motivo. La vida no es así, ¡Demonios!

Estos comentarios los expresaba lógicamente antes de protagonizar una significativa retahíla de films que con sustancia o sin ella, le reportaron importantes beneficios tanto a él como al manager, los productores, los promotores, estudios y compañías cinematográficas. La verdad es que el propio Coronel ya se había manifestado al respecto declarando en una entrevista que las películas de su cliente no ganarían nunca premios de la Academia, pero sí que reportarían ganancias monetarias a todo aquel que quisiera invertir.

- El cine es cine y la música, música. No sé si sabes dónde quiero ir a parar.
- Creo que me hago una ligera idea, pero tú tienes la última palabra, Elvis. Piensa en ti y en lo que verdaderamente te hace feliz.
- Lo intentaré pero mucha gente depende de mí.

Volvió a aplaudir, pero esta vez en un solo movimiento y para certificar un cambio de tema que incidía demasiado en la actualidad inmediata, y aquel día lo había planificado para distraerse y pasarlo bien sin ningún otro añadido. Un paréntesis totalmente merecido para él y los suyos.

- Bien Jesse, no sé tú, pero yo tengo tanto apetito que me comería un buey entero.

Los empleados del restaurante del parque empezaron a traer hamburguesas y *hot-dogs* cerca de la barra donde Jesse y Elvis conversaban y al propagarse el aroma, en pocos instantes la mayoría de invitados se acercaron famélicos y con ganas de atenuar igualmente la sed.

Anita Wood besó al anfitrión y con una sonrisa se sentó entre los dos amigos que ya devoraban los primeros bocadillos del montón.

- Creo que podría vivir sólo a base de *hot-dogs*, pero nada como el sándwich de plátano flameado de la abuela Dodger, ¿No crees Jesse?
- Sin ninguna duda, todavía lo recuerdo. ¡Absolutamente inigualable!

La velada continuó llena de bromas, risotadas, cervezas, refrescos y atracciones de todo tipo. Superada la medianoche, Colter interpeló al chofer para llevarlo de vuelta a casa, no sin antes tratar de despedirse del cantante. Como sería casi siempre habitual hasta el fin de su viaje particular, Elvis continuaba rodeado de gente, pero atendió durante unos momentos la demanda de su invitado de Tupelo. - Me ha hecho muy feliz tenerte hoy aquí, Jesse.

- El sentimiento es mutuo. Ya sabes donde encontrarme siempre que quieras o me necesites.
- Gracias chico. ¿Todavía vas al Miss River Cafe?
- Siempre que puedo me acerco o según los encargos me lo combino bien. Ya sabes como soy.
- Allí pasé muy buenos ratos y soñé mucho también.
- El poder de Beale Street supongo.

- No sé cuando podremos volver a vernos pero me encantaría conocer a tu hijo.

- Espero que sea pronto. Te deseo lo mejor de todo corazón y tal como siempre te repito, escucha sólo a aquellos que de verdad te quieren bien. Aléjate del resto.

- Así lo haré, hermano. Cuida de Evelyn, creo que vale un imperio.

Se dieron la mano y se abrazaron con fuerza. Minutos después volvía a rodearse de invitados y amigos dejando de ser Elvis para transformarse de nuevo en "Elvis Presley", al tiempo que Jesse Colter cabizbajo y pensativo se encaminaba hacia el aparcamiento del recinto flanqueado por el conductor de la limusina. En aquel momento no lo sabía, pero aquella sería la última vez que tendría contacto directo con su ídolo.

Al llegar a casa, después de acariciar a su mujer y besar a su hijo mientras dormían, se sentó en la oscuridad del salón y acto seguido fue invadido por un profundo sentimiento de soledad. No podía dejar de pensar en Elvis y de todo lo que le caería encima como si fuera una riada de acontecimientos. Si hubiera sido escritor, de su ausencia extraería un buen relato, igualmente si su vocación fuera la música, de esta particular historia compondría las bases de un buen blues, pero Jesse Colter era simplemente un hombre corriente.

A la mañana siguiente, durante el desayuno, le describió toda la experiencia a Evelyn que escuchaba maravillada sintiendo verdadera adoración por todo lo relacionado con Elvis, su voz y sus canciones.

El cantante pronto regresaría a Hollywood para reincorporarse a las obligaciones como actor donde pasaría gran parte del verano, en este caso inmerso en el nuevo proyecto cinematográfico que volvía a ser un western, que tras contemplar diferentes títulos provisionales se acabó presentando en sociedad como *Flaming Star*.

Memphis podía ser la cuna y punto de encuentro de muchas corrientes musicales, pero en el aspecto patriótico no era ninguna excepción y al igual que la mayoría de poblaciones norteamericanas, sufría en primera persona el efecto de unas próximas elecciones presidenciales llamadas a cambiar el curso de la historia del país, condicionado por vivir el tramo final de la administración Eisenhower. Su vicepresidente, Richard Nixon, se presentaba como candidato republicano, mientras que para los demócratas, el senador de Massachussetts, John Fitzgerald Kennedy era su apuesta de cambio. Por primera vez, Alaska y Hawaii podían adherirse a los comicios al haber obtenido el año anterior su condición de estado reconocido.

Las encuestas recogidas en agosto auguraban una ligera ventaja al candidato republicano, pero de forma encubierta soplaban aires de renovación sin tener en cuenta alternativas más descaradas que proponían al mismo Elvis como candidato independiente con el eslogan: "Presley for President!".

El poder de los nuevos medios de comunicación y el efecto que producirían en las personas estaba llamado a cambiar el planteamiento de la mayoría de estrategias de mercado y también de la política. La capacidad de convocatoria y presencia de la pequeña pantalla superaba con creces la de otros canales tradicionales como el radiofónico o la prensa escrita.

Elvis Presley lo vivió y se benefició en primera persona un lustro antes y puede que sin la repercusión de sus apariciones televisivas a escala nacional, su estrella tan solo hubiera brillado una temporada en el Mid-South y alredededores.

Ahora, lo que estaba en juego era el futuro inmediato de la nación y rompiendo con cualquier protocolo del pasado, aquellas se convertirían en las primeras elecciones en retransmitir debates televisivos de los candidatos, estableciendo una pauta que se perpetuaría en el tiempo y se erigiría en base inherente de futuras campañas. Una práctica que se extendería a nivel internacional, a medida que la tecnología también se imponía, sobre todo en países de teórica tradición democrática.

Los Estados Unidos deseaban posicionarse al frente, pero todavía tenían heridas por cerrar y muchos asuntos importantes pendientes de resolución, entre los que destacaba a gritos el de la segregación racial. No de forma casual y en consonancia con toda la efervescencia política que se vivía, el Reverendo y activista Martin Luther King era arrestado en Georgia liderando una marcha a favor de los derechos civiles, y mientras Nixon no se involucraba en el incidente, Kennedy llamaba a las autoridades pertinentes presionando a favor de su excarcelación.

En según que estados, la historia parecía evolucionar a un ritmo más lento y no resultaba nada fácil romper con tabús generacionales contaminados por la religión, los prejuicios, las tradiciones, la ignorancia y la intolerancia. Por tanto, continuaría habiendo días en los cuales los zoológicos sólo admitirían a gente de color, alternancia también en las piscinas municipales y separación en el uso de los urinarios públicos, dentro de unos parámetros de absoluta normalidad y acorde con lo que siempre se había hecho.

La música, en este aspecto sin tener conciencia inicial, jugaba un papel más conciliador, a pesar de que estilos y tendencias igualmente fueran más propios de un colectivo o de otro. El country se fortalecía navegando y evolucionando en el entorno de los blancos, el rock 'n' roll flirteaba con todo el mundo y el blues continuaba siendo patrimonio de los negros.

Dejando aparcadas las evidentes áreas de influencia que cada población explotara, las emisoras de radio locales del estado de Tennessee apostaban por la convivencia en línea continuista y tolerante, afín a lo que disk-jockeys como Dewey Phillips postularon unos años antes cuando el contexto era todavía más complejo.

Conforme a la realidad, 1960 dio la bienvenida a discos honestos y fieles al género como *The blues of Lightnin' Hopkins* o *Blues by Lonnie Jonson* de artistas excepcionales que se editaban en perfecta armonía con otros más alejados estilísticamente, como eran el *More gunfighter ballads and trail songs* de Marty Robbins, que repetía una fórmula iniciada el año anterior reivindicando canciones tradicionales vinculadas a bandoleros y al espíritu legendario del viejo oeste. En una tesitura similar se barajaba asimismo una primeriza apuesta de la Sun Records, Johnny Cash. Ahora, totalmente consagrado y bajo la disciplina de una gran discográfica como Columbia Records, se aventuraba con valentía en la promoción de un álbum conceptual, que tras el título de *Ride this train* profundizaba en las raíces, el encanto y el espíritu de composiciones directamente condicionadas por el influjo de los trenes y el universo del ferrocarril. En este trabajo, se encontraban sencillos como "Loading coal", "Slow rider" o "Going to Memphis", que parecía diseñada a medida como referente a los nativos de la población y sobre todo para sus antepasados, con ecos de blues, cadenas, esclavitud, campos de cultivo y el horizonte de las libertades y emancipación que una ciudad como aquella postulaba. En el fondo, compartían una raíz común de la que para bien o para mal todo el mundo se nutría, y ya podía ser el maldito blues, el country y los locales de honky tonk, las canciones tradicionales, el viejo oeste con forajidos de leyenda y duelos al alba o el alma del río siempre omnipresente condicionando el día a día de sus habitantes, aunque fuera desde un discreto segundo plano, lo que marcaba el compás de los acontecimientos.

El Red Horse Dancer, sensible a los importantes cambios sociológicos, hacía años que tenía instalada una línea telefónica y un aparato en condiciones totalmente operativo, pero dadas las características de la explotación del negocio y el talante de clientes, visitantes y proveedores, rara era la ocasión en que se podía escuchar, siendo destinado básicamente a casos de emergencia. Por esta razón, cuando aquel jueves de octubre a media mañana el teléfono exhibió su timbre inquisidor, los presentes se mostraron sorprendidos.

Respondió en primera instancia Washington que con modales de mayordomo inglés reclamó la presencia de Colter, a quien iba dirigida la llamada. Al atender el auricular y con apenas escuchar la pronunciación de su nombre, en seguida reconoció la identidad del interlocutor. Harmónica Frank por fin daba señales de vida con alegría contenida por ambos interesados que se emplazaron para el siguiente martes, y como no podía ser de ninguna otra manera en Shane's, para compartir novedades, recuerdos, unas cervezas y un buen par de hamburguesas.

Escogió aquel medio de comunicación porqué conociendo a la patrona, sabía a ciencia cierta que derivaría la responsabilidad de responder en beneficio de los empleados masculinos del establecimiento, probabilidad que ampliaba el margen de acierto caso de continuar trabajando allí.

Jesse se combinó una permuta de turno con su compañero y con la complicidad de Evelyn que lo exhortó a presentarse solo, se personó con la ilusión de un colegial con ganas de reencontrarse con un antiguo compañero de instituto y promoción.

Cuando llegó, Frank Floyd ya reposaba sentado en uno de los reservados y al reconocerlo, se levantó como si llevara un muelle adherido a las nalgas. Las palabras no fueron necesarias, agarrándose con fuerza con manos y muñecas empezaron a saltar y reír descontroladamente, como si acabaran de realizar una trastada o comentar una tontería.

El amigo Floyd tenía el pelo un poco más blanco, lucía un perímetro ligeramente rollizo, pero en conjunto su aspecto era saludable. El matrimonio aparentemente estable y la ausencia de puñales y vudú parecían sentarle bastante bien. Al tiempo que engullían las primeras cervezas servidas por Mike, que se mostró encantado de acogerlos de nuevo juntos, se pusieron al día de las respectivas situaciones personales con mujeres, hijos y obligaciones como primera parada obligatoria de la conversación.

Jesse le relató el reciente encuentro con Elvis y a continuación se desviaron a charlar de música y del panorama actual mientras de fondo, sumándose al intercambio, John Lee Hooker destilaba las notas de su "Hobo blues", en perfecta simetría con el espíritu de vagabundo que cautivaba a los dos amigos.

- Frank, ¿No tendrás la guitarra y la armónica guardadas dentro de un baúl lleno de polvo?
- No, pero casi como si lo estuvieran.
- ¡No me lo puedo creer! Tal vez deberías volver con la adivina de los pantanos.

Sonrie- Puede que sí, pero provocaba un montón de dolores de cabeza, a parte de tener un "corazón" muy generoso capaz de obsequiar con "amor" a más de uno a la vez. No es que me diera por ejercer el papel de amante celoso, pero sólo me traía problemas.

- Me hago cargo.
- ¿Sabes qué pasa, Jesse? Que a medida que te haces mayor pierdes el interés por aquello que tanto te gustaba antes.
- Esto no es un buen negocio, amigo.
- Mira chico, a principios de los cincuenta, más o menos un par de años antes de que tu y yo nos conociéramos, hice un viaje a Chicago siguiendo la sugerencia de Sam Phillips y también por aquello de catar en primera persona el ambiente que se respiraba con la reciente fundación de la discográfica Chess. Era entonces una de las principales impulsoras del latido musical y apostó por unos primerizos Muddy Waters o Little Walter. Pues, ¿A qué no sabes a quién encontré trabajando de chofer?
- Me lo tendrás que decir tú.
- ¡A "Montana" Taylor! ¿Sabes de quién te estoy hablando?
- Lo siento, pero no.

- Querido Jesse, Arthur "Montana" Taylor era un pianista de boggie-woogie extraordinario, pionero en lo que más tarde algunos iluminados definieron como barrelhouse… Aparcando las etiquetas que al igual que sucede con los pantalones a veces para lo único que sirven es para confundir, yo lo que sí que puedo asegurar es que movía los dedos por encima de las teclas como un verdadero diablo.
- ¿Qué le había pasado? ¿Ya no tocaba?
- Un poco de todo. De su Butte natal pasó a Indianápolis y Cleveland para recalar después en Chicago, y cuando parecía que lo podía tener todo de cara, su talento se extinguía haciendo de conductor.
- ¿Mala suerte?
- No lo sé chico, pero me prometí que yo no terminaría de la misma manera y ya ves, vendiendo helados en Dallas, casado y haciendo trabajos "serios" aquí en Memphis.

Harmónica Frank, con semblante serio durante unos instantes, tragó una buena dosis de cerveza mientras se quedaba pensativo mirando por el escaparate de la cafetería, como si el ir y venir del tráfico rodado le pudiera proporcionar la respuesta a su situación personal, pero como era habitual, en seguida recuperó su talante optimista y un poco sinvergüenza.

- ¿Y tú qué, muchacho? Papá, casado y cortando el bacalao en el Red Horse Dancer ¿Qué tal le va a Madame Louise? ¿Conserva la pechuga en buen estado?
- Madame Louise es una buena mujer, tú lo sabes mejor que nadie y además se ha portado muy bien con nosotros.
- Trátala con respeto, no le hagas la rosca y obtendrás de ella lo que quieras. Ahora que tienes un hijo, ¿Qué planes de futuro te rondan por la cabeza? Dicen que lo cambia todo.
- La verdad es que sí, nada tiene el mismo sentido, pero además yo cuento con un problema añadido.

Jesse Colter se concentró directamente en los ojos de su amigo, con la incógnita de la confesión condensada en la mirada.
- ¿Has conocido a otra?

- ¡Ni por asomo! - Hizo una pausa, respiró hondo y lo soltó sin rodeos.
- Frank, ¿Me creerías si te dijera que vengo de otra época? Harmónica Frank observó de arriba abajo a Colter, chasqueó la lengua con el paladar, guiñó un ojo de forma condescendiente, medio giró la cara en señal de afirmación y con una sonrisa de oreja a oreja respondió con la indiferencia de haberle preguntado retóricamente por el nombre del Presidente.
- Yo, de Memphis y del Mississippi, me lo creo y lo espero absolutamente todo.
- Te lo estoy diciendo en serio.
- Y yo también, amigo mío. Desde el principio sabía que escondías algunas cartas, pensaba más bien en algún crimen del pasado pero me da igual. Lo único que te puedo decir es que vengas de la época que vengas, hagas como el gran Robert Johnson y como siempre repito, exprime al máximo el limón, "Squeeze the lemon" y no esperes a que aparezca el diablo para sacarte las castañas del fuego, porqué lo tendrás que hacer tu solo.

Si aquella filosofía la hubiera podido extrapolar al contenido de sus composiciones, con casi total seguridad, las campanas del éxito hubieran repicado mucho más fuerte. Pero Harmónica Frank Floyd con la guitarra en las manos se transformaba en un verdadero sátiro, un pollo de corral musical con la única prioridad de transmitir las sensaciones más ancestrales que le sacudían el juicio y el organismo.

Se despidieron utilizando la misma fórmula con la que celebraron su reencuentro, abrazándose y riendo, y esta vez con la firme promesa de verse de nuevo muy pronto, con la amenaza añadida por parte del *bluesman* de disponer del número de teléfono de Colter en su agenda particular.

El futuro a Frank Floyd le ofrecería una última oportunidad en el ámbito musical cuando menos lo esperaba. El *revival* y el interés por el blues impulsado sobre todo desde las islas británicas durante la segunda mitad de la década, provocaron que su música empezara a despertar la curiosidad entre todos aquellos que escarbaban en búsqueda de las raíces más profundas. A pesar de todo, debería esperar hasta inicios de los setenta para recibir su recompensa en forma de pequeño homenaje.

Un investigador del género llamado Steve Lavere lo redescubrió proporcionándole la posibilidad no tan solo de actuar en festivales especializados, sinó también de grabar algunos álbumes. Quizá el haber envejecido prematuramente, le ayudó a conservar una buena capacidad pulmonar para cantar y soplar la armónica con la misma intensidad que un joven cargado de hormonas. Harmónica Frank moriría en Blanchester (Ohio) el 7 de agosto de 1984, pero todavía no había jugado su última mano en Memphis.

Antes de marcharse de Shane's, Colter se detuvo unos minutos a charlar con Mike. El propietario de la cafetería se mostraba impaciente con la inminente *première* de   *The Magnificient Seven* ('Los siete magníficos') programada para el día veintitrés de aquel mes. Dirigida por John Sturges y protagonizada entre otros por Yul Brynner, Steve McQueen y Eli Wallach se convertiría rápidamente en un western clásico poco después de su estreno. Lo cierto es que el pobre Mike, sentado en la butaca, irrumpiría en llantos de emoción al escuchar las primeras notas de la partitura principal creada por Elmer Bernstein, que igualmente se erigiría en icono del séptimo arte y de rebote también del *American way of life*.

Desgraciadamente y avanzando un poco en el tiempo, el cine perdería pocas semanas más tarde al que en su momento fue considerado el "Rey de Hollywood". Clark Gable fallecía a los 59 años de un ataque al corazón días después de concluir el rodaje de la que sería su película final, *The Misfits* ('Vidas rebeldes'), al lado de Montgomery Clift y Marilyn Monroe. Otro monarca sin corona ni reino concreto, pero con una legión de súbditos que ya la querrían en nómina un buen puñado de soberanos marmóreos de la vieja Europa.

La caída de las hojas de los árboles y la inevitable llegada del otoño, con el contenido implícito de nostalgia añadida, a parte de respetar los compromisos acordados, seguramente favoreció una nueva entrada de Elvis Presley en el estudio de grabación. Una vez más, el emplazamiento elegido fue el pequeño recinto de RCA en Nashville que tan buenas sensaciones había proporcionado meses antes con el *Elvis is back*.

Rodeado por el plantel de músicos que venía siendo habitual, el cantante de Tupelo por fin podía hacer realidad uno de sus sueños de adolescencia y juventud: grabar un álbum de canciones centrado exclusivamente en el gospel, estilo por el que sentía verdadera devoción a parte de profunda estima y conocimiento.

Una sola sesión sería suficiente para adaptar a su terreno clásicos del género como "Milky white way", "Mansion over the hilltop", "Known only to him" o "Working on the building", inmersos en el contexto de un disco lleno de magia y espiritualidad reverencial que saldría al mercado con el título de *His hand in mine*, mostrando en la portada un Elvis serio, sentado delante de un órgano de tonalidades cremosas, con evidentes connotaciones eclesiásticas.

La presencia de Dios y la religiosidad tan cotidiana en los estados del sur que desde siempre se había traducido en su carácter musical también se haría extensiva a las elecciones presidenciales rogando por los mejores deseos para la nación.

El 8 de noviembre de 1960, el mismo día que Elvis Presley ponía la guinda en Los Ángeles a la grabación de las canciones que configurarían el repertorio de la banda sonora de su nuevo reto cinematográfico, *Wild in the country*, esta vez con guión y contenido serio mostrando más al actor que al cantante, los ciudadanos de los Estados Unidos estaban convocados a las urnas en unas elecciones presidenciales llamadas a modificar el curso de los acontecimientos.

Aquella misma noche ya pasaría directamente a la historia de las jornadas electorales por arbitrar un resultado final tan ajustado nunca visto hasta entonces y que desde el principio, dio pie a controversias y acusaciones de manipulación por parte de ambos partidos mayoritarios. Puede que la incertidumbre generada alrededor de aquel recuento y la cuestionable absoluta sensación de legalidad de los comicios, con la sombra de la duda asociada a un hipotético fraude electoral, sembrara una de las semillas por las que tres años después, el ganador y nuevo Presidente, John Fitzgerald Kennedy acabara con el cráneo cosido a balazos en las calles de Dallas un 22 de noviembre, en lo que para muchos supuso un golpe de estado encubierto en forma de magnicidio haciendo tambalear las estructuras democráticas de la tierra de las oportunidades, la libertad y los sueños. Sin embargo, su imagen, fuerza y poder de convocatoria dispensarían una buena dosis de esperanza de renovación a muchos norteamericanos, entre ellos, Jesse Colter y las chicas del club, que le brindaron todo su apoyo desde el principio, a pesar de que él no pudiera votar por razones obvias en cuanto a inscripción en el censo.

La conmemoración del Día de Acción de Gracias, el cuarto jueves del mes de noviembre, es importante porqué reúne alrededor de una mesa a las familias de todo tipo de creencias y confesiones, y marca también en el horizonte la proximidad de la Navidad para aquellos que profesan religión de orientación cristiana.

Un pistoletazo de salida a la celebración de unas fiestas que para Jesse Colter volverían a estar cargadas de buenos deseos y propósitos de futuro. Si justo unos meses antes festejaban el primer cumpleaños del pequeño, ahora Patrick vivía su segunda Navidad arropado por la familia de circunstancias, donde las "tías" Louise y Blue Charlotte ya desempeñaban un papel más participativo.

Sus primeras sonrisas espontáneas contagiaban a todos y aunque sólo fuera por unos instantes valía la pena recuperar un espíritu indisolublemente vinculado a la infancia.

Coincidiendo con el revuelo del montaje de árboles de Navidad, luces decorativas recurrentes en el exterior de domicilios particulares y comercios, que igualmente engalanaban los escaparates con todo tipo de reclamos originales, el manager de Elvis, el Coronel Tom Parker, tramaba nuevas ideas promocionales en el interior de su oficina.

La prensa publicaba la movilización para recaudar fondos destinados a la construcción de un memorial en la bahía de Pearl Harbor, en recuerdo a los marineros muertos durante el ataque japonés en el interior del *USS Arizona*.

Simultaneado con el rodaje en las islas paradisíacas del nuevo compromiso cinematográfico de su cliente, sería un gran golpe de efecto la organización de un concierto benéfico precisamente para contribuir económicamente en la consolidación del proyecto monumental. Toda una demostración de compromiso y patriotismo que siempre había caracterizado la figura de Elvis Presley y que dentro del contexto de cambio de administración que vivía el gobierno de la nación, se erigía claramente a su favor.

El cantante regresaría a Graceland para pasar allí la primera Navidad desde la muerte de su madre, un trago aciago todavía difícil de gestionar emocionalmente. Mientras tanto, las calles de la ciudad despertaron aquellos días ligeramente cubiertas de nieve, como si fueran el escenario del dulce final de un cuento infantil.

CAPÍTULO XIII

Después de celebrar un nuevo cumpleaños, las perspectivas inmediatas para Elvis eran inmejorables, con un elenco de proyectos cinematográficos y alguno discográfico divisando un futuro prometedor de éxitos, dinero y contratos cerrados con diferentes productoras, contando con la implacable y astuta supervisión del Coronel que no dejaba pasar ni un solo fleco, obteniendo el máximo rendimiento a cualquier acuerdo por insignificante que pudiera parecer a priori.

En Memphis, los días eran cortos, fríos y poco concurridos, sobre todo en el Red Horse Dancer, que cíclicamente peleaba con la que habitualmente era la época más floja de la temporada.

Las primeras jornadas de aquel mes de enero estuvieron condicionadas en gran medida por las expectativas políticas y la polvareda que levantó la toma de posesión del nuevo Presidente de la nación. Un elemento más de concienciación moral colectiva que en absoluto favorecía los intereses del negocio de Madame Louise, aunque tanto ella como las chicas, tenían la certeza que todo el asunto sería como superar unas fiebres, cuestión de más o menos tiempo para que las costumbres, necesidades y ganas de distracción recuperaran las cuotas habituales de "regularidad".

La ceremonia y juramento asociado se programaron para el viernes 20 y manteniendo la fidelidad a la tradición, al mediodía, bajo la supervisión de las escaleras del Capitolio, constituidas como telón de fondo y perfecto escenario natural.

Aquella mañana, Colter salió con un buen surtido de encargos destinados a solventar hipotéticos inconvenientes del fin de semana. Tal como había hecho unos años antes pero de forma accidental y ahora en circunstancias muy distintas, hizo una escala técnica en Shane's para tomar un buen tentempié y asistir gracias a la televisión a un nuevo momento histórico.

La diferencia horaria entre Memphis y Washington DC era de una hora, por tanto no existía ninguna contrariedad en cuanto a conciliación de intereses. En lo que sí que se evidenciaba un fuerte contraste era en el aspecto climatológico.

La ciudad de Tennessee se levantó gris y oscura, con un cielo que no presagiaba nada bueno, una mezcla de tormenta eléctrica con trazos premonitorios de nevada. La presión atmosférica disminuyó substancialmente provocando que muchos ciudadanos se quejaran de jaqueca y mal humor injustificado, y que ni tan solo los osados pájaros de temporada se aventuraran a proceder con sus simples vuelos de reconocimiento. Incluso el flujo del río parecía deslizarse más lentamente, como si la densidad fuera mayor y arrastrara un caudal más cercano a la consistencia del plasma o a una erupción volcánica en lugar de agua de las montañas procedente del lago Itasca y las cascadas de Saint Anthony.

El panorama en la capital de la nación era mucho más estimulante y condescendiente con la trascendencia del momento. La temperatura también era baja, pero el cielo lucía azul, claro y ausente de nubes. En este escenario de esperanza, JFK, rodeado de personalidades como Truman, Eisenhower, Johnson o Nixon, ejecutó la fórmula de juramento como trigésimo quinto Presidente de los Estados Unidos.
Ya en su discurso inaugural estableció su base de declaración de intenciones y trató de implicar a los ciudadanos con frases impactantes cargadas de compromiso como:

"No preguntes lo que tu país puede hacer por ti, pregunta lo que tu puedes hacer por tu país".

En órbita paralela, definió el eje de su política interna como "la nueva frontera" *(New frontier)* y prometió ya desde el principio destinar fondos para prioridades como educación, atención médica y la tercera edad, así como para poner fin a la recesión y a la lacra de la discriminación racial.

A pesar del carisma, la convicción y la evidente capacidad de convocatoria, la confianza de los ciudadanos no era unánime respecto a la culminación de su programa. El sur no cambiaría fácilmente su inercia de un día para otro. El camino se presentaba largo, tortuoso y con muchas espinas pendientes de arrancar.

El murmullo que provocó en la cafetería de Mike una vez puso fin a su proclama se constituyó en la respuesta perfecta a lo que una gran parte del electorado experimentaba: una miscelánea de conservadurismo, escepticismo, dualidad y sobre todo miedo a perder una cierta cuota de privilegios teóricamente adquiridos con el beneplácito de la historia y las costumbres incuestionables.

Defensores y detractores en seguida recuperaron el propio ritmo cotidiano y el sonido de la plancha friendo hamburguesas, tenedores y cuchillos peleándose con los platos, las discusiones deportivas y la música de la radio señalaron que para la mayoría, las cosas no se transformarían rápidamente como si fueran trucos de magia.
Colter se despidió colectivamente de Mike y un grupo de habituales deseándoles lo mejor para la jornada y lo que estaba por venir. Antes de ir al club, se acercó a su casa para dejar un par de encargos y saludar a su mujer y al pequeño.

Después de una ducha de agua caliente reparadora para favorecer la circulación, se vistió, se acicaló y se encaminó al Red Horse Dancer con pocas esperanzas de movimiento relativo al negocio.

El transcurrir de las horas no fue favorable a que la tarde mejorara sus perspectivas. El anochecer avanzó su llegada debido a que la oscuridad del cielo amortiguaba aún más la influencia lumínica de la claridad del día. Si un rato antes las ráfagas de un fuerte viento trasportando tímidamente algún que otro copo de nieve furtivo planteaba dudas sobre el desenlace, la presencia progresiva de rayos amenazadores acercándose por el horizonte acabaron por definir la solución al conflicto meteorológico. Una tormenta que empezó con lluvia, derivó en fuerte granizo y estuvo acompañada en todo momento por una imponente sinfonía de rayos y truenos que no invitaban precisamente a los mejores deseos.

En estas condiciones, el personal del club encaró la agenda laboral con el pleno convencimiento que sería dedicada básicamente a la limpieza y la organización interna, alternado con la valoración y comentarios acerca de la sensación que había transmitido individualmente el nuevo Presidente del país en su primer parlamento como tal.

Muchas veces, las cosas, de la misma manera que llegan se vuelven a marchar, sin ninguna explicación añadida. De repente, poco antes de medianoche, acariciando el reloj la hora de las brujas, unos fuertes golpes en la puerta que se confundían con la intensidad y temblor provocados por los abundantes truenos, quebraron la estabilidad y armonía de la velada. El interfecto en cuestión eludía el recurso de la sugerente campanilla, a parte de acompañar su insistencia con alaridos guturales, desmesurados y fuera de tono que rápidamente proporcionaron la pista definitiva sobre la identidad del emisor.
- ¡Abrid! ¡Concubinas del demonio! ¡Dejad entrar a un hombre de Dios y arrepentíos de vuestros actos blasfemos!

Las chicas reaccionaron inicialmente con miedo y estupefacción, y optaron con cautela por dejarlo golpear y esperar que se calmara en sus demandas reivindicativas de acceso. La estrategia del desgaste no funcionó y sufriendo por la integridad física de la puerta principal y las vallas del pequeño jardín, fue Jesse Colter el que decidió salir a tranquilizarlo mientras Madame Lamont llamaba al Departamento de Policía.

- Predicador, haga el favor de calmarse y no asustar más a las chicas con sus gritos. La noche ya tiene bastante mal augurio para que venga usted a añadir más leña al fuego.

- ¿Qué me calme? ¿Qué me calme? Me dices tú, ¡Esclavo y servidor del maligno! ¿Es que no hay nadie en todo este maldito país que tenga un poco de sentido común y vea lo que realmente está sucediendo? - El rostro del clérigo venía encendido por el alcohol y su mirada iracunda no presagiaba nada bueno. El evento político de mediodía y seguramente la visita previa y prolongada a un amplio surtido de tabernas de Beale Street y alrededores remataron la faena para presentarse al Red Horse Dancer en aquellas condiciones.

- Perdemos los valores y todos os quedáis parados como espantapájaros. Tenemos ahora un católico, papista de mierda en la Casa Blanca y ¿No pensáis mover un dedo? Un amigo de los negros que mezclará coles con nabos como si nada y ¿Vosotros pensáis que el Señor proveerá? ¡Cobardes! ¡Gandules! ¡Inmorales!

Colter intentó aplacar aquella rabia y con palabras amables, mejores maneras y sin tan siquiera mostrar intención de tocarle trató de templar su enojo mientras la fuerte lluvia aumentaba su magnitud y cadencia y los laterales de las calles empezaban a parecer pequeños riachuelos incontrolados.

Una serie de relámpagos y truenos sobrenaturales parecieron encender más su locura y actuaron como detonante. Se agarraron fuertemente por los brazos, el Reverendo con evidente intencionalidad agresora y Colter en actitud total de defensa y contención, realizando un esfuerzo desmesurado por mantenerlo a raya. En aquel esperpéntico abrazo, marcando el paso como una grotesca pareja de baile, se alejaron hasta el otro lado de la calle, donde tras unos coches aparcados el predicador por fin pudo zafarse y comenzar a lanzar su ataque en forma de puñetazos.

La fuerte cortina de agua que caía del cielo y la sombra proyectada por la luz de un farol medio fundido impidieron a las asustadas chicas ubicar con claridad la situación exacta de los dos contendientes.

El zumbido lejano de la sirena de la policía acercándose aventuraba una rápida solución al conflicto, pero esta vez a Colter, le falló la variable tiempo. Era difícil contener y esquivar el ataque descontrolado del Reverendo y uno de aquellos golpes le acertó de lleno el rostro haciéndole perder estabilidad y la verticalidad para impactar después contra el parachoques de un automóvil.

Coincidió casi con el preciso instante en que el joven Washington, por fin localizado, salía como un poseso a socorrer a su compañero y la patrulla del ayudante del Sheriff se personaba finalmente delante del Red Horse Dancer con un potente frenazo.

Estudios médicos vinculados al breve intervalo que separa la vida de la muerte hablan de diferentes interpretaciones, en ocasiones reforzadas por un elemento común diferencial y a la vez repetitivo. En casos traumáticos, al intuir de alguna manera la presencia inminente del instante final, se tiende a optar por esquivar la realidad en un esfuerzo incontrolado de incredulidad y negación ante la cara que presenta la Parca.

Jesse Colter, lo único que notó fue una oscuridad repentina que le invadía todo el cuerpo, una combinación de frío, hormigueo y profunda modorra, aunque aún tuvo tiempo de escuchar la voz de Mordecai Tobias Letterheart, lanzando una postrera arenga directamente dirigida a él con ironía y contundencia:

- *¡Hodie mihi, cras tibi!*

Una muestra más de su temperamento evangelizador, haciendo referencia a la locución latina muy presente en la entrada de los cementerios y que viene a significar: "¡Hoy yo, mañana por ti!".

Inmediatamente, le acompañaron una sucesión de visiones donde se concentraban toda clase de recuerdos, pensamientos y deseos. Las puertas de Graceland, las calles de Tupelo, el cabello de Evelyn, la mirada de su hijo y para terminar una larga cuesta en forma de avenida, flanqueada por un paseo de cipreses a cada lado que desembocaba en la entrada de una pequeña ermita cerrada a cal y canto. Instantes después, tinieblas, sensación de paz y la nada.

Cuando Washington, el adjunto del Sheriff y el oficial y conductor de la patrulla se congregaron detrás de los coches en el escenario de la batalla, lo único que hallaron fue al predicador Letterheart con los ojos desorbitados, fijos como una lechuza aturdida y con la boca abierta como un patán petrificado.
- ¿Dónde está mal nacido? ¿Dónde lo has arrastrado?
- ¡Se ha esfumado como la ceniza! ¡Lo juro por los sagrados clavos de Jesucristo!
- Esta última frase la repetía una y otra vez como si fuera víctima de un tic nervioso, totalmente sumiso y sin oponer ningún tipo de resistencia mientras lo esposaban y lo introducían en el coche patrulla.

Buscaron y rebuscaron el cuerpo de Jesse Colter por los alrededores del club sin obtener resultado alguno. La explicación más lógica y coherente se aferraba a la fuerte corriente de lluvia que posiblemente lo había arrastrado calle abajo hasta orillas del río y que tarde o temprano aparecería en algún lecho escondido y recóndito de sus meandros más lentos.

Sin cadáver no había acusación y sin acusación tampoco proceso ni juicio. Así pues, tras unos días de arresto esperando recabar pruebas del homicidio, a las autoridades no les quedó más remedio que dejar en libertad al reverendo Letterheart, que internamente continuaba reconstruyendo una explicación lógica dentro de su cerebro que diera respuesta a la repentina desaparición de aquel pobre desgraciado que había osado contravenir los designios de Dios. Puede que el alcohol y las ganas de impartir justicia le desvirtuaran la percepción de la realidad, pero cuanto más buscaba una explicación terrenal a la resolución del conflicto, más nítidamente se le dibujaba la volatilización del pecador, aturdido por el golpe y acurrucado en el suelo como un polluelo desvalido.

Madame Lamont, Blue Charlotte y el resto de chicas y personal del Red Horse Dancer no aceptaban fácilmente el desenlace fatal y tardaron tiempo en conciliar en la misma dirección lo que corazón y entendimiento les proponían.

Jugando una liga muy distinta, en una actitud más pragmática, se situó la reacción de Evelyn. Evidentemente, en un primer momento experimentó la ausencia con el sudor frío de una espada gélida traspasando su alma, pero de alguna manera se cumplió lo que siempre había temido. Tal como vino se marchó y tal como apareció se desvaneció, sin reproches ni pasado. A pesar de las circunstancias y el dolor, el vivo recuerdo en el interior de su cabeza, mucho más intenso que una imagen, era lo único que nadie le podría arrebatar jamás.

Los engranajes reguladores del tiempo en Beale Street, en Memphis, en el Mid-South y en el resto de la nación continuarían enlazándose con más o menos obstáculos, gobernando demócratas o republicanos, escuchando blues o rock 'n' roll, evitando los inconvenientes de turno, pero siempre en la dirección de un futuro incierto y desconocido.

El joven de Tupelo, absolutamente consagrado como Rey del Rock, encararía los sesenta cargado de compromisos y proyectos, sensaciones positivas y mejores expectativas. Las decisiones que tomó fueron las que consideró oportunas y popularidad, crítica, listas, resultados comerciales y análisis artístico se encargarían de efectuar las valoraciones pertinentes.

La voz de Elvis Presley durante aquellos primeros años de la década sonaba mejor que nunca: llena de espiritualidad y sensibilidad, rica en matices y con un registro amplio y versátil, fruto de la madurez y seguridad adquiridas, y repleta de potentes argumentos que avalaban una gran profesionalidad en continua evolución.

Un nuevo contacto con el estudio B de RCA en Nashville lo centraría en la grabación de temas para un trabajo exclusivamente "musical", que bajo el título de *Something for everybody*, apostaría más por el pop, provocando el entusiasmo de fans y seguidores. Poco después volvería a fijar la vista hacia el cine para centrarse en el registro de la banda sonora de la película *Blue Hawaii*, que sin intencionalidad sobrevendría como una de las más populares en cuanto a repercusión y ventas.

Una relación cada vez más cercana con las islas del Pacífico que lo acompañaría siempre y que ya demostró desde el comienzo un elevado grado de compromiso al celebrar por fin, el 25 de marzo de aquel año, un histórico concierto en el Bloch Arena de Pearl Harbor para recaudar fondos destinados a la construcción del memorial conmemorativo, destinado a mantener el recuerdo a todos los soldados que murieron durante el ataque japonés de diciembre de 1941.

Histórico no tan solo por el contenido, el escenario y el contexto, sinó porqué personalmente también sería su última aparición pública encima de un escenario durante mucho tiempo. Nuevamente los contratos y las decisiones le desviarían hacia caminos no demasiado deseados. En cualquier caso, el resto y sobre todo el triste final se convertiría en patrimonio de infinidad de libros, hemerotecas y del imaginario colectivo que siempre ha querido buscar diversas interpretaciones abiertas absolutamente a todo, y que mejor manera de certificar la cuadratura del círculo citando por última vez el ingenio del compositor de Savannah, Johnny Mercer, patente incluso en su epitafio, y extensivo a todos aquellos que como él dejaron una huella diferente en su paso por la tierra: *"...and the angels sing"*

Unos días después, coincidiendo con la época del concierto, las grabaciones y la inminente llegada de la primavera, el Reverendo Letterheart encontraba por fin la horma de su zapato con la que había flirteado con tanta insistencia y de la que afortunadamente para él, siempre había conseguido librarse.

Una vez más y por no romper con las rutinas, al largarse satisfecho y avanzada la noche de un club de juego y fulanas situado en las afueras de la ciudad, se topó con una sorpresa no del todo inesperada.

El emplazamiento, en el centro de un amplio descampado próximo a la entrada de un pequeño bosque, invitaba a la discreción más absoluta y a una total soledad interrumpida únicamente por la presencia de un par de coches estacionados a pocos metros de la entrada del local. El clérigo salió ufano y voz en alto, pero las ganas de reír se le pasaron de golpe al calibrar en pocos segundos el panorama que le rodeaba.

Una docena de encapuchados montados a caballo con antorchas y esgrimiendo hachas acordonaban en silencio sepulcral el acceso al prostíbulo, dispuestos ceremonialmente y ejecutando con minuciosa disciplina la coreografía de una parada militar. Lejos de asustarse e intuyendo lo que le esperaba, optó por mostrarse altivo y desafiante. Durante unos instantes, sólo el rebufo de alguno de los potros quebró la quietud de la noche, que convivía pacientemente con el crepitar del fuego en las antorchas rojizas y flameantes.

- ¿Sois del Klan o tan solo ocultáis vuestras grotescas caras de payasos cobardes por miedo a ofender la benevolencia del Señor?
- No somos del maldito Klan, predicador. Sus días de hipocresía han terminado. Prepárese para rendir cuentas con el Creador o ir directamente al infierno.

Al mismo tiempo que hablaba, el que parecía erigirse en líder del grupo procedió a descubrir su rostro, librándose de la capucha y mostrando a continuación el semblante serio y decidido del joven Washington, que con ojos de fuego, miraba fijamente al clérigo.

- ¡Liderados por un negro! ¡Además yo te conozco! ¡Eres el esclavo que sirve a aquellas zorras del Motel Lorraine! Finalmente has subido de categoría, ¡Negro!
- Eso parece, y hoy, este negro va a ser su verdugo.

Lo fueron rodeando poco a poco, haciendo avanzar a los caballos muy lentamente, como si respondieran a un ejercicio práctico de doma ecuestre o a una atracción de circo bien planificada. Los jinetes estaban avisados y esperaban una reacción de resistencia violenta pero les sorprendió con un gesto de total resignación, de aquel que se encuentra al final de un trayecto sin alternativa posible. Engulló de una tacada el contenido de una pequeña botella de licor que por no perder la costumbre llevaba en el bolsillo posterior de los pantalones y acto seguido se arrodilló en actitud penitente, quizá tanteando una postrera e hipotética respuesta de clemencia que en ningún caso se acabaría produciendo.

Levantó la cabeza, miró las estrellas del firmamento, se carcajeó ruidosamente sin perder un ápice de insolencia y alzó la voz aguardentosa, dispuesto a lanzar un postrer sermón centrado en contenidos del Apocalipsis.

- Señor, en este caso parece que los protagonistas han cambiado de color, pero miré y encontré delante de mí un caballo pálido y un jinete que lo montaba llamado muerte, y el infierno le seguía detrás con la potestad en la tierra para matar con espada, fuego y hambre y todas las bestias pertinentes.

Discernir con certeza quien le atizó el primer golpe de hacha y cual de ellos fue el definitivo se hacía difícil, dado que todos se la tenían jurada por algún motivo y querían ser partícipes activos. No tan solo Washington había probado su medicina. En Memphis, sus despreciables gestas habían salpicado a muchas personas y en los ambientes de clubs nocturnos como sucede en todas las ciudades, los círculos son estrechos y los conocidos cercanos.

A la mañana siguiente, el único vestigio del paso por el mundo del Reverendo Mordecai Tobias Letterheart sería una especie de gran ovillo de carne chamuscada, encogido en medio de una arboleda de hedor sospechoso, pero que cualquiera podría interpretar como la de algún jabalí de grandes dimensiones asado por una partida de cazadores un domingo tras una batida colectiva.

En el caso de que se identificaran los restos, no despertarían demasiada curiosidad ni ganas de obtener explicaciones científicas por parte de las autoridades. A nivel personal, nadie se interesaría por él ni le echaría de menos y en consecuencia ningún ser humano se preguntaría en la lejanía el motivo de su ausencia y porqué ni tan siquiera hacía el esfuerzo de escribir una simple tarjeta postal aprovechando el excelente servicio de correos que cubría el país.

Ceniza a la ceniza, polvo al polvo y agua de lluvia al río.

CAPÍTULO XIV

La escuela y universidad de Yale en New Haven (Connecticut), apostó ya desde sus inicios por los valores heredados de la mejor época de la ilustración, donde el progreso intelectual enfocaba directamente al prestigio de la razón.

La civilización occidental primero y después el Nuevo Mundo con toda su historia, virtudes y defectos trató de hacer que fuera su enseñanza y de aquí la adopción de su lema. La luz de la verdad siempre se impone a pesar del espesor de las tinieblas y la adversidad de los días grises difíciles de gestionar y comprender.

Cuando Jesse Colter abrió por fin los ojos, la primera imagen con la que se topó fue la de un viejo dando de comer a las ardillas, sonriendo despreocupadamente de los saltitos y piruetas que realizaban, jugando como un niño con los pequeños roedores. Rápidamente desvió la mirada hacia donde Colter permanecía tumbado y al establecer contacto visual, moviendo la cabeza arriba y abajo en señal de afirmación se le dirigió sin reservas.

- ¿Qué chaval? ¿Una pesadilla o la siesta de tu vida? ¿Hay cosas que no las puede explicar ni un buen blues, no crees?

En cuestión de pocos segundos, todas las imágenes se le dibujaron con nitidez en su cerebro: el sombrero negro de *cowboy*, el peto tejano, la cara de boxeador, el pelo raso casi blanco cortado estilo militar, unos ojos azules de profundidad marina y sobre todo un puro en la boca que movía con precisión científica, alternando el movimiento con el habla, pese a que las palabras no fueran en absoluto necesarias ni fundamentales.

Definitivamente, si Huckleberry Finn hubiera envejecido en alguna novela de Mark Twain, a bien seguro que habría adoptado aquel aspecto o en su defecto muy parecido.

Las sensaciones de ambos eran paralelas, pero las perspectivas y orígenes de las mismas diametralmente opuestas. Se levantaron y se colocaron de pie uno en frente del otro estudiándose detenidamente los rostros, se dieron la mano como dos tontos y acto seguido se abrazaron mientras no podían parar de reír.

Ya lo decía el viejo profesor de física, mucho después de que lo etiquetaran de mal estudiante, a la hora de exponer su famosa teoría centrándose sobre todo en la variable del tiempo: "Dos segundos poniendo la mano en el fuego suponen toda una eternidad, mientras que tener la chica que te gusta sentada en tu regazo durante media hora se convierte en un instante efímero".

Ni el mismo Huckleberry lo hubiera definido mejor en caso de haber asistido a la escuela cuando le correspondía y no "perder el tiempo" tratando de convertirse en pirata fluvial. Puede que armonizando todos los frentes o simplemente con el objetivo de conciliar un poco intereses, entornos y teorías, en 1939 ya dentro del territorio de Missouri, a unas doscientas millas de Memphis dirección norte, cruzando parte de Arkansas, se constituyó el Mark Twain Nacional Forest, donde con total seguridad podrían convivir en perfecto equilibrio cuántico de imaginación y realidad, escritores, personajes y científicos haciendo gala de una concordia incondicional.

Harmónica Frank puso a su amigo al corriente de cómo le iban las cosas. Finalmente, la música le reencontró y en cierta manera se reconciliaron, a pesar de que el dinero no fuera ni por asomo el nexo de tan feliz unión. La verdad es que el aspecto monetario no significó nunca una prioridad en la escala básica de Frank Floyd. Evidentemente, no fue una máquina de generar beneficios y siempre tuvo suficiente con disponer de un puñado de dólares en el bolsillo para ir tirando y en función de las necesidades o urgencias les daba una salida u otra. No es casual entonces de que entre todos los que reeditaron su catálogo, sólo Chris Strachwitz que dirigía un sello llamado Blue Classic, le pagara por tal cesión. Ahora que la salud le empezaba a jugar malas pasadas, el hecho de disponer de más líquido le resultaba todavía menos trascendente. Valoraba en mayor medida un techo y una mujer que cuidara de él con una sonrisa y la dosis justa de amabilidad.

Cuando se despidieron, ambos eran conscientes de que probablemente no volverían a verse jamás, al menos en este mundo y en las coordenadas convencionales, pero no hicieron de ello un drama. Los recuerdos eran propios, a pesar de que nadie creyera su historia.

Jesse Colter vagó aquella tarde por Memphis sin rumbo determinado, alejándose progresivamente del centro, tal vez buscando un sentido inexistente a la situación. Poco antes de anochecer, sin tener demasiado claro lo que haría a corto plazo, levantó la mirada y se encontró delante de una pequeña tienda de discos que bajo el rótulo de Select-O-Hits parecía actuar de reclamo para captar su atención.
"Discount reend shop", "Old records" o "Black proud" eran algunos de los eslóganes del escaparate bajo un omnipresente anuncio de la petrolera Esso, que desde la esquina de la calle velaba para mantener activa la relación entre el crudo y la esencia de los vinilos. Libre de una mejor alternativa, entró y se puso a curiosear entre las estanterías y las cubetas principalmente centradas en estilos vinculados a la comunidad afroamericana, como el blues, el jazz o el soul. La atención de Colter se desvió de pronto hacia uno de los rincones del establecimiento donde distinguió en seguida el viejo logotipo del gallo y el sol naciente, emblema de la mítica Sun Records.

Tenían acumulado un surtido considerable a muy buen precio. Sencillos de prensaje original con las fundas preceptivas de cartón y de artistas tan representativos como Warren Smith, Sonny Burgess, Carl Mann, Charlie Rich o Little Junior Parker. También descubrió un par de Elvis, alguno más de Johnny Cash y Carl Perkins, codeándose con los de Jerry Lee Lewis del que había más cantidad. Colter sonrió interiormente y recordó la fórmula del Million Dollar Quartet, que hubiera hecho ganar rápidamente tal suma y puede que algún dólar más al osado y afortunado emprendedor capaz de reunir a los cuatro fenómenos.

En aquella tienda de discos también palpitaba una pequeña historia llena de coincidencias, casualidades y explicaciones. El dependiente, al verlo interesado en las reliquias discográficas se acercó y en seguida conversaron amigablemente descubriendo muchos puntos en común y preferencias similares.

El interlocutor de Colter era Tom Phillips, hermano del ilustre Sam, fundador del Memphis Recording Service, posteriormente reconvertido a la Sun Records. Al igual que el otro Phillips, Tom, ejerció asimismo de manager, en este caso de Jerry Lee Lewis, de aquí la abundancia de *singles* del *Killer* de Louisiana, pero con el escándalo del matrimonio del pianista con su prima menor de edad, la proyección de Phillips como empresario y productor musical resultó seriamente perjudicada, habiendo de reconducir la línea de negocio hacia la venta y distribución de discos con la ayuda y soporte de su mujer y de su hermano, ya todo un experto veterano en el sector.

Le acabó regalando un par de sencillos por aquello de creer en los buenos tiempos y Jesse salió un poco más convencido de los pasos a seguir sin miedo al futuro más presente.

Si en la antigüedad todos los caminos conducían inexorablemente a Roma, ahora estos parecían dirigirlo de nuevo hacia Graceland y su entorno.

Durante unos días se refugió en la monotonía de las rutinas cotidianas al volante de su camión que le proporcionaba recogimiento y espacio para pensar y ordenar los sentimientos en función de las prioridades. No fue hasta transcurridas un par de semanas cuando decidió revivir escenarios con la fuerza mental que consideraba necesaria para afrontar cualquier tipo de situación traumática.

El primer día libre del que dispuso dentro de sus itinerarios ya tenía muy claro lo que haría y lo destinó como no, a visitar de nuevo Graceland.

Oficialmente era la tercera vez que ponía los pies en su interior, cronológicamente el orden de las entradas resultaría más complicado de estipular. Sin embargo, en esta ocasión lo primero que sintió al cruzar el umbral de las columnas y la puerta principal tuvo más en común con el espíritu que no con la emoción. La propiedad volvía a renacer. Había estado demasiado tiempo en silencio e incluso las casas se resienten cuando no acogen vida entre sus muros. Aquello era precisamente lo que le faltaba y no pudo calibrar durante su estancia inicial, condicionada absolutamente por la emotividad.

Sin haber modificado demasiado el aspecto y decoración, Colter lo encontró distinto, seguramente fruto de la perspectiva y el paso del tiempo, aunque la visita le tenía reservada una sorpresa final que ni en un millón de años hubiera podido imaginar.

En uno de los anexos posteriores de la mansión dedicado a exposiciones de ropa, objetos personales, fotografías, carteles de películas, galardones, distinciones y demás recuerdos de toda una trayectoria, distinguió una pieza que lo dejó con un palmo de narices a la vez que le llenaba de orgullo junto con un hormigueo eléctrico que le agitó cada una de las articulaciones de su esqueleto.

Concretamente, al lado del traje de color granate empleado durante el histórico "'68 Comeback" de la televisión, estaba expuesto el pañuelo de Lansky que Evelyn le había regalado a Elvis con su aprobación. Pero lo mejor era la nota adjunta que lo flanqueaba:

*"Regalo de unos buenos amigos por los que Elvis sentía
mucha estima y que siempre le trajo suerte".*

Ni la posterior visita de nuevo al Jardín de la
Meditación delante de la tumba de su amigo le transmitió un
caudal de sensaciones como el que experimentó al ver el viejo
pañuelo dentro de aquella vitrina.

Ya en el interior de su coche, un recientemente
adquirido Chevrolet Panel Van de 1948, modelo que Elvis
también utilizaba para salir de Graceland de incógnito con una
gorra de basebal y sin parafernalias de seguridad adjunta, Jesse
Colter regresó al centro de Memphis con el convencimiento de
estar cerrando su particular círculo personal.

Encendió el viejo transistor y después de girar la rosca
del sintonizador en búsqueda de alguna melodía sugerente, se
paró en una que le hizo sonreír mientras con las dos manos
aferraba con fuerza el volante del viejo automóvil. La canción
era "Angel from Montgomery", una composición de John Prine
de 1971 grabada también en la ciudad, originalmente en los
locales de los American Recording Studios, aunque la propuesta
radiofónica de aquel momento se personificaba en una versión
que Bonnie Raitt realizó tres años más tarde dentro de su álbum
Streetlights. En cualquier caso, un tema que le venía como un
traje a medida. Los ángeles, los espíritus, los fantasmas, los
sueños o los demonios podían todos convivir perfectamente
dentro de los cuatro minutos de una canción al igual que sucede
muchas veces en algunas historias.

Aparcó cerca de Beale Street y se acercó al Miss River
Cafe para tomar un *espresso* muy caliente y un donut azucarado.
El aspecto exterior del local era prácticamente el mismo, pero
en el interior se habían llevado a cabo reformas a pesar de que
la disposición y estructura de la barra mantenía la identidad
original. Cliff ya no estaba secando vasos y el donut, que
tampoco era de la marca Southern Maid, había perdido
personalidad, pero no tenía demasiada importancia, lo encontró

excelente y le llegó al tuétano. Los almacenes Schwab continuaban fieles a su lema, imperturbables al paso del tiempo. El que si que lamentablemente no formaba parte de la escena de Memphis era Shane's. Allí donde se servían "Meals&Coffes" actuaba una tienda de ropa. Colter quiso pensar que el bueno de Mike se había jubilado y largado a Hollywood o tal vez a Monument Valley para impregnarse en primera persona de las panorámicas de sus queridos westerns.

La duda generada acerca de cómo habían transcurrido aquellos años para Evelyn y su hijo era lo que verdaderamente le angustiaba con profunda intensidad desde un buen comienzo. Una combinación de miedo, incertidumbre y curiosidad que condicionaba la decisión de acercarse siempre con la esperanza de que salud y suerte se hubieran mostrado benevolentes.

Un primer intento de aproximación a Mulberry Street lo acercó tan solo hasta el Motel Lorraine. Situó el coche justo al lado de donde el Reverendo baptista Martin Luther King estacionaría el suyo aquel fatídico 4 de abril de 1968, cuando a las seis de la tarde, en el balcón de su habitación, fue tiroteado poco después de aconsejar a un músico la forma de tocar el clásico del gospel, "Precious Lord, take my hand", para la reunión que tenían programada esa noche.

Aunque el propietario del establecimiento, Walter Bailey ya trabajaba con la Martin Luther King Memorial Foundation en la concepción de la reconversión de las instalaciones en las que finalmente se transformarían, en aquel momento, el motel todavía estaba operativo y no cesaría en su actividad como tal hasta 1988. Deberían transcurrir casi tres años más, concretamente hasta el 28 de septiembre de 1991, para que el antiguo alojamiento abriera sus puertas como el Nacional Civil Rights Museum, consagrado a la memoria histórica de los afroamericanos, cerrar heridas, algunas de ellas todavía abiertas y al recuerdo de la figura del pastor de Atlanta.

El visitar lugares donde han sucedido acontecimientos históricos o cosas importantes, sobre todo para el propio interesado, básicamente en muchos casos bajo el amparo de un ejercicio de mimetismo, es procedente para tratar de captar el espíritu que interiormente los domina, un deseo oculto de empaparse y convertirlos en eternos, pensando que quizá vuelan por el aire o en otro plano dimensional, como si las palabras o los eventos fueran pequeños insectos o polen en suspensión, y en este contexto puedan formar parte del patrimonio de los hombres y sus herederos para mantener vivo el recuerdo, aprender de los errores y mejorar el futuro.

Jesse Colter lo experimentó plenamente durante la visita a Graceland y ahora de alguna manera deseaba revivirlo al aproximarse al Red Horse Dancer, pese a que las implicaciones personales defendieran evidentemente intereses distintos. Puede que en el fondo fuera mejor dejarlo todo en manos de la variable del tiempo, para que conciliara sabiamente una vez más las pautas de la providencia, el valor o el destino escrito. Un tiempo que para bien o para mal, cuando ninguno de ellos estuviera, continuaría fluyendo como las aguas del río, con la misma intensidad o caudal diferente, pero siempre ocultando secretos inconfesables y revelando también historias insólitas como por otra parte ya llevaba haciendo desde el principio de la humanidad.

Dentro de este contexto de resignación poética se mantuvo aferrado tan solo una semana. Las buenas oportunidades eran para los que las sabían aprovechar y también para aquellos que casualmente o no tenían la suerte de estar en el lugar adecuado en el momento adecuado, como
Elvis y la Sun Records en su particular conjunción

El primer día se acercó andando hasta la entrada. El Red Horse Dancer mantenía activo y operativo el nombre comercial y el reclamo de neón identificativo formado por los tres caballos rojos erguidos sobre sus patas posteriores, pero la línea de negocio se había reconvertido. Ya no era la casa de citas que todo el mundo conocía pero que nunca nadie había visitado. Ahora era el mejor restaurante de pizza y pasta de todo Memphis y muchos abuelos y padres sonreían al invitar a nietos e hijos y contemplar salones, estancias y vidrieras.

Lejos de desprestigiarlo, era justamente el nombre quien le confería la indiscutible aura de autenticidad y le transmitía un prestigio adicional del que todos los ciudadanos se sentían orgullosos, aunque nadie se quisiera hacer responsable directo, muy en consonancia con los patos del Peabody, a quien todos aceptaban como particularidad diferencial y propia de la metrópoli sin saber a ciencia cierta ni el origen ni el porqué, tan solo dejándose llevar hasta donde las leyendas y el encanto de las tradiciones se dan la mano sin rencor.

Pese a que la tentación de entrar a echar una ojeada era más potente que las que condicionaban las de la mayoría de clientes de años anteriores, pasó de largo y se dirigió hacia su antiguo domicilio. Pocos metros antes de llegar, en dirección opuesta a la suya la vio venir de cara. El corazón estuvo en un tris de salir propulsado de su pecho como una rana en mitad de la lluvia; las tripas y el estómago se asociaron en un triple nudo marinero, mientras las piernas se le volvían de trapo, como si fuera el muñeco grotesco y poco agraciado de un ventrílocuo itinerante.
Paseaba un pequeño perro, llevaba gafas de sol oscuras y estaba más bonita que nunca. Sus cincuenta años brillaban llenos de elegancia, belleza y magnetismo, con la misma intensidad y seguridad que lo hacía detrás de la barra del club décadas antes.

Pasó justo por su lado, pero no se atrevió a abordarla: no encontró ni fuerzas ni argumentos. Fue ella la que unos segundos más tarde detuvo durante unos instantes su caminar, giró la cabeza y pareció olfatear algún perfume exótico o singular suspendido en el ambiente. Finalmente, reemprendió el paseo mientras Colter sólo podía seguirla con la mirada hasta que la vio entrar en el Red Horse Dancer.

Un par de días después, aprovechando que era domingo, telefoneó reservando mesa para cenar. Lo colocaron en una pequeña estancia cercana al antiguo salón central, que continuaba respetando la estructura principal menos la disposición de espacios, que se ordenaba diametralmente diferente. La barra mantenía ubicación y tapicería original con el amplio espejo posterior y el gran expositor de licores a continuación. Si aquel vitral y alguna de aquellas botellas dispusieran del don de la palabra, podrían practicar chantaje a más de uno de los comensales que ahora degustaban la mejor pasta de la ciudad como si no hubieran roto nunca un plato en un entorno de indiscutible honorabilidad.

Las dudas y las incógnitas empezaron a disiparse como los sostenidos de una canción melancólica en el momento en que vinieron a tomarle nota. La encargada principal del nuevo Red Horse Dancer era Blue Charlotte, que al reconocer a Colter, primero se quedó boquiabierta, dejó caer el bloc de notas y el lápiz encima de la mesa, y acto seguido le soltó una bofetada a mano plana para sentarse delante suyo haciendo que no reiterativamente con la cabeza, sin proferir una sola palabra. Una vez superada la descarga de impresiones, si que se pusieron a charlar.

- ¡Maldita sea! ¿De dónde sales tú ahora?
- Una historia difícil de explicar y creer.
- Pues tiempo has tenido de sobra aunque tu cara diga lo contrario.
- No creas. Tienes un *drive* fantástico, me has marcado los cinco dedos.

- Quería comprobar si eras un fantasma o un espíritu. Memphis y mi vida están llenos.
- Espero que no todos sean malos.
- Ya hace años que aprendí a convivir con ellos y a veces es más una cuestión de actitud el poder continuar avanzando con su presencia.

Mientras saboreaba un sensacional plato de pasta marca de la casa, digno de su reputación, acompañado por la inevitable botella de Dr. Pepper, Blue Charlotte puso un poco al corriente de todo el panorama a su antiguo compañero.

Los reproches y la desconfianza inicial fueron doblegados por la sorpresa, la curiosidad, una alegría inesperada y la nostalgia de los viejos tiempos, y de la misma manera que años atrás él no le había formulado nunca ninguna pregunta incómoda, ella optó por la misma estrategia, aunque dadas las circunstancias se consideraba más legitimada a hacer lo contrario.

Blue Charlotte, pese haber dejado atrás la barrera psicológica del medio siglo, continuaba manteniendo intacto su atractivo de pantera negra, pero no como una sombra de lo que fue, sinó como un activo presente apto para competir con absoluta dignidad con jovencitas que perfectamente podrían ser sus hijas. Vestía mucho más acorde con la edad, el lugar y el contexto, pero ni ahora ni nunca existiría ninguna pieza capaz de ocultar la belleza y encanto del conjunto de su anatomía. La confianza y la seguridad en el camino trazado provocaron incluso que recuperara el interés por la música y en el pequeño escenario dispuesto del ahora restaurante, actuaba cada sábado en un concierto de pequeño formato que combinaba jazz y blues con todo el humo, *feeling* y hechizo de la ciudad de Memphis. Sin planificarlo, finalmente había conseguido que los asistentes prestaran más atención a su voz que no a sus piernas y el sinuoso caminar asociado.

La línea de negocio anterior evidentemente había perdido fuelle con el aumento de una competencia desleal y un tanto descontrolada que en ningún momento apostaba por las mínimas formas de cortesía y discreción, dejando a un lado que problemas derivados no se valoraban igual con más años encima.

La aparición de un mecenas cansado de vagar y con ganas de invertir que se encaprichó del local, de su cabellera y también de les curvas, aportó la solución al conflicto de intereses. Madame Lamont ya hacía tiempo que había perdido la ilusión y ansiaba poder concretar el que posiblemente sería el último cambio de su vida. Así pues, con una buena propuesta similar a una jugada de billar a tres bandas, se llegó a un acuerdo satisfactorio para todas las partes implicadas.

Blue Charlotte se haría cargo de la explotación de la nueva propuesta comercial, procurando el bienestar de todas las trabajadoras que podrían decidir su futuro inmediato. La mayoría de ellas se marchó hacia otros destinos, donde algunas continuarían en el mismo sector y otras no. El protector caído del cielo compartió titularidad y vivencias con la nueva patrona durante cerca de cinco años, hasta que un ataque al corazón fulminante mientras efectuaba loables esfuerzos para satisfacer sus necesidades, se lo llevó al otro barrio. Le dejó en herencia no tan solo el negocio, sinó también una significativa cantidad de dinero para respirar tranquila una larga temporada, momento que aprovechó para asociarse con Evelyn Beaufort y juntas acabar de proporcionar la identidad definitiva al nuevo Red Horse Dancer, que actualmente ya era sinónimo de éxito garantizado en lo referente a gestión y resultados mercantiles.

En cuanto a Louise Lamont, nadie tenía la certeza de que fue de ella, salvo la misma Blue Charlotte que no reveló nunca su destino a instancias dictadas por la propia interesada, que determinó instrucciones concretas y estrictas.
Se esfumó con el mismo misterio que el blues de J.B. Lenoir que llevaba su nombre y que en su momento la cautivó, pese a no ser el tipo de música con el que se sentía plenamente identificada.

Algunos chismorreos sobre su persona la trasladaron una temporada al lado de su hermana en Nashville para después regresar a New Orleans, donde la cosieron a puñaladas en la parte trasera de una taberna en Bourbon Street; en cambio, otros rumores la situaban en una pequeña isla del Caribe al lado de un atractivo terrateniente. En cualquier caso, siempre que alguien preguntaba por ella, Blue Charlotte dibujaba una sonrisa de complicidad y soltaba un sugerente:

- No sufráis por ella.

Indirectamente por incomodidad, prioridades y obvia deferencia, ambos dejaron para después el tema principal del encuentro, pese a ser plenamente conscientes de que Evelyn era el eje central de sus pensamientos.

La nueva propietaria del Red Horse Dancer lo puso un poco al corriente de todos aquellos años. Evelyn crió a su hijo con firmeza y determinación, llevándolo por el camino de la honestidad y los valores, y no dudando a soltarle un par de sopapos cuando las dudas de la adolescencia y primera juventud lo amenazaron con tentaciones y atajos inútiles. A su favor, estuvo la fortuna, bendiciendo al chico con un buen carácter. Patrick heredó el talante de su madre, con el único inconveniente de tener debilidad enfermiza por la música y sentir verdadera pasión por las seis cuerdas de una guitarra, condición que muy pronto le hizo trasladarse a la capital, Nashville, a la búsqueda de una oportunidad para demostrar su talento.

En el aspecto estrictamente personal, ambas mujeres habían fortalecido unos vínculos que iban más allá de la relación profesional, hasta el punto de que mucha gente creía que eran hermanas.

Mientras Blue Charlotte mantuvo la relación con su particular "príncipe" circunstancial y de color no convencional, Evelyn casi no dispuso de tiempo para ningún otro asunto que no fuera la educación de su hijo y la consolidación del nuevo proyecto empresarial. Una vez las dos quedaron de alguna manera liberadas de obligaciones sentimentales firmes, optaron por vivir la vida sin ninguna clase de atadura estable. Charlotte disponía de amigos especiales que la hacían sentir viva cuando ella quería y Evelyn consolidó un idilio con un viudo de Norfolk (Virginia), que finalmente regresó a su tierra no sin antes proponerle que se fuera con él, opción que desestimó para estar cerca de su hijo, de Blue Charlotte, del negocio y una brizna de recuerdo que todavía brillaba en el interior de su espíritu.

La campanilla de la puerta de entrada del restaurante y una voz dulce, familiar y amable saludando a la recepcionista hizo que Jesse y Charlotte se miraran directamente a los ojos buscando respuestas y soluciones rápidas. La patrona se levantó y con un gesto de la mano le indicó que permaneciera quieto y en silencio antes de dejarlo solo con sus pensamientos.

El sonido de los cubiertos repicando rítmicamente en los platos configurando las notas de una sinfonía improvisada, las conversaciones lejanas, alguna sonrisa desbocada y una suave música de fondo en clave de blues, amortiguaron cualquier posibilidad de escuchar o intuir el resultado del encuentro entre las dos socias.

Blue Charlotte optó por ser clara y directa. Se la llevó al despacho, la hizo sentar y lo soltó sin rodeos ni preámbulos de ningún tipo. La vida, desde el inicio le había presentado un buen puñado de facturas elevadas y complejas. Al fin y al cabo, aquella no era desmesurada y sabía con casi total certeza que la encajaría con la misma sangre fría que gestionó otras similares.
-   Ha vuelto, Evelyn.
    Tan pronto se lo comunicó, respondió con inmediatez felina, como un chillido espontáneo después de un pinchazo con una aguja de coser.
-   Ya lo sé. Hace unos días lo sentí por la calle. - Mientras
    respondía, un esbozo de felicidad se le dibujó en las
    comisuras de la boca, tal vez esperando una certificación
    definitiva de la noticia. - ¿Cómo está?

- El mal nacido está prácticamente igual. Si no fuera porqué no creo en conjuros musicales, diría que ha hecho un pacto con el diablo. ¿Qué quieres que le diga?
- Nada. Iré yo misma.
- ¿Estás segura?
- Tanto como que sabía que este día llegaría tarde o temprano.

Cuando la vio entrar acompañada por Blue Charlotte, las piernas le flojearon al tratar de levantarse y fue ella la que le puso las cosas mucho más fáciles de lo que hubiera imaginado en el mejor de sus sueños. Le invitó a sentarse y sin decir nada más empezó a reseguirle delicadamente el rostro con las dos manos.

Evelyn Beaufort, desde siempre, había sabido interpretar como nadie el continuo susurro cálido de la corriente del Mississippi del que se sentía cómplice, y en mayor medida, también los silencios de las personas asociados a debilidades y carencias, de la misma manera que un pianista ciego acaricia las teclas de su instrumento, estableciendo puentes de conexión difíciles de expresar tan solo con palabras efímeras o miradas convencionales.

Una vez dio por finalizada la exhaustiva exploración facial, se puso las dos manos a la altura de las caderas y sonrió mientras le decía:
- No sé como lo has hecho, pero después de todos estos años no has cambiado nada.

Seguidamente le obsequió con una sonora bofetada, que por segunda vez en poco rato, le hizo girar de nuevo la cara sin orden cerebral propia.
- ¡Suerte que has escogido la otra mejilla! Charlotte ya me había señalado la derecha. Así podré presumir de cinco dedos más en cada lado.

Se pusieron a reír y a llorar mientras se comían a besos salados por las lágrimas.

- Sabía que volvería a tenerte a mi lado, dudaba que fuera en este mundo pero en mi interior estaba convencida de que estaríamos juntos. Me tendrás que contar muchas cosas.
- No creas, Evelyn. Tengo la sensación de que me he perdido media vida y muchos años han pasado como un chasquear de dedos.

Estuvieron charlando horas y horas, mientras el restaurante se vaciaba de clientes y trabajadores que se marchaban a su casa no sin que Blue Charlotte los despidiera con una sonrisa de complicidad y alegría contenida.

Evelyn no paraba de relatar anécdotas y sentimientos, casi todos vinculados a su hijo. Jesse escuchaba fascinado no sabiendo ahora si maldecir o bendecir la diáspora espacio tiempo que le había tocado dirimir. Patrick rondaba los veinticuatro años, y tal como le confesó su madre, ya desde muy pequeño mostró un interés enfermizo por todo lo concerniente a la música y al sonido de una guitarra. Justo entonces se cumplían cinco años de su traslado a Nashville, donde la poderosa industria discográfica le podía ofrecer más posibilidades de crecer profesionalmente. De momento, se ganaba la vida como músico de estudio ocasional y tocando regularmente en un par de locales de la ciudad, que le permitían ir tirando sin penurias, pero tampoco con licencia para lanzar fuegos artificiales.

El joven, hipnotizado por la barita mágica de la nostalgia y los sonidos que él consideraba auténticos, apostaba por una mezcla de rockabilly con trazas del country más genuino y tradicional. Una alternativa valiente y difícil en plena década de los ochenta en que el pop, los sintetizadores y los sonidos electrificados artificialmente parecían contaminar con ritmos, voces y cantantes edulcorados sin credibilidad, aquellos géneros que desde siempre se habían decantado por la madera y los intérpretes con muchas horas de dedicación.

En el fondo, Patrick no era una excepción, y al igual que su padre y tal como hacen la mayoría de hombres buena parte de sus vidas aunque muchos no lo sepan, buscaba también la belleza en los lugares más insospechados, ya fuera plásticamente en un espacio geográfico concreto o de forma más etérea en una mirada o porqué no, también en un buen blues o en unos acordes simples de rock 'n' roll pero acertadamente enlazados.

Tiempo tendrían de contrastar opiniones, de reproches pendientes, broncas generacionales o explicaciones por las ausencias. Incluso juntos podrían componer alguna canción a ritmo de honky tonk, mientras le hablaba de la amistad que un día le unió a un joven solitario, tímido y sencillo de Tupelo que no olvidó nunca sus orígenes.

Las primeras luces del alba filtrándose por las vidrieras del salón anunciando la llegada de un nuevo día le hicieron sugerir a Colter que podría ser buena idea ir a tomar un café, desayunar o simplemente cambiar de escenario. Salieron juntos del Red Horse Dancer cogidos de la mano y se marcharon a casa paseando tranquilamente por Mulberry Street, sin pensar demasiado en lo que el futuro les tenía preparado.

EPÍLOGO

No sé con certeza si Sigmund Freud al escribir *La interpretación de los sueños* estableció un protocolo para mantener frescos los viajes del subconsciente que resulten atractivos al propio interesado. Una estrategia elemental pero siempre eficaz puede ser transcribirlo rápidamente en el momento de abrir los ojos con la ayuda del rudimentario papel y lápiz, ahora tan en desuso en favor de las nuevas tecnologías.

Si no se hace así, lo más habitual es que el Dios de los sueños se lo vuelva a llevar a su reino para garantizar que los hombres lo visiten de nuevo con esperanzas renovadas. No en vano, indudablemente es en los sueños donde crece la posibilidad de gozar de muchas más vidas.

Yo, la noche ahora lejana de aquel 9 de octubre de 2009 (fecha que también quise recoger consciente de disponer de una oportunidad exclusiva en forma de tesoro en mi cerebro), lo vi como una persona real y cercana. Regentaba una especie de tienda de discos o *souvenirs* y justo al entrar me sentaba en un taburete a uno de los lados del mostrador.

Era el día del aniversario de su muerte. Una vez se vaciaba el establecimiento, venía hacia mi sonriente y me llamaba por mi nombre. Yo le respondía definiéndolo como el único e inimitable. Entonces le abrazaba y le tocaba la cara, el sonreía, estaba feliz y tenía el aspecto de 1969, cuando regresó a los escenarios en Las Vegas. Después, me preguntaba si veía más gente que otros años, cuestión que yo respondía con el argumento de que todo dependía si la fecha coincidía con el fin de semana, razonamiento que el rebatía diferenciando "clientes" ingleses o franceses y sus costumbres de asistencia y fidelidad.

Desgraciadamente,   poco después   el sueño se desvanecía con el despertar. Un despertar feliz, plácido, reconfortante y agradable.

Todavía no sé si hablábamos en mi lengua o en inglés, pero si que nos entendíamos perfectamente. En todos estos años es la vez que físicamente he estado más cerca de él, con la excepción de cuando finalmente pude viajar hasta Memphis para visitarlo personalmente en Graceland.

En lo concerniente a interpretaciones, tanto da lo que digan médicos, psiquiatras o parapsicólogos referente a si los sueños son en blanco y negro o en colores. Las películas en blanco y negro presumen de un encanto añadido de contrastes, mientras que las que son en colores proporcionan mayor amplitud panorámica. Sean en el formato que sean, lo verdaderamente importante es poder hacerlos realidad.

Para acabar de silenciar incógnitas sin ánimo de buscar tres pies a un gato llamado casualidad y volviendo la vista todavía más atrás, ahora tal vez encuentro una explicación razonable o en su lugar una extraña respuesta a una enigmática secuencia de hechos complementarios.

En el domicilio de Barcelona donde pasé infancia, adolescencia y juventud, cada dos por tres se equivocaban al teléfono y llamaban pidiendo por la casa de máquinas de coser *Singer*, con todo tipo de pronunciaciones y acentos estrambóticos a veces difíciles de reproducir fonéticamente y rayando en ocasiones la consecuente pantomima.

Singer en inglés significa 'cantante', a parte de que fue esta marca la que patrocinó el mítico *show* del "'68 Comeback Special" televisivo en el que Elvis Presley volvía a la primera línea de la popularidad en plena forma y mostrando un aspecto físico envidiable. El mismo que tenía en mi sueño y que yo, dejándome llevar por el espíritu cinematográfico desde un buen comienzo, lo quise titular rápidamente como *"Loving Graceland"*.

CANCIÓN DE SALIDA

" Put on my blue suede shoes And I
boarded the plane
Touched down in the land of the Delta Blues In the
middle of the pouring rain
W.C. Handy – won't you look down over me Yeah I got
a first class ticket
But I'm as blue as a boy can be

Then I'm walking in Memphis
Walking with my feet ten feet off of Beale
Walking in Memphis
But do I really feel the way I feel

Saw the ghost of Elvis
On Union Avenue
Followed him up to the gates of Graceland
Then I watched him walk right trough
Now security they did not see him
They just hovered 'round his tomb
*But there's a pretty little thing **Waiting for***
the King
Down in the Jungle Room

Then I'm walking in Memphis
Walking with my feet ten feet off of Beale
Walking in Memphis
But do I really feel the way I feel".

- Marc Cohn "Walking in Memphis" (1991)-

GLOSARIO MUSICAL

(Relación de canciones que cronológicamente se pueden escuchar al pasar las páginas de este manuscrito si uno agudiza bien el oído)

- Hank Williams: "Devil's train".
- Harmonica Frank: "I'm a howlin' tomcat".
- Big Mama Thornton: "Hound dog".
- Lloyd Price: "Lawdy Miss Clawdy".
- The Dominoes: "Have mercy baby".
- Ruth Brown: "Daddy daddy".
- Lafayette Thomas: "Sam's drag".
- Roy Brown: "Hard luck blues".
- Pippermint Harris: "I've got loaded".
- Elvis Presley: "My hapiness".
- Marty Robbins: "I couldn't keep from crying". ☐ Ivory Joe Hunter: "I almost lost my mind".
- Willie Mae Williams: "When the sun never goes down".
- J.B. Lenoir: "Louise".
- Robert Johnson: "Travelling riverside blues".
- The Starlite Wranglers: "My kind of carryin' on".
- Jackie Brenston: "Rockett 88".
- The Prisonaires: "Just walkin' in the rain".
- Elvis Presley: "That's when your heartaches begin".
- W.C. Handy: "Memphis blues".
- Elvis Presley: "I'll never stand in your way", "I love you because", "That's all right", "Blue moon of Kentucky", "Good rockin' tonight", "I don't care if the sun don't shine", "I'm gonna sit right down and cry (over you)", "Fool, fool, fool", "Sittin' on top of the world", "Milcow blues boogie", "You're a heartbreaker".
- Johnny Ace: "Pledging my love".
- Johnny Cash: "The ballad of Ira Hayes".
- Elvis Presley: "Baby let's play house", "I'm left, you're right, she's gone", "I forgot to remember to forget", "Tryin' to get to you", "Mystery train".

- Bill Haley & His Comets: "Rock around the clock" ☐ B.B. King: "Please love me", "You upset me baby".
- Lafayette Thomas: "Deep south blues guitar".
- L.J. Thomas and his Louisiana Playboys: "Baby take a chance with me".
- Elvis Presley: "I got a woman", "I'm counting on you", "I was the one", "Heartbreak hotel", "I want you, I need you, I love you", "Hound dog", "Don't be cruel", "Anyway you want me".
- Gene Vincent: "Be-bop-a-lula".
- Little Richard: "Tutti frutti".
- Carl Perkins: "Blue suede shoes", "Matchbox".
- Jerry Lee Lewis: "End of the road".
- The Million Dollar Quartet: "Jingle bells", "White Christmas", "Don't be cruel", "When the saints go marchin' in", "I shall not be moved", "Peace in the valley", "Down by the riverside", "Little cabin on the hill", "Keeper of the key", "Too much monkey business", "Brown eyed handsome man", "Softly and tenderly", "On the Jericho road".
- Jerry Lee Lewis: "Black bottom stomp", "You're the only star in my blue heaven".
- Elvis Presley: "I believe", "Take my hand precious Lord", "All shook up".
- Sister Rosetta Thorpe: "This train", "Down by the riverside", "I shall know him".
- Robert Johnson: "I believe I'll dust my broom".
- Elmore James: "Dust my broom".
- Elvis Presley: "Jailhouse rock", "Treat me nice", "Don't leave me now", "Young and beautiful", "(You're so square) Baby I don't care".
- Johnny Burnette: "Rock a billy boogie".
- Elvis Presley: "I understand just how you feel", "Hands off", "I'm beginning to forget you".
- Buddy Holly: "Oh boy", "Peggy Sue", "That'll be the day".
- Elvis Presley: "Santa Claus is back in town".

- Harmonica Frank: "Rock-a-little baby", "Monkey love".
- Howlin' Wolf: "Evil".
- Sam Cooke and the Soul Stirrers: "Must Jesus bear this cross".
- Nat County and the Braves: "Woodpecker rock".
- Elvis Presley: "I need your love tonight", "A big hunk o' love", "Ain't that loving you baby", "(Now and then there's) A fool such as I", "I got stung". ◻ Ritchie Valens: "La Bamba".
- Chuck Berry: "Sweet little sixteen", "Johnny B. Goode".
- The Coasters: "Yakety yak".
- Eddie Cochran: "Summertime blues".
- Ricky Nelson: "Lonesome town".
- The Everly Brothers: "All I have to do is dream".
- Dean Martin: "Return to me".
- Frank Sinatra: "One for my baby".
- Peggy Lee: "Fever".
- Lavern Baker: "I cried a tear".
- Phil Phillips: "Sea of love".
- Billie Holiday: "Come rain or come shine", "Stars fell on Alabama".
- The Coasters: "Poison Ivy".
- Miles Davis: "Kind of blue".
- Santo & Johnny: "Sleepwalk".
- Sam Cooke: "Chain gang".
- Marty Robbins: "El Paso".
- Ray Charles: "Georgia on my mind".
- Johnny Burnette: "Dreamin'".
- Roy Orbison: "Only the lonely".
- Maurice Williams & the Zodiacs: "Stay".
- Chubby Checker: "The twist".
- Bill Black Combo: "White silver sands".
- Elvis Presley: "Stuck on you", "Fever", "Such a night", "Thrill of your love", "I will be home again", "It's now or never", "Like a baby", "Reconsider baby".
- Eddie Cochran: "Cut a cross shortly".

- Elmore James & the Broom Dusters: "Standing at the crossroads", "Dust my blues", "Mean and evil".
- Johnny Cash: "Loading coal", "Slow rider", "Going to Memphis".
- John Lee Hooker: "Hobo blues".
- Elvis Presley: "Milky white way", "Mansion over the hilltop", "Known only to him", "Working on the building".
- Bonnie Raitt: "Angel from Montgomery".

BIBLIOGRAFÍA

* *"Elvis Presley - A life in music - The Complete Recording Sessions" (Ernst Jorgensen) St. Martin's Press NY July 1998*
* *"Elvis Day by Day" (Peter Guralnick and Ernst Jorgensen) Ballantine Books NY October 1999*
* *"Mystery train" (Greil Marcus) Contra Septiembre 2013 * "Elvis Presley's Graceland – The Official Guidebook" Updated and expanded second edition*
* *"Elvis – Historia fotogràfica" (Marie Clayton) Parragon Books 2011*
* *"Imágenes de Elvis" (Marie Clayton) Parragon Books 2008*
* *"Elvis Presley 1956" (Marvin Israel) Harry N. Abrams, Inc. 1998*
* *"B.B. King" (Charles Sawyer) Ediciones Jucar 1985*
* *"Bienvenidos a la Ruta 66" Grijalbo 2011*

Agradecimientos

Sin caer en la trampa de la reiteración, los especialistas en temas de análisis relativos a cuestiones oníricas, sugieren diferentes estrategias para capturar el recuerdo de la experiencia, siempre con el denominador común de la inmediatez como nexo de unión. Trato en consecuencia de poner la medida en práctica y espero no dejarme a nadie en el tintero con las prisas.

Me gustaría agradecer a la gente de Editorial Nueva Luz por su profesionalidad, dedicación, trato y confianza así como también a Viena por proporcionarme mi bautismo literario. A Cris "Campanilla" Alvarez por rociarme con su polvo de hadas, indispensable para volar hacia tierras más cálidas. A Jordi Sanuy, su esfuerzo y tiempo para leer mis relatos y motivarme. A mis hermanos Martí y Eva por estar siempre sin preguntar. A mis amigos por animarme a no desfallecer, especialmente a Miquel ("Koko"), Jaume, Encarni, Magda, Carlos, Nuri y Josep Mª, por los ratos y las ausencias. A mis colegas de la sociedad musical "Graceland" (Roger, "Little John", Art y Jaume) por las gloriosas tardes de "junta extraordinaria". A Elvis Presley y la música de los años cincuenta por hacerme viajar constantemente hacia uno de los lugares a los que pertenezco y finalmente a ti, lector, por tu tiempo y tu inversión sin los cuales yo no podría haber hecho realidad mi sueño.

Jordi.   (Febrero de 2018)